前 言 / Foreword

随着信息技术的发展，多媒体技术在教育领域中得到了广泛的应用，多媒体教学在中小学、幼儿园教学中已成为常规的教学模式，因此多媒体课件制作能力已成为现代师范教育专业学生必备的技能之一，多媒体课件制作课程已成为教师素质教育必备的通识教育课程。

多媒体课件制作课程作为计算机应用基础课程的延伸，旨在帮助师范专业在校学生以及广大教师学会判断教学课件在教育教学中的适用情境，学会基本的课件制作技术，学会根据教育活动分析制作适合的多媒体课件。

本书为职业学校学前教育专业、初等教育专业学生使用的教材。本书强调计算机教学的现实性、实效性和针对性，力求做到融科学性、知识性、通俗性、趣味性于一体，让学生在学习中开拓视野，陶冶情操，增长计算机知识，培养动手能力和创造能力，同时也为教师提供业余自学的材料。

全书共分为四个单元。单元一的主要内容是计算机多媒体辅助教学与课件制作的基本概念、基本原理与基本方法，单元二的主要内容是用 PowerPoint 2013 制作演示型多媒体课件的方法与步骤，单元三的主要内容是多媒体素材的获取与制作，单元四的主要内容是用 Authorware 7.0 制作演示型、交互型和网络型多媒体课件的方法与步骤。

本书编写人员分工如下：单元一由侯丰、冉晓霞、卢正江合作编写，单元二由胡国民编写，单元三由侯丰、吴标、胡国民、龚键、王培屹合作编写，单元四由侯丰、龚键合作编写。全书由侯丰统稿。

由于编者水平有限，书中难免有缺点和错误，恳请读者批评指正。

编者

2016 年 5 月

全国学前教育专业“十三五”规划教材

多媒体教学课件制作

DUOMEITI JIAOXUE KEJIAN ZHIZUO

◎ 侯丰 龚键 主编
◎ 冉晓霞 胡国民 副主编
◎ 卢正江 吴标 王培屹 参编

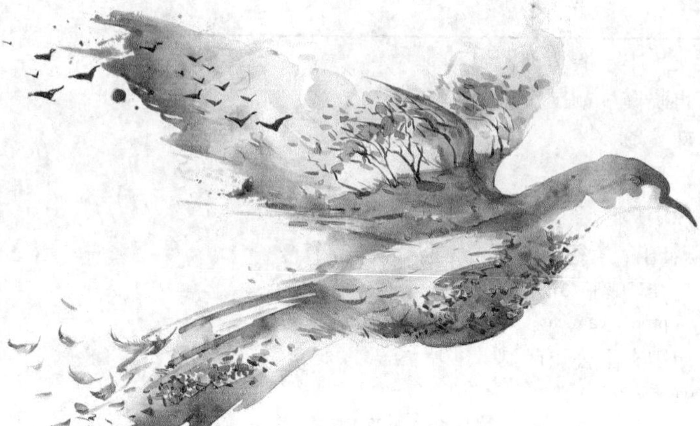

人民邮电出版社
北京

图书在版编目（CIP）数据

多媒体教学课件制作 / 侯丰，龚键主编. -- 北京 ：
人民邮电出版社，2016.8(2021.6重印)
全国学前教育专业“十三五”规划教材
ISBN 978-7-115-42731-1

Ⅰ. ①多… Ⅱ. ①侯… ②龚… Ⅲ. ①多媒体课件－制作－高等学校－教材 Ⅳ. ①G434

中国版本图书馆CIP数据核字(2016)第177700号

内 容 提 要

本书系统地讲解了计算机多媒体辅助教学与课件制作的基本概念、基本原理与基本方法，多媒体素材的获取与制作等课件制作基础，并结合实例详细讲述了如何利用 PowerPoint 2013、Authorware 7.0 等软件制作多媒体课件。为了让读者巩固各个知识点，每一单元都安排了习题与上机实验。

本书叙述深入浅出，结构清晰，操作步骤简洁实用，便于读者学习和上机操作，既可作为职业学校学前教育专业、初等教育专业学生学习的教材，也可供中小学、幼儿园教师学习参考。

◆ 主　　编　侯 丰　龚 键
副 主 编　冉晓霞　胡国民
责任编辑　刘 琦
执行编辑　古显义
责任印制　焦志炜

◆ 人民邮电出版社出版发行　　北京市丰台区成寿寺路 11 号
邮编　100164　　电子邮件　315@ptpress.com.cn
网址　http://www.ptpress.com.cn
固安县铭成印刷有限公司印刷

◆ 开本：787×1092　1/16
印张：12　　　　　2016 年 8 月第 1 版
字数：246 千字　　　　2021 年 6 月河北第 12 次印刷

定价：29.80 元

读者服务热线：(010)81055256　印装质量热线：(010)81055316
反盗版热线：(010)81055315
广告经营许可证：京东市监广登字20170147号

目 录 / Contents

单元一　多媒体课件基础知识

1.1　多媒体与多媒体技术

【学习目标】

理解媒体、多媒体、多媒体技术的概念，熟知多媒体基本类型及特点，理解多媒体技术特点。

【基础知识】

1. 媒体

随着现代信息技术的高速发展，在计算机技术领域出现了人们日益熟知的术语“多媒体”。从语言学的角度来看，“多媒体”是在“媒体”这个术语的基础上演化而来的。但演化的结果导致了“多媒体”术语的意义与“媒体”在字典中的意义大相径庭。

媒体一词来源于拉丁语“Media”，音译为媒介，意为两者之间。它是指信息在传递过程中，在信息源到受信者之间承载并传递信息的载体和工具，也可以把媒体看作为实现信息从信息源传递到受信者的一切技术手段。媒体有两层含义，一是承载信息的物体，二是指存储和传递信息的实体。从广义的角度讲，媒体的范畴是很广泛的，从书本、图片、模型到电影、电视、广播、录音机、录像机、录像带、计算机与各种软件等，都属于媒体范畴。人类的生活离不开信息的传播，也离不开媒体。

2. 多媒体

多媒体（Multimedia）由媒体（media）和多（multi）两个单词组成，一般理解为多种媒体的综合。多媒体是计算机和视频技术的结合，实际上它是声音和图像两个媒体。

多媒体（Multimedia）是在计算机系统中组合两种或两种以上媒体的一种人机交互式信息交流和传播媒体。使用的媒体包括文字、图片、照片、声音（包含音乐、语音旁白、特殊音效）、动画和影片，以及程式所提供的互动功能。

3. 多媒体技术

多媒体技术（Multimedia Technology）是利用计算机对文本、图形、图像、声音、动画、视频等多种信息综合处理、建立逻辑关系和人机交互作用的信息技术。

真正的多媒体技术所涉及的对象是计算机技术的产物，而其他的单纯事物，如电影、电视、音响等，均不属于多媒体技术的范畴。

4. 多媒体技术的特点

（1）能够完成在内容上相关联的多媒体信息的处理和传送，如声音、活动图像、文本、图形、动画等。

（2）交互式工作，而不是简单的单向或双向传输。

（3）网络联结，即各种媒体信息是通过网络传输的，而不是借助 CD-ROM 等存储载体来传递的。

1.2 多媒体课件的认识

【学习目标】

理解课件及多媒体课件的概念、多媒体课件的基本组成、多媒体课件的特点，熟知幼儿园课件及小学课件的基本类型，了解多媒体课件在教学中的地位和作用。

【基础知识】

1. 什么是多媒体课件

（1）课件的概念

课件（Courseware）本意是指课程软件。从概念上讲，课件属于教学软件，课件中的教学内容属于软件的数据部分，课件中必须包含具体学科的教学内容。

严格地说，课件是根据教学大纲的要求，经过教学目标确定、教学内容和任务分析、教学活动结构及界面设计等环节，而加以制作的课程软件。它与课程内容有着直接联系。

（2）课件的长度

一个多媒体课件的内容可多可少，一个大的多媒体课件可包括一门完整的课程内容，可运行几十课时，小的多媒体课件只运行 10～30 分钟，也可能用更少的时间。

（3）多媒体课件

多媒体课件是根据教学大纲的要求和教学的需要，经过严格的教学设计，并以多种媒体的表现方式和超文本结构制作而成的课程软件。

2. 多媒体课件的基本组成

课件结构是指课件中各教学信息的逻辑化和程序化关系及教学控制策略的组合。课件的结构一般由两个部分组成，一是教学信息单元之间的逻辑关系或先后顺序。它受知识体系的内在关系制约，只有掌握了初级或最基础的内容，才能过渡到更高一层的内容。二是教学控制策略。这是受学习者认知规律所制约的，如先易后难、先简后繁、由浅入深、推理或归纳等。当然，知识系统的逻辑关系与学习的认知策略不是截然对立的，它们之间往往相互影响。只有根据教学任务和需求，将知识信息的呈现顺序与学习者的认知规律结合起来，才能组成相应的课件结构。课件的结构可以根据教学的需要，设计成各种各样的。它们体现着特定的教学思想、学习理论、教学任务和教学内容。任何课件都要根据教与学的需要来组织信息内容的呈现顺序以及教与学的控制策略。因此，可以认为，在教与学的控制策略制约下，信息单元之间形成的特定关系便是课件的结构。

从不同的角度来看多媒体课件，它有不同的结构特征。这里就课件外在表现的结构加以说明。从总体上看，多媒体课件像一部带有交互性的电影，由一帧一帧的框面组成。

封面：运行课件时出现的第一幅框面，一般呈现课件的总名称或制作单位等，如幼儿园语言等，经常会以几秒的动画形式表现。

扉页：封面后的下一个框面，一般呈现课件的名称，如可爱的小青蛙。

菜单：学习者选择学习内容之用，相当于书的目录。

内容：呈现教学内容的框面，是课件的主要部分。

说明：为使用者提供如何使用课件的帮助信息框面。

封底：制作课件的人员名单框面。

3. 幼儿教学课件的基本类型

课件的类型可根据不同标准划分。根据制作软件的不同，可分为 PowerPoint 课件、Authorware 课件、Flash 课件等。根据应用环境的不同，可分为一般多媒体课件和网络多媒体课件。从课件的开发和研制的角度划分，可分为基于课堂教学策略的课件、电子作业支持系统、群件、积件。而根据教学任务或活动划分，幼儿教学的课件可分为演示型、练习训练型、模拟型、游戏型等几种基本的类型。

（1）演示型课件

演示型课件的主要目的是在课堂教学中辅助教师的讲授活动。演示型课件是随着多媒体 CAI 的课堂活动方式而大量涌现的，也是目前广大教师能够直接参与设计制作的课件类型之一。这类课件基本上遵循着传统课堂授课的方式，比较容易被教师理解和接受，也比较容易设计和制作。因为，这类课件只关注教学内容，而把教学的策略、程序和控制等问题交给了上课的教师。

（2）练习训练型课件

练习训练型课件主要是用来对学习者某种技能的培养。练习则是为了获得一种过程性技能技巧。它通过一系列问题，让幼儿一方面建立知识间的联想联系，另一方面还要具有掌握在何时应用何种知识、做何种决定的能力，形成一种习惯性的过程性技能。训练是通过大量的术语与事实间的重复对比联系，帮助幼儿建立起有关事物之间联系的联想记忆和某些规律的快速回忆。

练习训练型课件的基本使用过程是：计算机逐个或一批批地向幼儿提出问题，当幼儿给出回答后，计算机判断其正确情况，并根据幼儿回答的情况给予相应反馈，以促进幼儿掌握某种知识与技能技巧。

（3）模拟型课件

模拟型课件主要是利用计算机模拟某种系统、规律、现象或过程，产生与现实世界相类似的现象，形成较为“真实”的学习情境，以便让学习者参与进来，供幼儿观察，帮助幼儿认识、发现和理解这些规律与现象的本质，提高学习的兴趣和效率。其特点是：能激发学习兴趣；不受时间和空间的限制，具有时效性；具有安全性、经济性、重复性。

（4）游戏型课件

游戏型课件寓教学于游戏之中。课件往往设置一种带有竞争性和趣味性的学习环境，激发幼儿的学习兴趣，对幼儿有着强烈的吸引力，使幼儿在富有教学意义而且教学目标明确的游戏活动中得到训练或是有所发现，取得积极的教育效果。游戏型课件强调教学性，有着明确的教学目标和具体的教学内容，并且含有经过仔细考虑的教学策略。游戏型课件不同于电子游戏。

教师在应用游戏型课件进行教学活动时，必须注意引导作用，不能让它成为普通的游戏，而应通过引导、启发、归纳等方式引导幼儿注意其教育内容，达到教育目标。

4．小学课件的基本类型

根据在教学活动中的使用方式小学多媒体课件可以分为演示型、自主学习型、教学游戏型、模拟实验型、操作演练型、问题解决型。

（1）演示型课件

演示型课件的主要目的是在课堂教学中辅助教师的讲授活动。演示型课件是随着多媒体课堂活动方式而大量涌现的，也是目前广大教师能够直接参与设计制作的课件类型之一。这类课件基本上遵循着传统课堂授课的方式，比较容易被教师理解和接受，也比较容易设计和制作。因为，这类课件只关注教学内容，而把教学的策略、程序和控制等问题交给了上课的教师。

（2）自主学习型课件

自主学习型课件是以确立学生学习中的主体地位为基础，以多媒体为手段，以自主学习为核心的课件模式，根据小学生的智力发展和接受知识程度的不同，在教学活动中，自主学习型多媒体课件为学生的自主学习提供条件，使学生从依赖到独立，从被动到主动，学会在学习中思考、探索、分析。目前流行的网络课件多数就是这种类型的。

（3）教学游戏型课件

教学游戏型课件是一种寓教于乐的教育游戏软件，通过游戏的形式引发小学生的学习兴趣，让学生在玩游戏的同时不断接受学科知识，游戏将学科知识强化到学生的脑海中，从而形成各种能力。游戏型课件强调教学性，有着明确的教学目标和具体的教学内容，并且含有经过仔细考虑的教学策略。游戏型课件不同于电子游戏，教师在应用游戏型课件进行教学活动时，必须注意引导作用，不能让它成为普通的游戏，而应通过引导、启发、归纳等方式引导小学生注意其教育内容，达到教育目标。

（4）模拟实验型课件

模拟实验型课件利用计算机产生各种与现实世界相类似的现象，根据小学生的认知水平不同，让小学生可以在接近真实的情境中扮演角色，模拟操作做出决策，观察事物演变的过程与结果，从而认识和理解这些现象的本质，提高学习的兴趣和效率。模拟实验型课件不受时间和空间的限制，具有时效性、安全性、重复性。

（5）操作演练型课件

操作演练型课件在教学过程中按照一定的规则向学生提出问题，当学生回答完毕后，计算机判断其答案是否正确，并根据学生回答的情况给予相应反馈，以促进学生掌握某种知识与技能技巧，可以使学习者形成刺激反应之间的联系，帮助小学生建立起有关事物之间联系的联想记忆和某些规律的快速回忆。

（6）问题解决型课件

问题解决型课件不是直接地灌输强迫学习者接受其所包含的知识，而是通过某一情节间接、潜移默化地影响学习者。学习者在学习过程中，可以不断进行练习，强化知识和技能的学习，使知识更加牢固。

5. 多媒体课件的特点

（1）丰富的表现力

多媒体课件在表现课程内容上更加丰富，不仅可以更加自然逼真地表现多姿多彩的视听世界，还可以对宏观和微观的事物进行模拟，将一些抽象的概念、复杂的变化过程和运动形式，以内容生动、图像逼真、声音动听的教学信息展现在学生面前。这样就使原本艰难的教学活动充满了魅力，极具表现力。

（2）良好的交互性

多媒体课件可以为内容的学习使用提供良好的交互控制，根据学生输入的信息，理解学生的意图，并运用适当的教学策略，指导学生进行有针对性的学习，更好地体现出因材施教的个别化教学，利用及时反馈的信息，调整教学的深度和广度，保证学生获得知识的可靠性与完整性。

（3）共享性好

随着网络技术的迅猛发展，以及多媒体信息自由的传输，网络上的教育信息资源可以实现共享。以网络、光盘为载体的多媒体课件，提供了教学资源的共享，使知识的传播不再受时间、地点的限制。多媒体课件在教学中的使用改善了教学媒体的表现力和交互性，促进了课堂教学内容、教学方法、教学过程的全面优化，提高了教学效果。

（4）有利于知识的同化

采用多媒体进行教学，可以强化信息传播的强度，各种媒体相互补充，使知识信息的表达更加充分，更容易理解。

1.3 多媒体课堂教学课件的使用

1.3.1 多媒体课件在幼儿园课堂教学中的使用

【学习目标】

掌握多媒体课件在健康、语言、科学、艺术、数学教学中的使用。

【基础知识】

多媒体课件在幼儿园课堂教学中，要遵循幼儿的身心发展特点和学习规律，力求体现科学性、生活性、趣味性、实践性、探究性，让幼儿在轻松的生活、游戏中学习，在有趣的探究活动中主动建构知识体系和有益经验。在幼儿园教学中运用先进的多媒体技术，创设各种形象生动的教学情境，使教学具有形象化和趣味性特征，充分调动幼儿的视觉、听觉等多种感官，引发幼儿主动学习的欲望，激发幼儿的学习兴趣。

在幼儿园教学中运用先进的多媒体技术，能把以往教学中无法表现出来的抽象事物和现象变得形象、生动、具体、直观，将教学内容形象、生动、鲜明地表现出来，促进幼儿对教学内容的理解，突破重难点，优化教学过程，有效地提高教学效率，增强教学效果。

在幼儿园教学中运用先进的多媒体技术，将文字描述的内容变成形声结合的立体场景，通过声画并茂的学习情境让幼儿在欣赏与理解事物的过程中丰富情感体验。

1. 多媒体课件在体育课中的应用

多媒体课件运用在幼儿园体育课中，能优化体育课堂教学，营造轻松的运动氛围，激发幼儿体育学习动机，提高幼儿参加体育运动的兴趣，增强幼儿对动作概念和体育理论知识的理解，对提高体育教学质量，优化教学效果，促进学生素质提高具有积极的意义。

（1）在幼儿园体育课中运用多媒体课件，能激发幼儿的学习兴趣

多媒体课件的声、光、色、形对幼儿的心理产生了影响，营造了轻松自然的学习氛围，唤起了幼儿的有意注意，诱发幼儿的情感，使幼儿在不知不觉中全身心地投入到教学活动中，满足幼儿旺盛的求知欲和强烈的猎奇心理，激发幼儿的学习兴趣。

例如，在幼儿园开展的小器械活动中，教师录制其他孩子玩小器械有趣的情景，通过剪接，配上音乐，制作成多媒体课件播放给孩子看，吸引了幼儿的注意力，激发幼儿的学习兴趣，收到很好的教学效果。

（2）在幼儿园体育课中运用多媒体课件，有助于教师教学

教师可结合动作边讲解，边示范，突出技术动作的重点和难点，有助于建立正确的动作概念，统一规范技术动作，有助于教师采用正误对比的方法及时纠正错误动作。

课件作为体育课堂教学的媒体，进入体育课堂关键是要找准多媒体使用的最佳时机，教师在进行教学设计时要综合考虑教材的具体特点，合理选取切入点，使多媒体课件在体育活动中发挥最大的作用。例如，在技术动作讲解示范过程中通过图形和动画的同步解说、移动、旋转、定格、慢速播放，可生动直观地掌握动作要点，加深理解，使幼儿掌握正确的动作概念，迅速形成运动表象。

（3）多媒体课件运用在幼儿园体育课中，能提高教学效率

多媒体具有很强的集成性，将大量的图形、图像、声音、视频等集合在一起制作成多媒体课件，不受时间和空间的限制，能化静为动，化难为易，化虚为实，化远为近，从而由抽象变为具体，大大增强教育的表现力，有利于多种感官的协调作用，提高教育效率。

2. 多媒体课件在语言教学中的应用

（1）多媒体课件运用在幼儿园语言教学中，引导幼儿注意倾听，充分理解，大胆表达，自由交流，能为幼儿创造想说、敢说、喜欢说、有机会说的环境，将语言教育融合到各个领域，使幼儿在生活、游戏和实践操作中学习并运用语言，发展语言能力。

媒体课件能够营造动态情境，激发幼儿语言表达的积极性，提高幼儿运用语言的能力。幼儿在语言方面有明显的个体差异，因此，运用多媒体课件为幼儿创造一个自由、宽松、丰富、热烈的动态语言交往环境，成为一个必然的选择，同时利用生动、形象的多媒体课件进行教学，容易使幼儿产生新奇感，吸引幼儿的有意注意，启发其思维，有效激发幼儿的学习兴趣。多媒体课件通过声音、动画的有机结合，能以喜闻乐见的形式让幼儿参与语言活动，使他们的语言向着强势发展，提高幼儿语言交往的积极性，并能用清晰的语言表达自己的思想和感受，以提高运用语言的能力。

（2）多媒体课件能够渲染欣赏氛围，培养幼儿对语言的感知力。在幼儿语言活动中，欣赏优美的散文诗及儿歌也是一个十分重要的内容。通过对这些语言文字的理解、欣赏、朗诵，能培养幼儿对语言美的感悟及语言表达能力。多媒体课件能将诗歌意境、内容和语言整合在一起，将一幅幅形象、生动、美丽的画面配以优美的配乐诗朗诵，立刻将诗歌的整体意境呈现在幼儿的面前，给了他们极美的视、听享受。幼儿在美的感染下理解，又在理解的基础上学习、记忆，在学习、记忆的过程中，用语言、动作去表达自己对诗歌美好意境、美好情感的感受。

3. 多媒体课件在社会活动教学中的应用

多媒体课件运用在幼儿园社会活动教学中，能增进幼儿的社会认知，激发幼儿的社会情感，培养幼儿的社会行为，引导幼儿在活动中了解社会、感知社会、获得愉快的情感体验，不断积累积极有益的社会经验，在生活实践中不断地成长和进步。

（1）运用多媒体课件，激发幼儿的学习兴趣

传统的幼儿园社会学科教学中，教师进行的大多是满堂灌，幼儿死记硬背，其结果致使幼儿产生厌烦，甚至丧失学习的自信心和积极性。而运用多媒体课件使社会教学活动更生动形象，富有感染力，有效地激发了幼儿的学习兴趣。

（2）运用多媒体课件，有效化解教学中的重难点

社会教育中有些内容离幼儿的现实生活及经验有较大距离，是无法现实地感知的，实施时具有一定的难度。运用多媒体课件可以有效地弥补教师语言描述、挂图、模型等传统教学的不足，它能跨越时间和空间，把难以理解的、抽象的或微观的社会现象、社会事件或事物进行动态模拟，揭示出现象、事件或事物发展的规律及本质的特征，化抽象为具体，化难为易，化静为动，突出教育教学中的重点、难点，使难点、重点直观化、感性化、形象化和具体化，易于幼儿观察、想象、理解。

（3）运用多媒体课件，增强幼儿学习主动性

运用多媒体课件，能较好地弥补社会活动传统教学中的不足，更好地激发幼儿参与社会活动的兴趣，丰富拓宽幼儿的视野，培养幼儿的自主学习，充分发挥教师的主

导作用和幼儿学习的主动性，优化课堂教学结构，提高课堂教学质量和效果，推动幼儿素质教育的进程。

4. 多媒体课件在科学探究教学中的应用

多媒体课件运用在幼儿园科学探究教学中，能帮助幼儿通过自身的活动，对周围物质世界进行感知、观察、操作，发现问题，寻求答案，从而体会科学在生活中的应用，使幼儿感到科学就在身边，引发幼儿对科学的兴趣和探究欲望，鼓励他们主动地运用各种感官进行感知、观察和操作，从而不断地发现问题，提出问题，尝试解决问题，在探索中求知，在活动中发展。

（1）运用多媒体课件，帮助幼儿掌握科学知识

运用多媒体课件使抽象、深奥的科学知识具体化、形象化、趣味化，使科学知识浅显易懂，幼儿获得不易亲身感知或接触的经验，从而激发幼儿对科学的兴趣，使他们主动观察、探索、思考。例如，幼儿园中班科学活动《蛋宝宝哪里来》一课，幼儿通过观察认识各种动物的蛋，知道它们是哪些动物妈妈生的。让幼儿通过仔细观察，主动思考、探索，使幼儿能够真切感知，容易理解，而且知识完整，印象深刻。

（2）运用多媒体课件，通过科学教育，帮助幼儿养成良好行为，优化幼儿科学教育的过程

幼儿的特点是好模仿，在范例、榜样的作用下，通过大量的行为练习，可以帮助其良好行为的形成。例如，教育幼儿形成合理的饮食习惯，将小朋友在吃饭时不挑食、荤素搭配、长得非常好的多媒体课件内容播放给幼儿观看，引导他们学习正确的行为，再经过教师的鼓励、评价，经过集体的练习，加速了良好行为的形成。

多媒体课件与其他传统手段有机结合形成合理结构时，能更好地发挥其优势，优化教育的过程，在使幼儿在轻松的气氛中，获得知识，学习正确的行为。

5. 多媒体课件在艺术表现教学中的应用

多媒体课件运用在幼儿园艺术表现教学中，在积极引导幼儿学习艺术技能的同时，特别强调引导幼儿对生活中美的事物的观察和感知，注重激发幼儿的审美情趣，鼓励幼儿在各种艺术活动中大胆创新，体验审美的愉悦，感受自我表现和创造的满足感及成就感。

（1）灵活应用多媒体课件，提高美术教学效果

① 引发幼儿创造的兴趣和愿望。多媒体课件运用在幼儿园美术教学中，能形象直观地展现传统教学中无法或难以表达的内容，激发幼儿对美术的兴趣，陶冶幼儿情操，引发幼儿创造的兴趣和愿望。

② 帮助幼儿有效地进行主题整合。美术教育活动不仅仅是教会孩子一些技能，更多的是知识的丰富和积累。教师通过多媒体课件做到知识的整合，各学科领域间的整合。

③ 积累感性经验，提高审美意识，培养创造力。在美术活动中，教师除了唤起幼儿已有的经验，还应设法帮助幼儿扩展经验。多媒体课件让幼儿通过欣赏、观察提高审美意识，加深对绘画表现力的认知和理解，为幼儿积累丰富的想象创造条件，以创

作出更多更好的作品。

④ 提高教学的灵活性、随意性。传统的美术教学，教师示范往往是通过手绘的方式，这种示范存在图像小、速度慢、教师背对幼儿易挡住幼儿视线等缺点。应用多媒体课件演示，克服了传统教学的缺点，教师能直接与幼儿进行面对面的沟通交流，并及时掌握幼儿反馈的信息，强化示范步骤，突破教学中的难点，并节约示范时间，使孩子有了更多的练习时间。

（2）灵活应用多媒体课件，使音乐教学更加丰富多彩

① 多媒体课件运用在音乐教学中，能激发幼儿的学习兴趣，提高教学效率和教学质量。多媒体课件具有传统性教学所不具有的特殊优势，它可以充分显示生动、直观、形象、新颖的画面，为幼儿所喜爱。通过情景再现，就能激发幼儿的学习兴趣，且能最大限度地调动幼儿多种感官来参与教学活动，丰富情感，活跃课堂气氛，使音乐教学更加丰富多彩。

② 多媒体课件运用在音乐教学中，引导幼儿在音乐氛围中体验美。根据幼儿的心理和思维特点，恰当地运用多媒体课件教学，创设教学情境，营造良好的氛围，能激发幼儿的学习兴趣，调动幼儿欣赏音乐的积极性，在优美充分的音乐氛围中体验美。运用多媒体课件，让幼儿在欣赏和学习音乐时，很方便地对图像、声音、色彩等信息进行存储加工、变换，更好地将各种信息结合在一起，同时在一定画面的引导下，在完整的音乐声中，自由地发挥其想象，感受音乐的无穷魅力。例如，大班音乐活动《小鼓手》一课，为帮助幼儿理解并记住歌词，提高幼儿意义识记的能力，可根据歌词内容设计动画，幼儿一边看画面，一边就很容易回忆歌词，进而随音乐跟唱，有效地激发幼儿用动作来表现音乐作品的灵感。

6．多媒体课件在数学教学中的应用

多媒体课件运用在幼儿园数学教学中，能引发幼儿对数学现象的兴趣和探究欲望，并鼓励幼儿运用各种感官在生活和游戏中、在操作探索中主动建构数量、形体、对应、分类与排序、空间、时间等方面的数学概念，发展数学能力，尝试用数学来解决生活和游戏中的简单问题。

（1）创设富于激情的语言和场景，激发幼儿的求知欲

多媒体课件色彩鲜艳，画面逼真，视听结合，集图文声像为一体，化静为动，化远为近，化单调为丰富，特别是具有趣味性和动画的特点，富有吸引力和感染力，在教学中适时地运用，有利于刺激幼儿感官，激发幼儿学习的兴趣和探索的欲望，使幼儿始终保持学习的积极性、主动性。

（2）围绕活动的重点难点，展示知识的形成过程，提高幼儿的认知技能

幼儿的形象思维比较活跃，对具体形象的事物感兴趣，对事物好奇，特别爱动，抽象思维较差，对看不见摸不着的概念推理无明显反应。通过多媒体课件，把抽象枯燥的数学知识具体化，形象化，帮助幼儿排除思维障碍，深入理解知识点，促进知识内化，提高幼儿的学习能力。

（3）利用创设的问题情境，启迪幼儿的思维，培养幼儿的创新意识

《幼儿园教育指导纲要》中提出：“引导幼儿对周围环境中数、形、量、时间和空间等现象产生兴趣，建构初步的数概念，并学习用简单的数学方法解决生活和游戏中某些简单的问题。”教师要抓住教材中所蕴含的创造性因素，利用多媒体课件为幼儿提供丰富的感性材料，创设富有变化、能激发新异感的学习情境，把幼儿的自主权真正交给幼儿，打破常规思维束缚，凭借自己的智慧和能力积极从不同途径、不同角度去思考问题，启迪幼儿思维，主动探索创造性地解决问题，培养幼儿的创新意识，提高幼儿的创造能力。

实践表明，多媒体课件以其特有的表现手法，增强了教学的直观形象性，让幼儿有身临其境的感觉，并能在多媒体技术营造的这一音、色、光的情境中去主动发现、质疑和探索，从而获得有益的知识和经验。这些优势是传统教学手段无法达到的。

1.3.2 多媒体课件在小学课堂教学中的使用

【学习目标】

掌握多媒体课件在小学语文、数学、英语、品德与生活、音乐、美术、体育教学中的使用。

【基础知识】

多媒体辅助教学在课堂教学中的应用，为教学注入了新的生机与活力。在小学课堂教学中，合理运用多媒体课件，把教学中无法表现出来的抽象事物和现象变得形象、生动、具体、直观，将教学内容形象、生动、鲜明地表现出来，促进学生对教学内容的理解，突破重难点，对优化课堂教学、提高课堂教学效果有着重要作用，同时激发学生的学习兴趣，提高学生学习的主动性与积极性，减轻学习负担，培养学生的各种能力。

1. 多媒体课件在小学语文课中的应用

由于小学生的认知水平比较低，知识结构还不完善，小学阶段语文教学的主要任务就是对语言的学习。但仅凭教材所提供的资料，学生难以满足自身对知识的需要，教师也难以实现对新授知识的拓展，所以在课堂教学中，适当地补充与授课内容相关的课外知识，增加知识的密度，有助于小学生思维的发展和认知水平的提高。

（1）创设教学情景，激发学生的学习兴趣

语文课堂教学中创设情景教学，营造或创建与教学内容相适应的场景或氛围，可以引起学生情感体验，打开学生的认知思路，帮助学生迅速而正确地理解教材内容。语文多媒体课件可以将文章相关的背景、历史知识、文化蕴涵等融为一体，利用图、文、声、像等多媒体播放功能，给学生提供一些相关知识信息，帮助学生根据自己的知识背景筛选所需信息，扫清阅读障碍，创设情景，激发学生对学习对象发生兴趣，

进而产生强烈的学习欲望。

然而兴趣是一个人积极探究某种事物或爱好某种活动的倾向。学生的思维活动是建立在浓厚的兴趣和丰富的情感基础上的。我们的多媒体课件大多由图像或图片剪辑而成，它可使学生置身于一种五彩斑斓、动静结合的教学环境中，吸引学生的注意，激发他们学习的兴趣。

（2）拓展感性认识，发展学生形象思维能力

以多媒体课件为载体，合理处理感性材料，优化感知刺激，有利于学生建立丰富的表象系统，为其形象思维奠定基础。在语文教学中，学生接触的虽是非常形象的语言描绘，但仍不是形象的本身。我们运用声形兼备的课件，传授知识，不仅使学生接触抽象的语言符号，而且将学生带进了一个形象的世界，使其对知识的理解会更全面深刻。

（3）在课堂教学中化静为动，突破难点

语文教学特点之一是要学生尽可能多地从不同渠道，以不同方式接触、学习和使用语言，亲自感受和直接体验语言对提高语文教学的效果有至关重要的作用。特别是教学的难点问题，如何结合多媒体课件提升课堂教学效率是十分必要的，这样才能让学生在遇到知识难点时迎刃而解，而且加深对知识记忆。

（4）图、文、声、像并茂，培养学生语文审美能力

在语文教材里，有好多文章仅以老师的口头讲解，让学生从中去感受文章中的情景美是达不到预期效果的，学生也会在这样的学习氛围中感到单调、枯燥无味，而多媒体课件却弥补了传统教学所呈现的缺点，把多媒体课件具有的文字、图片、动画、声音等特点，在语文课堂教学中以不一样的风格展现给学生，让学生在视觉、听觉上形成冲击力，将学生的感观最大限度地调动起来，从而拨动学生兴趣的心弦，使学生兴趣盎然地投入到语文学习，在“视”中感受形象美，在“听”中感受音韵美，在“想”中感受意境美，在“像”中向学生展示教学情景，让他们沉浸在一片美的海洋中。

2. 多媒体课件在数学教学中的应用

多媒体课件应用到数学课堂教学之中，使原本枯燥乏味的课堂教学变得直观、生动、简单、轻松，从而让学生能全面地了解和感知教学内容，掌握课本知识。

（1）传统的数学课堂教学内容抽象，形式单一，枯燥乏味的课堂使得学生上课的积极性和参与度不高。然而数学多媒体课件色彩鲜艳，画面逼真，视听结合，集图文声像为一体，化静为动，化远为近，化单调为丰富，特别是具有趣味性和动画的特点，富有吸引力和感染力，在教学中适时地运用，有利于刺激学生感官，激发学生学习的兴趣和探索的欲望，始终保持学习的积极性、主动性。

（2）数学学科是许多学生学习的重难点科目，小学生处于学习的入门阶段，抽象思维能力弱，对抽象事物的接受力有限，然而，对直观形象的事物却记忆深刻。多媒体课件使用在小学数学教学中，使得抽象概括性的问题具体化。这样的教学模式让学生更容易理解和接受教师所教授的知识，激发学生对知识的渴望，提高课堂教学的效率。

（3）利用多媒体教学，不断促进学生探究能力的培养，《数学课程标准》指出："学生的数学学习活动应当是一个生动活泼的、主动的和富有个性的过程。""动手实践、自主探究与合作交流是学生学习数学的重要方式"，这说明学习数学源于学生内在的需要和兴趣，教师首先要积极营造探究的氛围，使学生敢于探究，善于探究和乐于探究。而多媒体信息技术的最大优势就是能提供大量的图像、图形、动画、视频以及各种音频信息，为数学教学创设仿真或虚拟真实的情境，使教学环境得到延伸和扩展，让学生犹如身临其境，调动学生多种感官的参与，使学生处于积极的思维状态，能发挥学习主体的最大潜能，有助于学生质疑、假设、探究、验证、判断等多种能力的培养，从而促进学生自主探究学习，并提高能力。

3．多媒体课件在英语教学中的应用

多媒体课件在英语教学着扮演着重要的角色，教师能利用多媒体提供感性材料，并使其和孩子们的形象思维能力有机结合，创设最佳教学情景，使语言与情景密切结合，调动学生们的学习积极性，让学生在英语学习中脑、口、耳、眼并用，使"视""听""说"有机结合，快乐学习。

（1）运用多媒体课件，激发学生的学习兴趣

在英语课堂教学中，小学生初次接触英语感到新鲜，随着英语的词汇量增加，常常会表现出陌生、枯燥和乏味，对英语的学习失去往日的兴趣，从而影响学习效果。多媒体运用在教学中，能借助于有趣的教学情景，激发学生的学习兴趣，能让学生主动学习，主动参与到教学活动中，让学生怀着愉快的心情和探索的兴趣去学习新的知识。

（2）运用多媒体课件，有效突破教学中的重难点

多媒体课件的使用，可以丰富教学手段和内容，优化课堂教学结构，有效地弥补传统教学的不足，让教材中的重点易于突出，难点易于突破，有着极丰富的表现力，化抽象为具体，变静态为动态，化枯燥为生动，让学生易于理解、观察和想象，从而降低学习难度，让学生快乐地学习。

（3）运用多媒体课件，实现学生语言互动

英语教学的目的是培养学生综合运用语言的交际能力。在课堂教学活动中，教师使用多媒体课件，设计一些交际性活动，根据设置有趣的教学情景，让学生在不同情景中体验语言，运用语言，实现语言互动。

4．多媒体课件在品德与生活教学中的应用

多媒体课件运用在品德与生活教学中，能引导学生对生活的体验、认识和感悟。只有源于学生实际生活的教育活动才能引发他们内心的而非表面的道德情感、真实的而非虚假的道德体验和道德认知。

运用多媒体课件，创设教学情景，优化课堂教学，利用多媒体课件创设教学情境，通过生动画面引导学生自主去观察，去感知，也可通过画面体验生活中的你我他，学会主动参与课堂教学环节，逐步提高学生认识社会、参与社会、适应社会的能力，激发学生的学习兴趣，使学生轻松、愉快地学习，探索发现问题，解决问题，得出正确

的观点和结论。

5. 多媒体课件在音乐教学中的应用

多媒体课件在音乐教学中越来越显示出独特的魅力。它不仅能刺激学生的视觉和听觉，而且能有效地唤起学生的学习兴趣，开阔他们的视野，提高他们的认知水平和审美能力，并能很好地解决以往教学中出现的困难。在音乐教学中应用多媒体，能使复杂知识简单化，零乱知识条理化，弥补课堂教学不足，给音乐教学增添无穷的魅力。

（1）运用多媒体课件创设情景，激发学生学习兴趣

学生学习音乐的兴趣主要是对形象具体、形式新颖的事物容易产生好奇，演示型的多媒体课件能将文字、图像等直观地展示出来，为学生提供生动逼真的教学情境、丰富多彩的教学资源，为学生营造一个色彩缤纷、声像同步、能动能静的教学情景，从而激发学生的学习兴趣，充分调动学生的视觉、听觉等多种器官，把学生在音乐课堂上的审美体验推向高潮。

（2）运用多媒体课件，有效解决教学难点

音乐知识教学是小学音乐教学体系中的一个基本内容，也是丰富学生的音乐内涵，提高学生音乐素养的重要内容，是学好新歌的前提和基础。任何教学、课堂如果脱离了本质，即科学的知识的传授，无论怎样创新，都会像水上的浮萍。只有将音乐知识的落实和歌曲情绪表达两者和谐统一，才能使歌曲更完美。根据儿童的认识特点，运用多媒体把抽象的理论形象化，使虚拟音乐形象变得直观具体。乐理知识的教学一直是音乐教学的难点，重点突出，难点化易，既可起到事半功倍的效果，又可起到培养学生创造力的作用。

（3）运用多媒体课件，培养学生的创新精神和实践能力

《音乐课程标准》指出："创造是艺术乃至整个社会历史发展的根本动力，是艺术教育功能和价值的重要体现。音乐创造因其强烈而清晰的个性特征而充满魅力。"在教学中，根据学生的认知结构和生活经验，发挥他们的主观能动性和想象力，在学生掌握知识技能的过程中培养他们的创新意识和创造能力。

6. 多媒体课件在小学美术教学中的运用

多媒体在小学美术教学中的运用，为美术教学注入新鲜和活力，多媒体有效地化枯燥为乐趣，化抽象为具体，化静态为动态，突出重点，化难为易，让教师在课堂内更游刃有余，让学生在课堂内更兴趣盎然，使学生自身的创造性素质也得到生动活泼、积极主动地发展，使教学变得更有吸引力，更容易接受，引导学生更好地学习，更主动地接受知识，突出学生的主体地位，教师的主导地位，从而取得良好的教学效果。

（1）运用多媒体，能激发学生创造的兴趣

多媒体课件运用在小学美术教学中，能形象直观地展现传统教学中无法或难以表达的内容，激发学生对美术的兴趣，并能提高教师的教学效率，对教师培养学生健康的情感、美感、兴趣与创造力提供有益的帮助。

（2）运用多媒体，能丰富学生的想象力

想象力的培养、开拓和应用是美术教育最主要和最基本的内容之一。在美术教学中，教师通过多媒体画面进行探究性、综合性的美术活动，有意识地挖掘和培养学生的想象力，能够取得良好的教学效果。教师在教学设计过程中从知识点的新颖性、趣味性方面做了多方面的思考，生动活泼的画面使学生产生一种新鲜感，从而可以使学生从被动接受知识转变为主动接受知识，使学生的美术想象能力得到很好的培养。

（3）提高教学的灵活性、随意性

传统的美术教学，教师示范往往是通过现场手绘讲述绘画技巧。这种示范存在图像小、速度慢、教师背对学生易挡住学生视线等缺点。应用多媒体课件演示，克服了传统教学的缺点，教师能直接与学生进行面对面的沟通交流，及时掌握学生反馈的信息，强化示范步骤，突破教学中的难点，并节约示范时间，使孩子有了更多的练习时间。

7. 多媒体课件在体育课中的应用

多媒体课件运用在小学体育课中，能优化体育课堂教学，营造轻松的运动氛围，激发学生体育学习潜能，提高学生参加体育运动的兴趣。体育作为知识传授、技能培养、身体锻炼为一体的学科，不论是体育理论课的教学，还是体育技术课的教学，利用多媒体进行教学，都将会得到事半功倍的效果，对促进学生素质提高有着积极的意义。

（1）多媒体课件运用在小学体育课中，能激发学生的学习兴趣

作为体育教师要充分挖掘教材中的兴趣因素和艺术魅力，在课堂中运用多媒体进行教学，通过学生的视觉形象地展示规范动作，学生耳闻目睹，再加上教师的指导，更容易被学生接受，从而达到“寓教于乐”的目的。以往的体育课教学都是由教师边讲解边示范，学生已经对这种教学模式感到乏味，而且教师的讲解示范与学生的认识理解总是隔着一层，使得学生在学习过程中产生消极情绪，甚至放弃学习。如果利用多媒体课件，再结合教师的讲解给学生以直观感受，效果就会截然不同。学生对这样的教学会顿感精神百倍，兴趣盎然，课堂气氛也会异常活跃。这样能激发学生的学习情趣，提高课堂教学质量。

（2）多媒体在体育课堂中的运用，有助于学生建立正确的动作概念

体育教学的目的是使学生学习并掌握一定的运动技能，而动作示范又是体育教学中最常见的一种直观教学法，它是教师通过具体的动作示范，使学生在头脑中建立起所要学习的动作的表象，以了解所学动作的结构、要领和方法。教师的示范由于速度快，往往是在瞬间完成的，学生看得不清楚。教师通过语言描述，不直观，缺乏感知认识，这就影响学生掌握动作的准确性及连贯性。运用多媒体课件可以把连续的动作以直观的形式展现在学生面前，使每个环节的动作都看得清清楚楚，让学生从不同角度感知动作。

（3）运用多媒体教学，能有助于集中学生的注意力

多媒体能把无声的教材内容变得有声有色，有静有动，使学生对体育感到极大的

兴趣，很自然地进入学习状态中。一堂 40 分钟的课，学生的注意力、兴奋点不可能始终保持在一个较高的水平线上，这与学生的年龄、生理、心理的特点有关，所以在体育课教学中，适度适时地运用多媒体，既能起到让学生领会动作的作用，又能吸引学生的注意力，使学生积极投入到体育课的学习中去。

实践表明，多媒体课件以其特有的表现手法，增强了教学的直观形象性，让幼儿有身临其境的感觉，并能在多媒体技术营造的音、色、光的情境中去主动发现、质疑和探索，从而获得有益的知识和经验。这些优势是传统教学手段无法达到的。

1.4 多媒体课件设计理论基础

【学习目标】

了解现代学习理论在多媒体课件制作中的指导作用，了解教学理论在多媒体课件制作中的指导作用，了解传播理论在多媒体课件制作中的指导作用。

【基础知识】

1. 现代学习理论在多媒体课件制作中的指导作用

开发、设计和制作课件是为了满足教学的需要。为了获得好的效果，就必须遵循现代学习理论、现代教育技术理论、现代教育信息传播理论等。理论总结了计算机辅助教学的基础的规律。因此，这些理论便成为课件设计的理论基础，在多媒体课件的设计和制作中要以这些理论和原理为指导。

（1）行为主义学习理论

行为主义理论亦称为刺激—反应理论，一般把环境看作刺激，把伴随刺激而产生的有机行为看作反应。

行为主义学习理论关注的是环境在个体学习中的重要性，学习者学到些什么取决于环境，而不是由学习者个体决定的，认为学习者行为的产生是他们对环境刺激所做出的反应，所有行为都是习得的。

行为主义理论对课件设计的影响是在人机之间形成刺激—反应—强化的学习机制，在教学过程中，教师传授知识给学生就是提供刺激，而学生接受知识，进行理解的过程就是伴随刺激而产生的反应，并根据反应正确与否进行巩固强化或消退强化。

行为主义对教学课件的影响，首推美国心理学家斯金纳的程序教学，斯金纳关于程序教学的基本原则就可作为课件设计的指导原则。

① 小步子原则。小步子原则即把学习内容按照其内在的逻辑关系分割成许多细小的单元。分割后的小单元按照一定逻辑关系排列起来就是课件，确保学习者由浅入深、由易到难、循序渐进地学习。

例如，学校教学的对象是学生，他们身心还不成熟，学习能力比较差，教师在传授知识与技能的过程中，更应当遵循小步子的原则，一次传授的知识内容不能超过学生的接受能力。教师应当根据教学内容的深浅、内容知识点之间的内在联系对教学内容做出适当的分割，确保学生由易到难、由浅入深、循序渐进地学习。

② 反应原则。反应原则即在程序教材的每一个项目中让学生做出积极反应。教师可通过提问、选择、填空、书写答案等方式使学生做出反应。这项原则在课件设计中也得到广泛的应用，并以多种形式体现出来。

③ 强化原则。强化原则是指当学习者做出反应后，必须使他们知道其反应是否正确。这就要求课件要对学生的反应给予“及时强化”。如果学生回答正确，应及时给予充分的肯定，提出表扬，激发学生学习的积极性、主动性。如果学生回答错误，就给予帮助，不能冷嘲热讽，伤害学生的自尊心。

④ 步调原则。步调原则是指程序教学应该让学生根据自己的潜力进行学习。这个原则就成为计算机辅助教学的经典方式，也成为以个别化学习为主的多媒体课件设计成功的重要标准。

⑤ 误率原则。误率原则是指在小步子的程序教材引导下，学生可以尽量少地出现错误。这在课件设计中要求教师在设计问题时要针对学生的差异，做到问题难易适当，让学生成功做出解答，切忌设计一些过难的问题，使学生失去信心。

行为主义的理论对练习性、操练性和游戏性课件的设计和编制具有重要的指导意义。

（2）认知主义学习理论

认知主义学习理论认为学习不是简单的“刺激—反应”的联结，而是在人的内部活动参与下完成的，是个体在与环境相互作用的过程中，使其认知结构不断完善发展的过程。知识的获得是认知结构的重组和更新。

认知学习理论既强调外在的客观因素（环境），也强调学习者内在的主观因素（心理结构），重点放在两者的结合上，主张学习就是把外在事物的关系（结构）内化为学生的认知结构。从这个基本观点出发，对课件知识内容的设计和开发就要注重概念特征的突出，概念与概念之间，概念与命题之间，命题与命题之间的关系要处理得条理清晰，逻辑关系合理。因此，认知学习理论对多媒体课件设计的原则如下。

① 逐步分化原则。逐步分化原则是指学习内容的呈现序列要由最一般的、包摄性最广的观念开始，然后根据具体细节对它们逐步加以分化。多媒体课件这种逐步分化的呈现形式，其优点在于包摄程度大的内容给后学的新内容提供一个“固定点”，用来同化新知识。

② 综合协调原则。综合协调原则是指要对不同学科中相关的内容加以综合协调，使学习者的认知结构进一步分化和完善。在对多媒体课件进行设计时，不仅要注意本学科的知识体系，把握好内部的逻辑联系，还要将有关知识向其他学科延伸，或对相关知识点给予更多辅助信息的支持。

③ 类别化处理原则。类别化处理原则是指对教学内容所表达的事物和现象要依据它们的属性或关键特征进行分类处理。

为了更好地使学生获得概念，促进其思维发展，设计多媒体课件时，要注意对知识内容进行分类化处理，不仅要呈现事物的形象，更要揭示事物的属性或特征，有助于学生形成概念。

④ 积极参与原则。积极参与原则是指在学习过程中，学习者不是被动地接受刺激后才有反应，而是积极主动地参与学习活动。

设计多媒体课件时，要通过科学的方法激发学生的认知内驱力。通过听、看和观察激发学生的认知兴趣，再让学生回忆自己原先看到或听到的相似信息，与新的知识有机联系起来，诱发其积极思维。

（3）建构主义学习理论

建构主义学习理论认为学习是一种建构的过程。知识不是通过教师传授得到的，而是学习者与外部环境交互作用的结果，是学习者在一定的情境，即社会文化背景下，借助其他人（包括教师和学习伙伴）的帮助，利用必要的学习资料，通过建构的方式而获得的。

建构主义的学习观对教学的启示有两点：一是教学要以学生为中心，培养学生主动“建构”的能力；二是学习过程应该是灵活多样的。

根据建构主义的基本观点，可以概括如下课件设计原则。

① 开放性原则。开放性原则也称随机性原则，是指设计的课件应有多个学习起点和多条学习路径。遵循这一原则，就是为学习者从多角度、多层次进入学习活动提供课件环境，为灵活地开展学习进程创造良好条件。开放性原则是课件超文本结构设计的指导思想。

② 自上而下原则。自上而下原则是指在多媒体课件中，首先给学习者呈现整体性的任务，将他们带入一个较完整的问题情景之中。然后，让学习者根据自己的经验，尝试对问题的解决，最后使学习者在尝试解决问题的过程中找出掌握相关的、具体的知识和方法。

③ 情境性原则。情境性原则是指课件要给学习者提供与现实生活相类似的或真实的情境，以利于学习者在这种环境中去探索或发现问题，解决问题，从而提高学习质量。

多媒体课件制作时，建构主义学习理论强调以学生为中心，培养学生主动“建构”的能力，学生不是外部刺激的被动接受者和知识的灌输对象，而是信息加工的主体、知识意义的主动建构者。同时要求教师及其设计制作的课件由知识的传授者、灌输者转变为学生主动建构意义的帮助者、促进者。

2．教学理论在多媒体课件制作中的指导作用

教育学是为解决教学问题而研究教学一般规律的科学。教学理论涉及教学基本原理（如教学原则）、教学内容（如教材）和教学方法（如教学组织形式）等方面，是多媒体课件设计最直接的理论来源。

教学理论对课件设计的指导原则有以下几点。

（1）理论联系实际原则

理论联系实际原则是指教学要理论联系实际，让学生在学习知识的过程中，学会分析问题和解决问题，达到学以致用的目的。在进行多媒体课件设计时，教师要分析学生的生活经验和已有的知识、能力、兴趣、品德等实际情况，激发他们学习的兴趣，引导学生积极地、创造性地进行实践活动，培养和提高学生运用知识的能力。

（2）直观性原则

这个原则是指在教学中要通过学生观察所学事物或教师语言的形象描述，引导学生形成对所学事物、过程的清晰表象，丰富他们的感性知识，发展认识能力。

在多媒体课件设计过程中，教师要根据教学的任务、内容和学生年龄特征正确运用直观性原则。学生的认知具有具体形象性特点，对具体、直观、形象的事物容易理解。运用多媒体课件进行动态演示，可以把以往教学中无法表现出来的抽象事物和现象变得形象、生动、具体、直观，使教学内容形象、生动、鲜明地表现出来，引导学生去发现、探索和解决问题，使其学习取得事半功倍的效果，将抽象的知识形象化，直观化，使学生易懂易记，能有效地促进学生的理解。

（3）启发性原则

启发性原则是指在教学中教师要承认学生是学习的主体，注意调动学生的学习积极性、主动性，引导他们独立思考，积极探索，生动活泼地学习。

多媒体课件设计时，教师要调动学生学习的主动性。调动学生的主动性是启发式教学的首要问题。学生学习的主动性受到好奇心、兴趣、求知欲等因素的影响，教师要利用多媒体课件，善于因势利导，使学生维持学习的持久动力。启发学生独立思考是启发式教学的关键。教师要利用多媒体课件，提问质疑，以启发学生独立思考，引导学生去分析问题和解决问题。

3．传播理论在多媒体课件制作中的指导作用

传播就是人们通过符号、信号，传递、接收与反馈信息的活动，是人们交换意见、思想和感情，以达到相互了解与影响的过程。从传播学的观点出发，教育也可以看作是一种传播活动。在教育传播活动中，传者是教育者，受者是受教育者，信息是教育内容。教育传播就是教师利用一定的教育媒体把教育内容传递给学生，学生接受内容后，做出反应，教师依据学生的反应给予评价，反馈给学生的过程。

传播理论对课件制作的指导作用有以下几个方面。

（1）传播过程中的“把关人”理论对课件制作的指导

在教育传播过程中教师是传者，教师就是教育传播活动中的“把关人”。教师在利用课件向学生传递信息的过程中，要经过分析研究，确定信息的价值大小，选出对学生最有用的信息传递给学生，起到过滤把关的作用。

（2）共同经验原理对课件制作的指导作用

传播理论指出传递的信息只有在传者和受者的共同经验范围内才能有效地为受者理解。在教学中，教师在进行课件制作时要充分考虑学生的经验、兴趣、动机和态度，从学生熟悉的生活经验和事物出发，讲解抽象的概念，使教学信息更好地为学生理解和接受。

（3）媒体类型的选择与使用对课件制作的指导作用

选择不同的媒体类型传递教学内容对教育效果的影响是不一样的。传播理论强调媒体类型选择与使用的实用性、科学性、经济性。

制作多媒体课件，选择和使用的教学媒体类型必须是符合教学实际需要的。多媒体课件内容在科学性、思想性上不能有错误，无论是静态描述，还是动态演示，内容必须符合客观事实，其运动变化必须符合客观规律。在进行多媒体课件制作上，要力求节约，避免浪费。

总之，学习理论、教学理论和传播理论作为课件制作的理论基础，随着教学实践的发展和理论研究的深入，对课件制作的指导作用会越来越大。

1.5 多媒体课件设计美学基础

【学习目标】

了解多媒体课件需要具备的美学基本常识、作用、表现手段及平面构图的规则、构图的应用。掌握课件平面构成法则和色彩空间构成方法，以及平面构成和色彩构成在课件中的作用。

【基础知识】

多媒体课件是教育性、科学性、艺术性的完整体现。它通过科学与艺术的结合，使教育更有成效。多媒体课件必须突出艺术效果，把美学的基本理论贯穿于教学设计的全过程，激发学生的学习兴趣和求知欲，调动学习主动性和积极性。

1. 美学概述

（1）什么是美学

美学作为一门社会科学，是在社会的物质生活与精神生活的基础上产生和发展起来的。所谓美学是研究人与现实审美关系的学问，是研究美、美感、美的创造及美育规律的一门科学。美学既不同于一般的艺术，也不单纯是日常的美化活动，它是人类审美实践和艺术实践发展到一定历史阶段的产物，是对人类审美实践和艺术实践的概括。

（2）美学在多媒体课件中的作用

① 美化教学情境，丰富审美感知。

在教学过程中，审美活动是以学生的直接审美感知开始的，美好情感不断被唤起、激发，并在教学全过程中不断丰富和深化，使美学潜移默化地深入到学生的内心。优秀的多媒体课件能有效地发挥出物化教学情境的作用，潜移默化地激发与培养学生的审美情趣与审美能力。

② 人机交互，引人入胜。

多媒体计算机友好的交互环境设计和逼真的交互界面，能自然引导各种交互现象，提供与学生友好合作、平等竞争的环境，激发学习者兴趣，促使学习者自发、自愿地进行学习，使学生在不知不觉中进入学习状态。

③ 愉悦情感，陶冶情操，提高审美修养。

美学本身具有愉悦情感的功能，在课件中展现符合审美需求的画面会对学生的心理产生愉悦的情感效应，使其视觉上、心理上得到满足，主动接受知识信息。在学习过程中情感得到升华，美学情感得到满足，从而达到陶冶情操的目的。

2. 多媒体课件的平面构成

（1）美学的表现手段

美学有 3 种艺术表现手段，即绘画、平面构成和色彩构成。这里所谓构成，是指两个或两个以上的元素组合在一起，形成新的元素。

绘画是美学的基础。通过手工绘制、计算机绘制和图像处理，使线条、色块具有了美学的意义，从而构成了图画、图案、文字以及形象化的图形。

平面构成指的是将几个单元（包括不同的形态、材料）重新组合成为一个新的单元，并赋予视觉化的、力学的概念。平面构成以轮廓塑形象，将不同的基本形按照一定的规则在平面上组成图案。

色彩构成是美学的精华。它的主要内容是研究两个以上的色彩关系、精确到位的色彩组合和良好的色彩搭配。

（2）平面构成在多媒体课件上的应用

多媒体课件与学习者交流的介质是界面，界面提供显示信息和控制功能。一个多媒体课件如果在设计制作过程中引入构图规则，通过整体把握，可避免课件画面表述的内容和风格出现残缺不全或支离破碎，能使它的操作界面和演示画面更符合美学要求，更人性化。

① 对比均衡。在构图中追求对比的同时，更要注意整体的均衡。一般而言，多媒体课件的媒介包括标题、文字内容、图像、动画、图标、同步声音等。通过这些媒介，多媒体课件提供教学信息显示、交互操作、检索等内容。

② 多样统一。多样统一是多媒体课件合理构图的基本条件，多样避免了单调，统一则避免了杂乱。如果光有图或文字，则版面显得单调；如果把标题、文字段落、照片、图画等进行穿插组合，版面就会显得多样而生动；同时，如果图文的排列按照一种标准的栅格分割，版面就会显得统一。

3. 课件的色彩构成

（1）色彩构成概念

色彩是自然美、生活美、艺术美的重要组成部分，是艺术设计中科学规律最强的一门学科。

色彩不能脱离形体、空间、位置、面积等因素而单独存在，因此色彩与平面构成不可分离。界面的色彩构成最有规律和充满感性，因此能产生一种氛围和情绪，引导学习者的阅读。色彩还具有造型性，通过色彩对比，能突出主体，强调要传达的信息，并形成界面的风格。

色彩构成是根据不同目的而进行的色彩搭配，把两个或两个以上的色彩按照一定的原则进行组合和搭配，以此形成新的色彩关系。作为课件的设计者和制作者，必须具有较高的色彩方面的素养，掌握色彩方面的美学知识，并创造性地应用于课件设计中，使多媒体课件更具有吸引力。

（2）色彩在多媒体课件中的作用

① 突出主题。色彩是各类多媒体课件界面构图的重要组成部分，对于生动地表达课件的主题思想、吸引浏览者的注意、烘托和渲染气氛、抒发感情均具有独特的作用。利用不同色彩自身的表现力、情感效应以及审美心理感受，可以使多媒体课件的内容与形式有机地结合起来，以色彩的内在力量来烘托主题，突出主题。

② 增强艺术性。对于精心设计的多媒体课件，其艺术美应以形象美、声音美等表现形式贯穿始终。色彩美是艺术美的重要组成部分，色彩设计应用于多媒体课件设计中，给课件作品带来了鲜活的生命力，使学生在学习过程中获得美的享受，在美的陶冶中提高情趣，得到更好的感知和理解。以色彩的科学知识为基础，进而从美学的角度去探讨色彩设计的表现形式，可以大大增强多媒体课件设计作品的艺术性，创造出更富审美情趣的作品。

③ 视觉区域划分。多媒体课件制作有不同的主次部分，利用色彩分布，可以将不同类型的信息分类排布，并利用各种色彩带给人的不同心理效果，很好地区分出主次顺序，从而形成有序视觉流程。

④ 满足学习者特征。多媒体课件设计时，用彩色可以表达一定的学习内容和适合于一定的学习者，不同的教学内容、不同的学习者由于年龄以及学习动机、学习情感、知识结构和文化背景不同，采用的配色方案也不同。课件设计者如何利用色彩的力量，设计出符合教学目的、真实悦目的界面，并引起学生的关注，是迈向成功的第一步。

1.6 多媒体课件的教学设计

1.6.1 幼儿园多媒体课件教学设计

【学习目标】

了解教学设计的概念，熟知幼儿园多媒体课件教学设计遵循的原则，了解幼儿园课件设计的基本内容，熟知幼儿园课件设计的基本方法。

【基础知识】

1. 教学设计的概念

（1）教学设计的定义

教学设计就是在一定的观点和方法指导下，依据现代教育理论和教师的经验，对教学活动进行规划和安排的一种可操作的过程。

指导教学设计的观点有多种，但从教育的实际需要看，人们一般更倾向采用系统科学的观点和方法来指导教学设计。教学活动是由教师、学生、教学内容、教学目标、教学媒体和教学方法等众多要素构成的，不能只注重教学中的个别要素，忽视其他教学要素的存在和协调。

教学设计以系统科学方法为指导，就是对教学中的多种要素进行整体的、综合的规划和安排，通过确定教学目标，分析教学内容，了解学生特征，组织教学模式和实施学习评价等一系列工作来完成教学设计的过程。

教学设计必须要依据现代教学理论。教师要达到最佳的教学效果，就必须按照现代教学理论的原理设计、组织、实施教学，教学设计的措施要符合教学规律。

教学设计还要依据教师的经验。在教学设计中，只靠经验是不行的，但又不能排斥教师经验的作用，科学理论和方法在实际应用时会有一定的局限性，这就需要教师的经验来弥补，只有将科学理论和方法与优秀的经验结合起来，才能完成好的教育设计。

（2）幼儿园教学设计的意义和作用

教育工作者长期追求的理想境界就是实现教学的最优化。要实现教学中的最优化就必须分析幼儿状况和教学任务，确定教学目标，选择教学模式或策略，对学习结果进行测量和评价等。这些正是教育设计所要做的工作。可以说，教学设计是教学通向最优化的重要途径，没有教学设计就不可能有教学的最优化。

幼儿园教学设计是有效开展幼儿教学活动的前提和基础。通过教学设计，教师能清楚地知道幼儿要学的内容，幼儿将产生的学习行为，以此来确定教学目标；通过教学设计，教师根据教学目标和学生的特征，采取有效的教学模式，使用合适的教学媒体和方法，实施既定的教学方案，以此来保证教学活动的正常进行；通过教学设计，教师可以准确地把握幼儿学习的初始状态和学习后的状态，有效地控制教学过程。

教学设计也是制作高质量课件的前提和基础。在课件制作过程中，有的课件知识点不明确，重点难点不突出，为制作而制作；有的课件单纯为显示技巧，而不考虑学习者的认知规律和能力，也不去照顾教师使用是否方便；有的课件适用的教学目的和范围不明确，如辅导教师教学的课件从头到尾都灌制了解说录音，布满了与课本一样的文字，没有了教师活动的空间。这些现象的根源就是没有进行教学设计。

2．幼儿园多媒体课件教学设计遵循的原则

（1）科学性原则

科学性是教育教学活动中十分重要的教育原则。幼儿园多媒体课件应该能正确表达健康、语言、社会、科学、艺术学科五大领域的知识内容，不能出现知识性的错误，应符合课件所表现的内容或原理。制作多媒体课件时，一是用素材设计成的内容要有严谨的知识逻辑体系，其表现手法和知识形成过程要严谨周密。二是所显示的素材质量要好，文字的输入要正确，图像、动画要比较美观，声音要动听。但是，对科学性需要做具体的分析，如果片面强调课件的科学性，会束缚教师的手脚，不利于进行课件的制作。

建议如下。

① 原理要正确，要反映主要的机制，说明教学中的问题即可，细节可以淡化处理。例如，幼儿园大班科学“地球”一课，只要动态模拟地球、月亮和太阳是怎么运转的，能显示出三者位置关系的变化就可以了，而不用去考虑公转、自转、轨道共面性差异等细节，否则会使画面干扰主题，制作的复杂程度会大大增加，也不符合幼儿的心理特点和认知规律。

② 显示的文字、符号、公式、图表及概念、规律的表述准确无误。

③ 要尊重科学事实，但为了教学的需要，可以进行必要的变形或夸张处理。例如，幼儿园中班科学“神奇的放大镜”一课物体放大的演示，为了使幼儿能够充分感知放大过程，可对放大程度进行夸张处理，让学生能够看得清楚。

（2）教学性原则

运用多媒体课件的目的是优化课堂教学结构，提高课堂教学效率，既要有利于教师的教，同时又要有利于幼儿的学。因此制作或利用某个课件进行多媒体教学是否有必要，这是利用多媒体课件进行教育教学首要考虑的问题，并不是每节课、每个知识点都得引入多媒体教学。课件必须有它的教学价值，即教学性。我们可以从课件的教学目标、课件的内容及组织表现形式几个方面理解教学性的含义。

① 教学目标：课件必须要体现教学思想和教学目标，明确多媒体课件要解决什么问题，要达到什么目的，教学目标的确定使幼儿的教学更具有规范性。课件的具体呈现和实施是为其教学目标而服务的，例如，幼儿园小班健康“蔬菜营养多”一课，就是围绕着让幼儿养成吃饭不挑食这一目标来实现的。

② 课件内容：教学内容要丰富、灵活，突出重点和难点。设计课件时要充分考虑课件的实际教学需要，选题必须精心、准确，体现实用性。

要选择能够创设情境，激发学生兴趣的内容，以激发幼儿强烈的求知欲，使他们处于主动地位，形成直接的学习动机。例如，幼儿园中班科学“海洋里的动植物”一课，利用多媒体课件创设情境，首先映入孩子眼帘的便是大屏幕上一幅配有声音的、流动着海洋生物的美丽画面，其教学主题一下子被孩子们抓住了，激发了孩子们的兴趣，积极性也得到了提高。

要选择传统教学难以表达或不能表达的内容。在教学实践中，我们将那些感觉比较抽象的、用图片实物等传统教育媒体难以展示其活动过程的、孩子理解起来有一定难度的教学内容设计成多媒体课件，就能充分发挥现代教育技术的优势，弥补传统教学手段的不足，收到生动有趣的效果。例如，幼儿园中班科学“雷雨和闪电”一课，无论教师怎样启发，都无法让幼儿想象出雷雨前、雷雨中和雷雨后动植物及天气变化的有趣的现象，而我们通过课件将雷雨前、雷雨中和雷雨后动植物及天气变化的有趣画面清晰地展现在幼儿面前，幼儿会具体地发现：雷雨前乌云满天，鱼儿跃出水面，青蛙呱呱叫，燕子低飞，蝴蝶躲在叶子下面，蚂蚁搬家；雷雨天先看到闪电，后听到雷声；雷雨过后，阳光照射到雨后空气中无数的小水珠上，就可能出现彩虹。这些知识，只有通过多媒体技术，才能使幼儿很快地理解和领会。

③ 组织表现形式：要发挥计算机的特有优势，符合幼儿的认知规律。多媒体课件在课堂上的优势是动态模拟，用以创设情景，激发幼儿的学习兴趣，扩大幼儿的感知量，使幼儿形成鲜明的表象，帮助幼儿掌握概念和规律。

（3）适应性原则

幼儿多媒体课件的设计要适应幼儿的年龄特征。学龄前儿童年龄较小，活泼，好动，特别喜欢游戏活动，因此幼儿多媒体课件的设计需要包含游戏的成分。把教学活动的内容通过游戏这一形式有规律地渗透于课件当中，让孩子们与课件充分交互，成为课件中的一个角色，充分发挥孩子的能力，这样的课件才符合孩子的学习特点和思维水平。

① 文字。幼儿语言文字理解力弱，因此在幼儿园多媒体课件中要少用文字，多用图像、动画和声音。字体以活泼的幼圆字为主，字号要大，颜色以鲜艳的红、黄等暖色调为主，文字要以逐字、逐行的运动形式呈现，并配以悦耳的音响效果，这样符合幼儿形象思维的特点。

② 图形、图像。图形、图像是幼儿多媒体课件最重要的媒体形式，是幼儿最易感知和接受的表达方式。课件设计时可用色彩丰富、栩栩如生的实物图片或活泼可爱的卡通图片，但是图形、图像也不宜太复杂，颜色不宜太杂，呈现的内容不宜过多，背景图片要简洁明了，不能太花哨。要突出主体，避免幼儿注意力的分散和减轻眼睛的疲劳。

③ 动画。动画画面的设计应该生动简洁，色彩配置和谐明快，布局合理。动画能给幼儿提供强烈的感官刺激，激起幼儿的兴趣，调动幼儿学习的积极性和主动性。但动画模拟必须真实，准确，节奏不宜太快，成分也不宜过多，否则会影响到孩子注意力的集中。

④ 声音。幼儿多媒体课件只凭视觉元素传递信息会给人以单调和枯燥的感觉，因而合理适宜地加入一些声音，能更好地表达教学内容，吸引幼儿的注意力，增强幼儿的学习兴趣。音乐要选择孩子们喜爱的儿童曲目。解说一定要语言亲切，节奏舒缓有度，音色优美，声音的特征要符合幼儿的年龄层次。音响的模拟声要真实自然，使幼儿产生身临其境的感觉。

（4）控制性原则

课堂的教学时间是有限的，这就要求课件的操作灵活，简便。操作界面上要有含义明确的按钮和图标，支持鼠标操作，设置好各部分内容之间的转移。师生不能把时间浪费在课件的控制和调试上，设计制作课件时要从教学的实际需要出发，注重突出操作课件的灵活性，课件要便于师生的控制，可操作性要强。

① 课件的安装要简便。课件不能需要较长的安装时间，让学生焦急等待，使课堂处于失控状态。

② 友好的操作界面。在课件的操作界面上设置寓意明确的图标和按钮，界面直观，对用户透明，用户接触后对界面上对应的功能一目了然，即使是一位从未用过计算机的教师稍加了解，不需要多少培训即能操作课件进行教学活动。

③ 交互性强，体现幼儿的主动性。交互性是指计算机和学习者之间的信息传递是双向的，计算机可以向学习者输出信息，也可以接收学习者的输入命令，并根据命令进行相应处理。多媒体课件最基本的特点是交互性，它便于教师掌握学生的学习情况，调整学习内容，安排学习计划，也利于学生的自学。在交互式的设计中，尽量注意教育内容的相互渗透，要多设计一些提问、练习和适合幼儿操作的小游戏，促进幼儿的主动学习。

幼儿主动学习的前提是他们在活动中能够自主地选择、参与、探索、决定和表达。例如，幼儿园大班健康“秋天到”一课，让幼儿寻找几种叶子的颜色分别是什么，如果找对了，就提示“你好聪明！”等鼓励性的话语。这种人机交互的学习方式让幼儿产生强烈的学习、游戏的欲望。在幼儿主动参与的“活动”中，幼儿将逐步建构自我，体验成功，树立自信心，而自信心反过来又促使他们更积极主动地生活，满足成功体验的需要，超越自我。在这种良性循环的教育过程中，幼儿的主体性品质获得持续发展。

④ 误操作的处理。如果课件在操作过程中出现了误操作，要避免死机现象，可以方便退出，提高其可靠性。

（5）简约性原则

课件的展示是通过计算机屏幕或大屏幕投影等形式实现的，幼儿主要通过视觉刺激来接受信息，因此课件画面应当符合幼儿的视觉心理。画面的布局要突出重点，避免或减少无益信息对学生的干扰。注意动、静物的色彩对比，以及字体的大小和线条的粗细，以保证所有学生都能充分感知对象。内容的切入和退出最好采用淡入和淡出。以上特点可以概括为简约性原则，具体有以下几点。

① 画面的布局突出对象。同一画面对象不宜多，运动的对象一般不要超过 2 个，对象的图形要简约化，避免单纯的“求真实”倾向。

② 减少文字数量。过多的文字阅读不但容易使人疲劳，而且干扰学生对过程的感知，因此不适宜将定义、定律等概念大段大段地放置在课件画面中。

③ 多媒体课件需符合幼儿的认知规律，避免复杂。课件设计者不应将精力放在流光溢彩的图片和活泼生动的动画上，而应着眼于激发幼儿的学习兴趣，超越传统媒体的局限，不必制作华丽的片头，内容的切入与退出采用淡入淡出，避免多余的动作，变抽象为形象，化繁为简，更好地帮助幼儿突破重点难点，从而提高课堂效率，实现教学的最优化。

3. 幼儿课件设计的内容和基本方法

幼儿课件设计是对课件的知识内容和内容的呈现方式，应用的教学理论和教学方法，课件程序的实现方法和步骤，课件应用的目的、对象和运行环境等各个方面进行的整体规划。幼儿园课件设计的目的是为了保证课件符合科学性、教学性、程序性、艺术性等方面的要求。

课件设计的内容包括课件的教学设计、结构设计、封面设计、屏幕界面设计、交互方式设计和导航策略设计等几个方面。

课件的教学设计是课件的首要任务。课件是一种教学软件，课件的内容必须保证是与教学有关的信息，课件内容的形式、呈现方式必须符合教学媒体使用的规律和信息传播理论，幼儿园课件的执行过程必须符合幼儿的认知规律和教学规律，幼儿课件采用的教学方法必须符合幼儿园教学理论和幼儿学习的特点，有利于幼儿掌握知识，形成技能。

任何教学系统要想达到良好的教学效果，都必须遵循教学设计的理论和方法，幼儿园多媒体课件系统也不例外。它不仅提供教学信息，还执行教学控制和评价，多媒体的设计与制作必须从教学设计开始。幼儿园课件教学设计的基本方法如下。

（1）分析教学内容，确定教学目标

要充分解读教学内容，反复咀嚼，根据教学内容的深浅、难易等属性和幼儿接受能力的实际情况，对照幼儿园课程标准的要求，结合实际教学经验，确定教学目标。

（2）选择教学媒体，创设教学情景

在课堂教学中，我们必须研究媒体个性，依据教学内容和教学目标的需要，去选择、设计和组合运用恰当的媒体，直接介入教学活动过程，实现教学信息对学习者的感官刺激，以达到优化教学效果的目的。

创设教学情景是指在教学活动的设计中，要创设与学习主题基本内容相关的和现实生活相类似的或真实的情景，使学生具有为理解主题所需要的经验，从而帮助学生在这种环境中去发现、探索与解决问题。所创设的情景要符合学生的认知结构，情境创设要尽可能真实，要有利于学习者对知识的重组和改造，促进学习者的联想和创新。

例如，幼儿园中班语言“小麻雀”一课中，教学情境的创设以卡通形式展示给幼儿，使幼儿很自然地进入角色，达到了在玩中学的目的。

（3）指导自主学习，组织协作活动

幼儿多媒体课件制作时，通过直观的图像或动画素材，运用启发式教学，充分发挥幼儿学习的主动性和创造性，启发他们积极回答问题、找出答案，进行自我学习、自我探索。在幼儿自学的基础上，通过小组讨论、辩论，进一步完成对主题的理解和深化，培养幼儿的协作意识。

（4）确定教学要素关系，形成教学过程结构

幼儿多媒体课件的制作要考虑 4 个要素：教师、幼儿、教材、教学媒体，这 4 个要素相互联系，相互制约，形成了一个有机的整体，要使得这个系统发挥最佳的效果，必须分析和研究各要素之间的联系，协调各要素之间的关系，形成合理的组织结构。教师是教学过程中的组织者、引导者、鼓励者，起着连接幼儿和多媒体课件的作用。幼儿是学习的主人，是活动中的一个中心。教材是孩子学习的一个载体，教学媒体（课件）是创造师生有效互动的一个学习环境。

1.6.2 小学多媒体课件教学设计

【学习目标】

了解教学设计的概念，熟知小学多媒体课件教学设计遵循的原则，了解小学课件设计的基本内容，熟知小学课件设计的基本方法。

【基础知识】

1. 教学设计的概念

（1）教学设计的定义

教学设计就是指为了达到预期的教学目标，运用系统观点和方法，遵循教学过程的基本规律，对教学活动进行系统规划的过程。

教学设计需要对学习需求分析，分析学生的现有水平与所应当达到的目标水平之间的差距，从而为确定学习目标等提供依据。对所学习内容进行分析，即分析学生该学习什么和怎么学，通常可以根据学习内容中各知识点的关系，分别从学生不同年龄阶段、不同的认知过程有效分析学习内容。在教学设计过程中，根据学习环境的差异，设计出能施行的教学方案，从而确定学习目标，以目标为中心，各环节的安排需要围绕目标来进行。根据新课程标准，教学目标有 3 个维度，即知识与技能、过程与方法、情感态度与价值观。强调从过去的重视知识到重视能力，从重视结果到重视过程，从重视认知到重视情感。在确定了具体的目标和学习内容后，运用教学策略，以学生为主，教师为辅，在教学过程中，选择教学媒体或资源，需要充分依据学习目标、学习内容、环境条件和学生认知水平等，符合学生的认知规律，优化教学效果。

（2）小学教学设计的意义和作用

小学阶段，不同年龄的学生的认知水平各不同，接收知识的能力存在着差异，通过教学设计，教师可以对教学活动的基本过程有个整体的把握，有效地控制教学过程，根据教学情境的需要和教育实施对象的特点来确定合理的教学目标，选择适当的教学方法、教学策略，采用有效的教学手段，创设良好的教学环境，实施可行的评价方案，教师通过教学设计，有效地掌握学生学习的初始状态和学习后的状态，从而及时调整教学策略、方法，采取必要的教学措施，为下一阶段的教学奠定良好基础。

2. 小学多媒体课件教学设计遵循的原则

（1）实效性原则

评价一节课上的好不好，关键是看有没有很好地完成教学目的，所以实效性原则非常重要。例如，语文课上，教师的教学目的是让同学们理解并掌握“坐井观天”，但如果只凭教师的讲解可能非常抽象，学生很难理解。这时运用多媒体动画，把抽象的东西变成形象的东西，使学生易于理解，便于记忆，就显得恰到好处了。而且多媒体动画是动态的，可听，可看，可玩，生动，形象，感染力强，适合于小学生好奇、好玩、探秘的好奇心，易于激发学生的学习兴趣，调动学生的学习积极性。又如美术课，教师的主要目的是让学生自己画一幅船的图画，但画之前要先让学生简单地了解各式各样的船，教师用幻灯片展示各种样式船的图片。这样，既使学生了解了船的外形、结构、作用，又节省了大量时间留给学生练习。由此可见，多媒体教学的实效性是至关重要的。

（2）直观性原则

选择多媒体教学主要就是便于学生理解，所以我们在运用时还应注意直观性原则。以二年级的数学课为例，学习认识钟表。在课前，小学生完全不理解时间的概念。“什么是钟表”这个问题对于小学生来说是比较抽象、难理解的，教师用投影仪展示了钟表实物给学生，这样更为直观，学生更容易理解。小学生思维的特点是从形象思维为主要形式向抽象思维过渡。具体形象的东西，他们容易理解和记忆，他们的抽象逻辑思维还较差。因此，教师在教学中要充分利用直观教育，注意启发学生的思考，逐步培养学生的逻辑思维能力。这就是多媒体的直观性原则。

（3）发挥主体原则

多媒体教学中除了教师的作用外，加进了多媒体的作用，但丝毫不应动摇学生在教学中的主体地位，而要更有效地调动学生的积极性和潜能，更好地发挥学生的主体作用。教师的指导不应包办代替，而要引导学生自己感知、自己思考。

（4）适应性原则

小学多媒体课件的设计要适应小学生的年龄特征。因为在教学课程中涉及课程性质、课程内容、学生特点等方面因素，所以课件的职能要适用于教学，服务于教学。在应用时，应从教学内容和学生实际出发，寻找课件与课程内容的最佳结合点，探索最佳的表现手法，不能画蛇添足，弄巧成拙。由于小学生的发展思维和认知水平存在着差异性，所以在教学过程中要让孩子们与课件充分交互，成为课件中的一个角色，充分发挥孩子的能力，这样的课件才符合孩子的学习特点和思维水平。在设计课件时，应从以下几个方面去考虑。

① 界面。屏幕界面的设计不仅是一门科学，而且是一门艺术。屏幕设计要生动、漂亮、实用，要有深度而且精巧，要考虑整体的一致性。适当转换背景，重点词语要有突出标志，全片的色彩基调应以明快、庄重、新鲜为主，力求做到形式与内容的完美统一。

② 文字。从教学内容上讲，课件的文字表述要简明、精炼，能突出教学的重点、难点。从课件服务于教学的角度考虑，课件内容文字出现的形式应为：文字密度要适中，既有悦目美感，又能减轻阅读难度；字体要粗大，清晰，美观；文字设计要规范化，标题及内文的文字大小要形成统一的格式，还要注意色彩搭配协调。

③ 声音。在多媒体课件中合理适宜地加入一些声音，能更好地表达教学内容，吸引学生的注意力，增强学生的学习兴趣，但是多媒体课件播放的声音信息必须清晰、悦耳，使学生充分感知教学的内容。背景音乐可渲染气氛，烘托环境，但要注意和主体音的融合，切忌喧宾夺主或画蛇添足。

④ 构图。多媒体课件的构图要遵循引发视觉愉悦的原则，即布局规整平衡，对称分布简明，整体连续简单。文字与背景的组合要考虑文字内容的突出和色彩的融合。只有这样，才能显示多媒体课件构图的美感，形成视觉中心，吸引学生的注意力，达到引起人们潜意识注意的目的。

⑤ 颜色。红、绿、蓝是计算机显示屏和投影仪中最基本的基色，由这 3 种颜色所组成的纯色，即白、黄、青、绿、紫、红、蓝、黑等 8 种颜色能够在屏幕中显现出最佳效果。而在实际应用中应尽可能将文字和背景设定成对比强烈、有较大差异的颜色，这样才能保证文字清晰，主题突出，否则，色彩就是多余之物。

⑥ 图片。图片的选用必须依据教学内容和学生的认识水平来确定，选用的图片必须醒目，简单，不要太小，要让观众看清细节，且没有孤立感，能够为突出教学主题服务，能够和课件设计的其他内容协调地融合在一起。

⑦ 图像。运用图像处理系统来实现将许多拗口、难懂的文字表达转化成形象、易懂的图文融合的形式，是课件辅助教学的目的。这种图文并茂的形式，往往有利于引导学生理解和记忆，又能提高学生学习兴趣，同时缩短了知识传授和理解的过程，增强了教学效果。

（5）可行性原则

采用多媒体进行教学要考虑是否可行，不仅指学校的设备、使用的方法、技术和实施程序，还包括教师与学生的配合。教师应在课前将所有需要的设备准备齐全，时间允许的话最好操作一遍，同时应将课堂上可能发生的实际问题考虑进去，以确保所准备的多媒体教学的可行性。

（6）简约性原则

课件的展示是通过计算机屏幕或大屏幕投影等形式实现的，学生主要通过视觉刺激来接收信息，因此课件画面应当符合学生的视觉心理。画面的布局要突出重点，避免或减少无益信息对学生的干扰。注意动、静物的色彩对比，以及字体的大小和线条的粗细，以保证所有学生都能充分感知对象。内容的切入和退出最好采用淡入和淡出。

3. 小学课件设计的内容和基本方法

小学多媒体课件设计是对课件的知识内容呈现，教学理论和教学方法，课件应用的目的、对象和运行环境等各个方面进行的整体规划。课件设计保证课件符合科学性、教学性、程序性、艺术性等方面的要求，课件设计的内容包括课件的教学设计、结构设计、封面设计、屏幕界面设计、交互方式设计和导航策略设计等几个方面。

任何教学系统要想达到良好的教学效果，都必须遵循教学设计的理论和方法，小学多媒体课件系统也不例外。它不仅提供教学信息，还执行教学控制和评价，多媒体的设计与制作必须从教学设计开始。

小学课件教学设计的基本方法如下。

（1）分析教学内容，确定教学目标

教师在进行教学之前要充分解读教学内容，根据教学内容的深浅、难易等属性和学生接受能力的实际情况，对照小学课程标准的要求，结合实际教学经验，确定教学目标。

（2）选择教学媒体，创设教学情景

根据教学内容和学生当前的认知状况，去选择、设计和组合运用恰当的媒体，直接介入教学活动过程，实现教学信息对学习者的感官刺激，以达到优化教学效果的目的。

创设教学情景是指在教学活动的设计中，要创设与学习主题基本内容相关的和现实生活相类似的或真实的情景，使学生具有为理解主题所需要的经验，从而帮助学生在这种环境中去发现、探索与解决问题。所创设的情景要符合学生的认知结构，情境创设要尽可能真实，要有利于学习者对知识的重组和改造，促进学习者的联想和创新。

（3）指导自主学习，组织协作活动

制作小学多媒体课件时，通过直观的图像或动画素材，运用启发式教学，充分发挥学生的主动性和创造性，启发他们积极回答问题、找出答案，进行自我学习、自我探索。在学生自学的基础上，通过小组讨论、辩论，进一步完成对主题的理解和深化，培养学生的协作意识。

（4）确定教学要素关系，形成教学过程结构

小学多媒体课件的制作要考虑 4 个要素：教师、学生、教材、教学媒体。这 4 个要素相互联系、相互制约，形成了一个有机的整体。要使得这个系统发挥最佳的效果，必须分析和研究各要素之间的联系，协调各要素之间的关系，形成合理的组织结构。教师是教学过程中的组织者、引导者、鼓励者，起着连接学生和多媒体课件的作用。学生是学习的主人，是活动中的一个中心。教材是学生学习的一个载体，教学媒体（课件）是创造师生有效互动的一个学习环境。

单元小结

本单元重点是讲解多媒体课件在教学中的应用。在多媒体与多媒体技术中，介绍了媒体、多媒体及多媒体技术的概念、多媒体类型及特点；在多媒体课件的认识中，介绍了课件和多媒体课件概念、多媒体课件组成及特点；在多媒体课堂教学课件的使用中，介绍了多媒体课件设计理论基础，介绍了现代学习理论、教学理论和传播理论在多媒体课件中的指导作用；在多媒体课件设计美学基础中，介绍了课件平面构成法则和色彩空间构成方法及平面构成和色彩构成在课件中的作用；在多媒体课件的教学设计中，介绍了教学设计概念、课件设计遵循的基本原则。

单元习题

一、填空题

1. 多媒体个人计算机的英文缩写是____________________。

2. 多媒体产品由于其存储容量大，所以大多是以______________作为载体，便于产品的播放和传播。

3. 多媒体系统是指利用__________________技术和__________________技术来处理和控制多媒体信息的系统。

4. 多媒体技术是利用计算机对__________、图形、__________、__________、__________、__________等多种信息综合处理、建立逻辑关系和人机交互作用的信息技术。

5. 多媒体课件的基本组成是_______________、_______________。

6. 课件的类型根据制作软件的不同，可分为___________________________、___________________________、___________________________。

7. 与传统的媒体相比，多媒体具有多样性、_______________、___________的特点。

8. Authorware 是一套___________________________工具。

9. 教学设计的基本原理包括__________、__________、__________和反馈评价四种原理。

10. 教学设计分为以____________为中心的教学设计和以学生为中心的教学设计。

二、简答题

1. 什么是媒体？什么是多媒体？多媒体技术的特征是什么？
2. 课件的类型可分为几大类？
3. 多媒体课件包含哪几方面特点？
4. 现代学习理论在多媒体课件制作中的指导作用有哪几方面？
5. 多媒体课件教学设计遵循的原则？
6. 什么是美学？美学在多媒体课件中有哪些作用？
7. 什么是教学设计？教学设计的基本特点有哪些？

单元二　幻灯式多媒体课件制作

2.1　PowerPoint 2013 演示文稿基本操作

【学习目标】

通过一个幼儿园小班综合课“我爱小脸”的《认识五官》幻灯式课件，了解 PowerPoint 2013 的基本概念，掌握其基本操作要领。

【动手案例】

案例名称：小班综合活动“我爱小脸”。

活动设计：让小班的幼儿了解五官的用途，启发他们如何保护五官。组织该活动很有必要，它能提高幼儿保护五官的意识，对幼儿很有教育意义。

活动目标：幼儿通过认识五官活动，正确说出嘴巴、眼睛、耳朵、鼻子的名称和数量，了解它们在头上的位置，知道眼、耳、嘴、鼻的用途，教育幼儿要保护好眼、耳、鼻、嘴这些器官。

课件制作要点：设计 7 张幻灯片，第一张为封面，第二张至第五张分别设计成眼、耳、嘴、鼻的功能介绍及保护提示，第六张幻灯片采用一个视频为知识拓展，第七张幻灯片为封底，如图 2-1 所示。

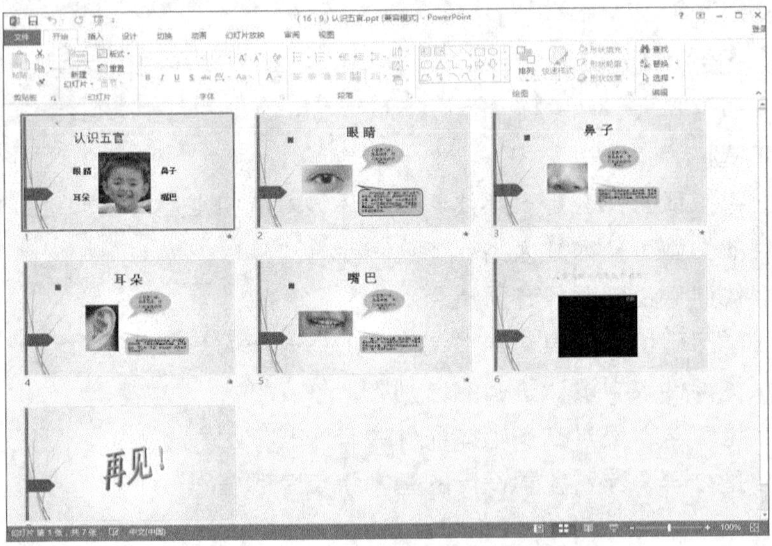

图 2-1　认识五官幻灯片浏览

【基础知识】

用 PowerPoint 制作出来的文件主要保存为后缀名是“.pptx”的格式，因此常常又被简称为 PPT。PowerPoint 是微软公司开发的套装办公自动化软件 Office 中的重要组成部分，它是在 Windows 平台下开发的、专门用于制作演示文稿的应用软件。

PowerPoint 是用于设计制作专家报告、教师授课、产品演示、广告宣传的电子版幻灯片，制作出来的内容可以通过计算机屏幕或投影机播放。利用 PowerPoint 做出来的东西叫作演示文稿，它是一个文件，演示文稿中的每一页就叫幻灯片，每张幻灯片都是演示文稿中既相互独立又相互联系的内容。

在 1987 年 PowerPoint 1.0 上市以来，PowerPoint 不断发展更新版本，现在已经有 PowerPoint 2016，今后还会有新的版本出现，我们在本单元为大家介绍目前常用的 PowerPoint 2013 版本。

制作 PPT 课件的基本流程如下。

- 创建一个演示文稿或打开一个演示文稿。
- 在演示文稿中添加幻灯片。
- 在幻灯片中输入与编辑文本。
- 在幻灯片中插入对象。
- 设置演示文稿统一的外观。
- 保存演示文稿。
- 放映演示文稿。

【操作步骤】

（1）启动 PowerPoint 2013

介绍两种常用启动 PowerPoint 2013 的方式，方法如下。

方法一，在 Windows 桌面下，单击“开始→所有程序→Microsoft Office 2013→PowerPoint 2013”，启动“PowerPoint 2013”，界面如图 2-2 所示，选择“空白演示文稿”，如图 2-3 所示。

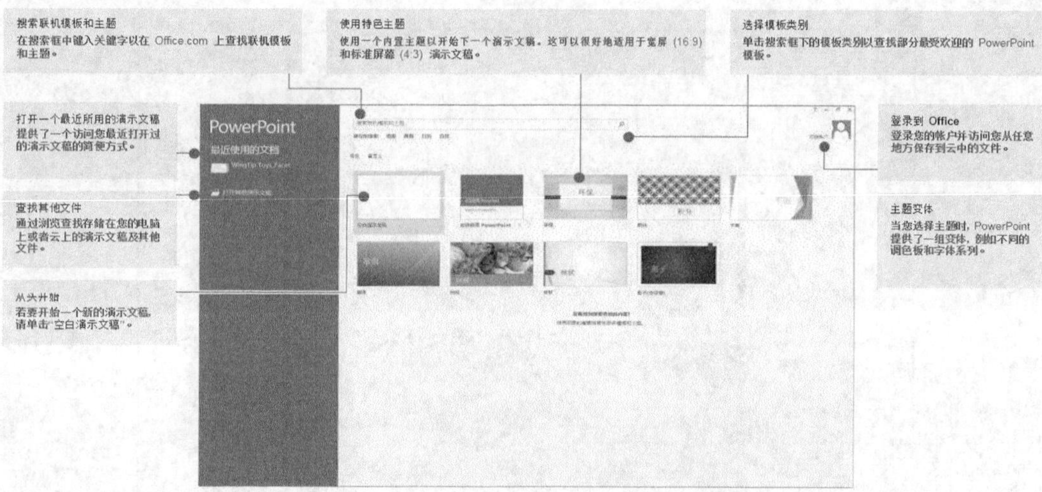

图 2-2 PowerPoint 2013 启动窗口

方法二，如果已经在桌面建立了“PowerPoint 2013”的快捷启动方式，可以通过双击其快捷图标来启动“PowerPoint 2013”，界面如图 2-2 所示，选择“空白演示文稿”，如图 2-3 所示。

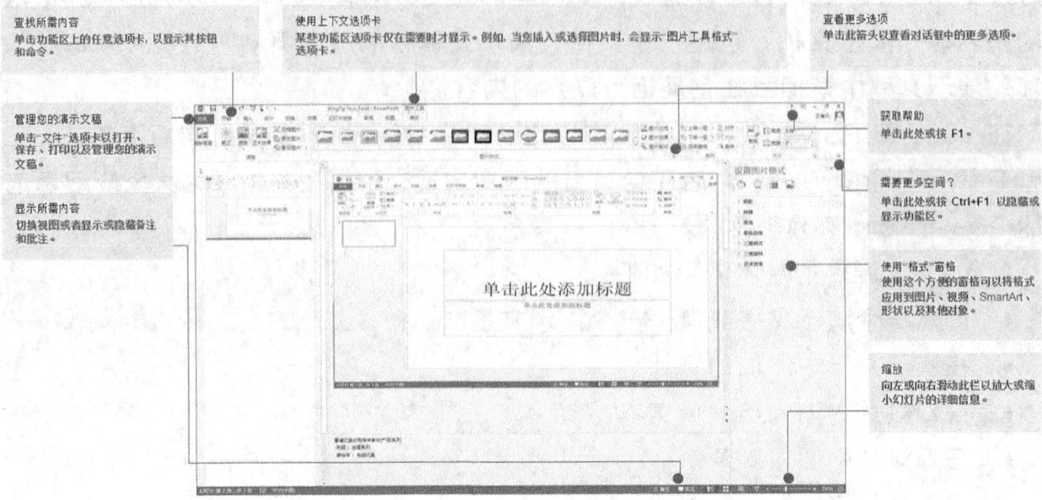

图 2-3　PowerPoint 2013 工作窗口

现在打开的“PowerPoint 2013”已经进入一个幻灯片的编辑状态，但它是一个系统的基本编辑状态。

（2）选择一种模板或主题

如果想创建具有个性的幻灯片，可以通过执行“文件→新建”命令或者使用快捷键（Ctrl+N）来创建演示文稿。进入如图 2-3 所示界面，选择一种模板或主题，如图 2-4 所示。

使用“根据设计模板”，选择“丝状”模板，如图 2-4 所示。

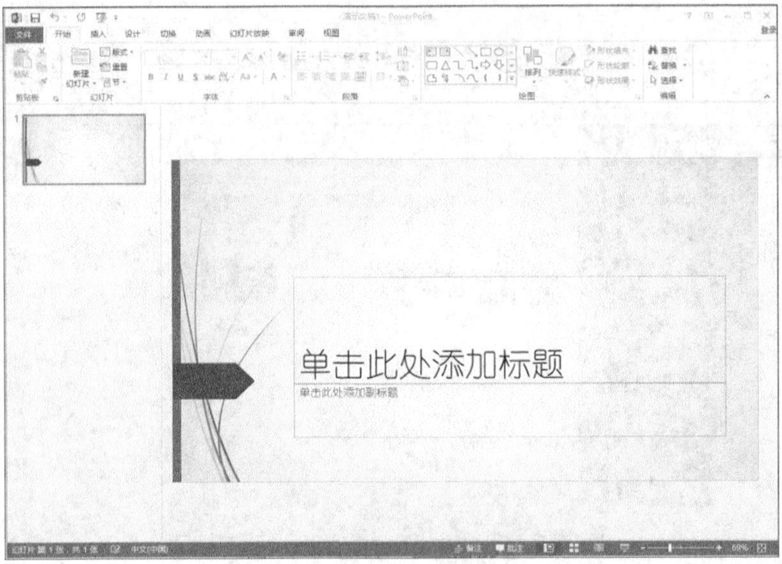

图 2-4　PowerPoint 2013 设计

（3）确定第一张幻灯片的版式

单击“开始”选项卡“幻灯片”命令组中的“版式”按钮，选择“空白→应用于选定幻灯片”，如图 2-5 所示。

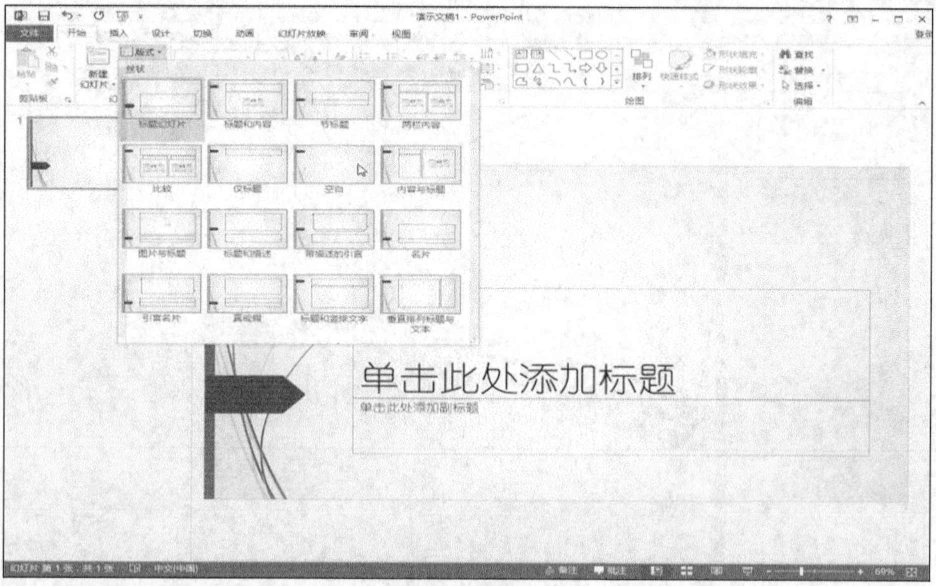

图 2-5　选择版式

（4）确定第一张幻灯片的背景

单击“设计”选项卡，单击“自定义”命令组，在“设置背景格式”窗格中选择合适的背景并选择“全部应用”按钮，如图 2-6 所示。

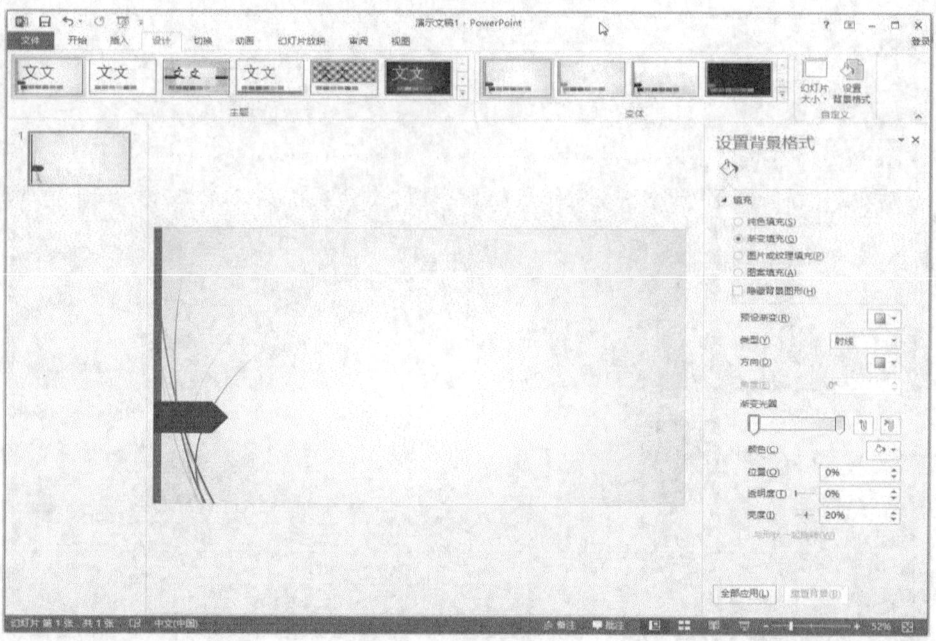

图 2-6　确定背景

（5）插入文本框

执行“插入→文本框→横排文本框”命令，如图 2-7 所示。

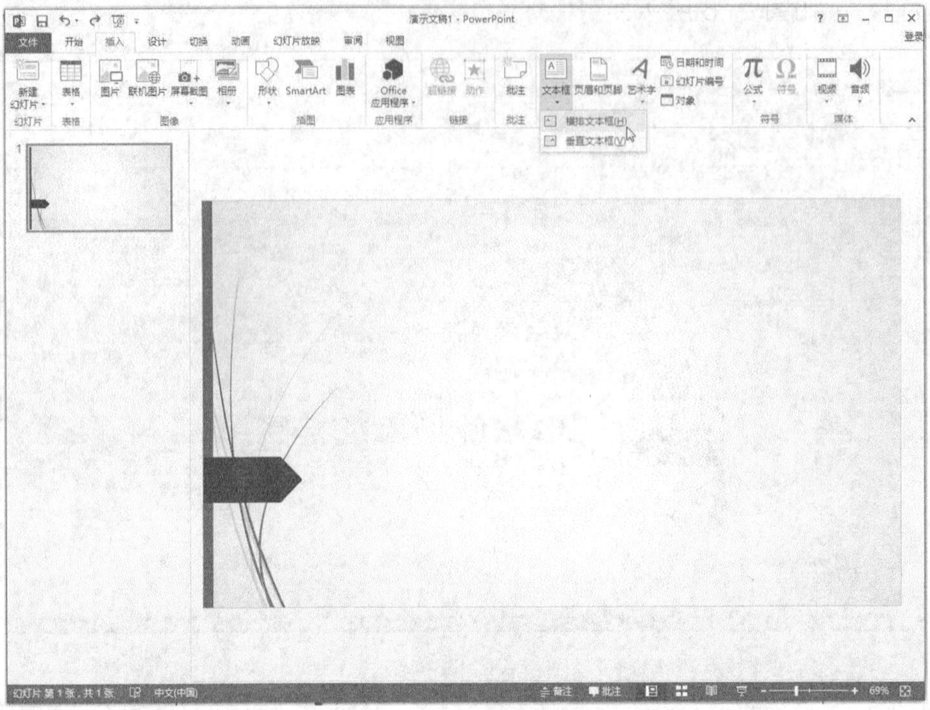

图 2-7　插入文本框

按住鼠标左键在编辑的幻灯片中拖出一个文本框，输入文字“认识五官”，如图 2-8 所示。

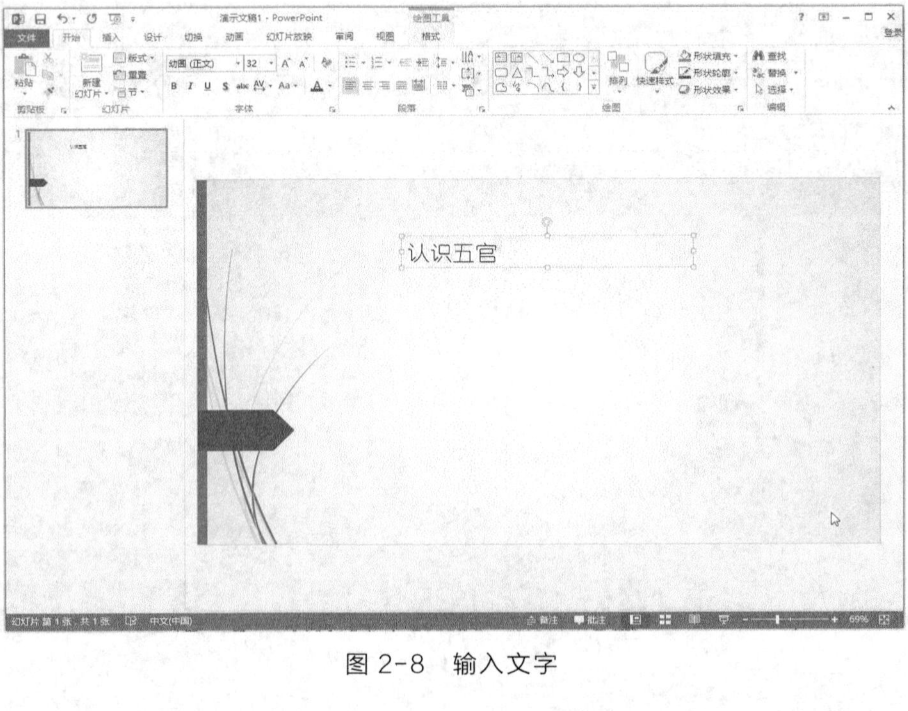

图 2-8　输入文字

（6）设置字体

选中“认识五官”几个字，单击“开始”选项卡，单击“字体”命令组右下角小箭头“对话框启动按钮 ”，在“字体对话框”中，中文字体选择“黑体”，字形选择“常规”，字号选择“60”，单击字体颜色旁边的按钮，选择“其他颜色”，在“颜色对话框”中选好需要的颜色后单击“确定”按钮，再单击“字体对话框”中的“确定”按钮，如图 2-9 所示。

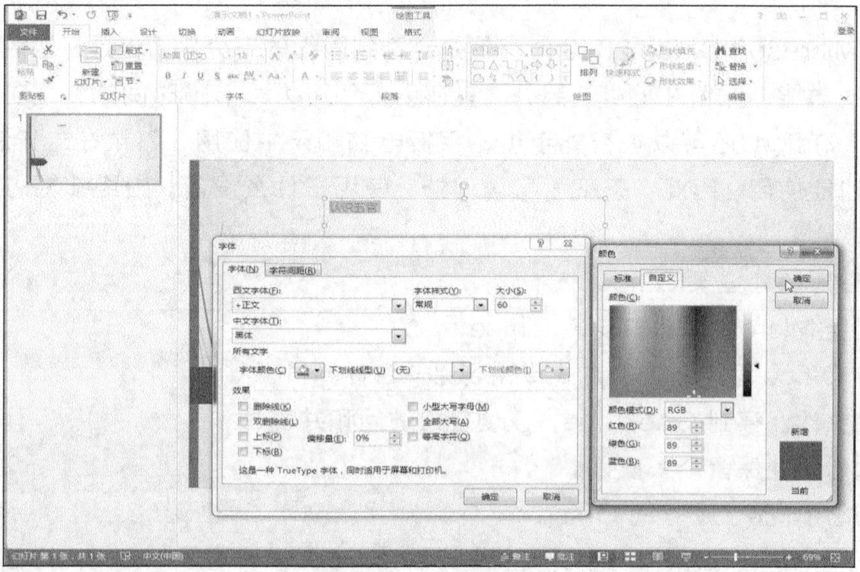

图 2-9　设置字体

按照同样的方法可以分别输入并设置“眼睛”“鼻子”“嘴巴”“耳朵”4 个文本框并调整各个文本框的大致位置，第一张幻灯片文本输入及设置完成，如图 2-10 所示。

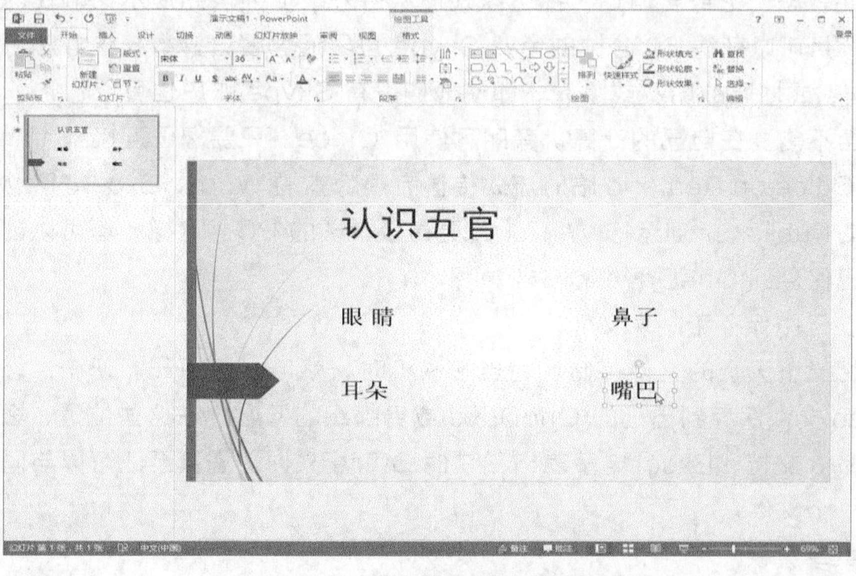

图 2-10　设置文本框中的字体

（7）保存文件

执行选项卡中的“文件→保存”命令，选择好保存的位置，文件名为“认识五官.pptx”，扩展名为“.pptx”。

【知识拓展】

Microsoft Office 2013 无论是界面，还是用户体验方面，都得到了很大的改进，下面就让我们一起来看一下微软办公套件 Microsoft Office 2013 中所包含的特色功能。

打开 Microsoft Office 2013 时，首先会看到简约的新外观。但是，您熟知的以及经常使用的功能仍保留在此处，另外，其还引入了可大大节省时间的新增功能。新版 Microsoft Office 还可以在智能手机、平板电脑和云中使用，甚至在未安装 Office 的 PC 上也能使用。因此，您不管身居何处，使用了什么设备，始终都能访问您的重要文件。

（1）随时随地登录 Office

- 使用 Microsoft 账户安装 Office。
- 将 Office 程序以流的方式传输到另一台计算机。
- 将文件保存到 OneDrive，以便轻松访问和共享。
- 随时随地保留个人设置。

（2）适用于整个家庭的 Office

厌倦了与所有家人共享一台计算机？Office 365 家庭高级版订阅允许您最多在五台 PC 或 Mac 上安装 Office。这样，每位家人都可以拥有自己的 Office 副本、自己的文件和自己的设置。

更新是自动完成的，因此您始终拥有最新版本。您可额外获得 20GB 的 OneDrive 存储，因此，您无论身居何处，都可以处理从待办事项列表到演示文稿在内的各种文件。您每个月可以获得 60 分钟的免费 Skype 世界通套餐分钟数，这样您可以呼叫超过 40 个国家或地区的朋友或家人，即使他们没有 Skype 账户也可以。

您甚至不需要在自己的计算机旁即可使用 Office。只要您已连接到 Internet，就可以使用 Office on Demand 临时流式传输完整版本的 Word、Excel、PowerPoint、Access 和 Publisher 到运行 Win7（或更高版本）的 PC。这样，您可以创建文档或继续处理已保存到 OneDrive 的文档。

（3）在云中保存和共享文件

云就相当于天上的文件存储。每当您联机时，就可以访问云。现在，您可以轻松地将 Office 文件保存到自己的 OneDrive 或贵组织的网站。在这些位置，您可以访问和共享 Word 文档、Excel 电子表格和其他 Office 文件。您甚至还可以与同事同时共同处理同一个文件。

（4）共享会议

加入联机会议并共享 PowerPoint 幻灯片、Word 文档、Excel 电子表格和

OneNote 笔记，即使未安装 Office，与会者也可以查看这些文件。

（5）更多入门选项

您可以在最近的文件或最喜爱的模板（而不是一个空白文件）之间进行选择。在 OneNote 中，您可以从 Web 或本机登录和打开笔记本电脑。

（6）改进了“另存为”和“打开”功能

再也无需在对话框中执行浏览和滚动操作。一开始就显示最常用的文件夹，也可固定某个位置，以便随时可用。

（7）更容易共享文件

现在，Office 程序中的“文件”>“共享”在一个位置集中了用于与其他人共享文件的所有选项。

2.2 PowerPoint 2013 幻灯片素材对象的插入与编辑

在上一节中，我们通过简单制作案例课件的第一张幻灯片，初步对 PowerPoint 2013 制作幻灯片有了一个浅显的了解。在幻灯片中除了可以插入文本框外，还可以插入图形和图片，这样就可以制作出丰富生动的幻灯片。本节我们将介绍幻灯片中图片、剪贴画、声音、影片等的插入及编辑的方法。

案例：小班综合活动“我爱小脸”的《认识五官》幻灯式课件。

2.2.1 插入图片

【学习目标】

掌握在幻灯片中插入图片的操作方法。

【基础知识】

执行“插入→图片”命令，可以在幻灯片中插入已经事先保存在计算机中的图片。

【操作步骤】

（1）在普通视图中，显示或选中要插入图片的幻灯片。

（2）执行“插入→图片”命令，如图 2-11 所示，弹出“插入图片”对话框，在“查找范围”列表中选择要插入图片的路径，单击“插入”按钮，图片就被插入到幻灯片中，如图 2-12 所示。

（3）图片插入后，单击“图片”，在图片的四周出现小圆形调节控制柄，拖拉这些调节控制柄可以修改图片的大小或者旋转图片，如图 2-13 所示。

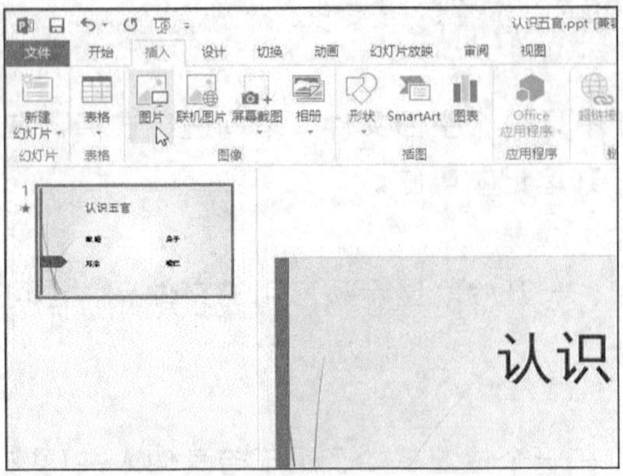

图 2-11　插入图片

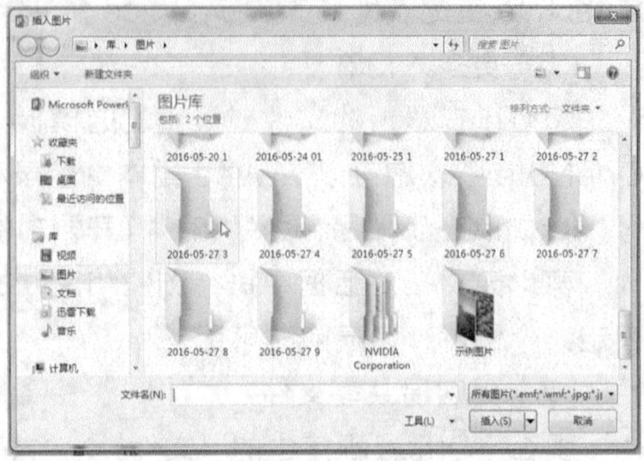

图 2-12　选择图片

图 2-13　调整图片

【知识拓展】

1. 插入联机图片

如果要插入软件的联机图片，可以按照下面的步骤进行操作。

（1）在普通视图中，显示或选中要插入联机图片的幻灯片。

（2）执行“插入→联机图片”命令 ，如图 2-14 所示。

（3）在“插入图片”对话框中选择要搜索图片的范围，单击“搜索”按钮，搜索结果就会出现在下面的空白处，如图 2-15 所示。

（4）拉动滚动条，选中要插入的图片，单击对话框右下角的“插入”按钮，该图片就被插入到幻灯片中。通过拖动图片四周的控制柄可以修改图片的大小，按住鼠标左键直接拖拉或者使用键盘上的方向键，可以改变图片在幻灯片上的位置。

图 2-14　搜索联机图片

图 2-15　插入联机图片

2．插入现成形状

在 PowerPoint 2013 中插入现成形状的方法是执行“插入→形状”命令。

单击“插入”选项卡插图命令组中的“形状”按钮“ ”，如图 2-16 所示。选择要插入的形状，这时鼠标会变成“ + ”，在幻灯片区域按住鼠标左键拖动，就可以在拖动区域中插入所选的形状。插入的形状大小，可通过拖动图形四周的控制柄进行调节，也可进行旋转操作。

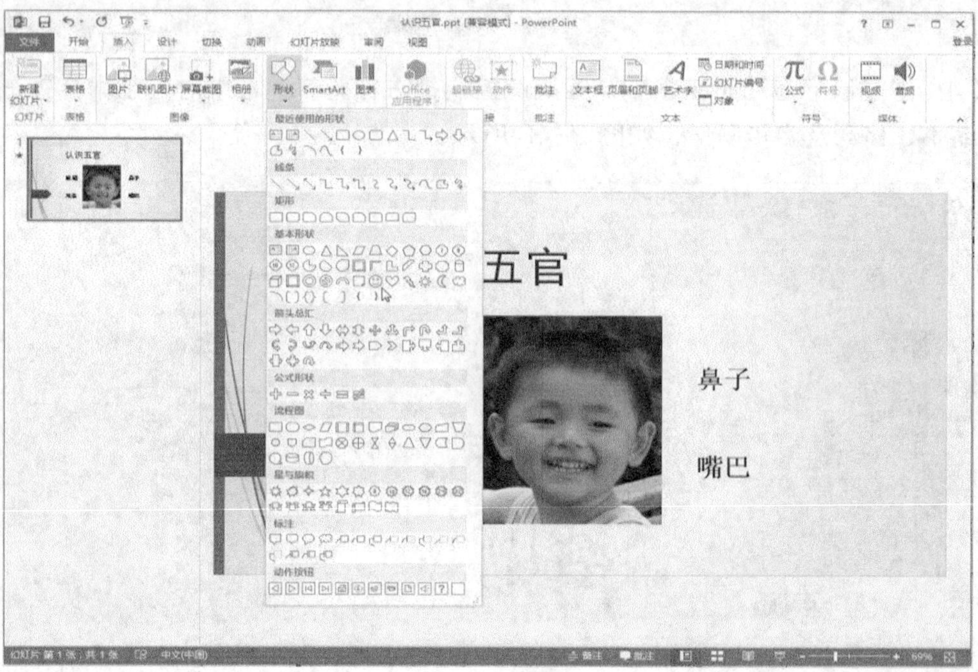

图 2-16　插入形状

3．插入艺术字

（1）执行“插入→艺术字”命令。

（2）选择一种艺术字样式，在弹出的“请在此放置您的文字”文本框中输入需要的文字。

（3）设置好字体、字号、字形，调整好文本的“填充轮廓”“效果”等，如图 2-17 所示。

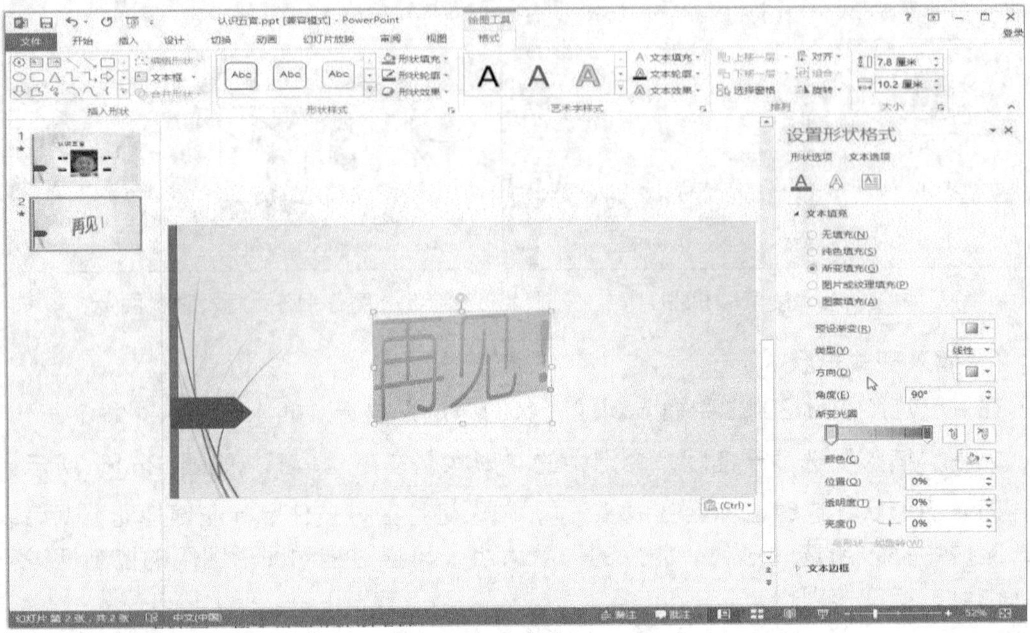

图 2-17　设置艺术字

（4）通过鼠标拖动“艺术字”四周的控制柄进行调节，可以对“艺术字”进行放大、缩小、移动及旋转操作，如图 2-18 所示。

图 2-18　调整艺术字大小

2.2.2 插入音频

【学习目标】

掌握在幻灯片中插入音频的操作方法。

【基础知识】

幻灯片中还可以插入音频，方法是执行“插入→媒体→音频→PC 上的音频，联机音频，录制音频”命令。

【操作步骤】

方法一：插入 PC 上的音频文件的方法。

（1）选中需要插入音频的幻灯片。

（2）执行“插入→媒体→音频→PC 上的音频”命令，弹出“插入音频”对话框，如图 2-19 所示。

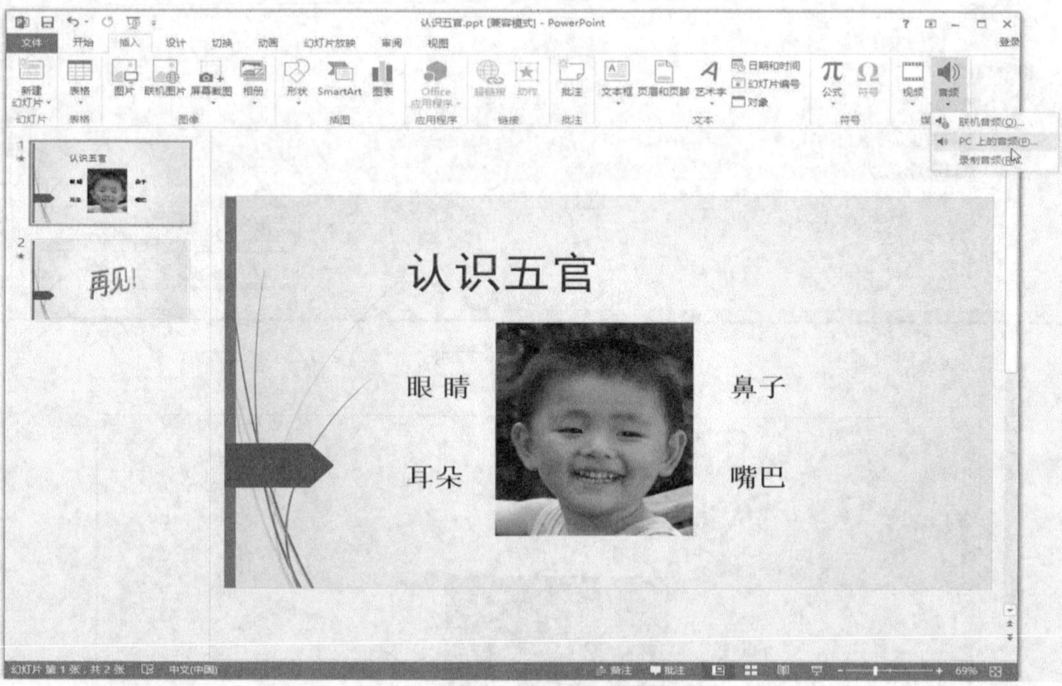

图 2-19 插入 PC 上的音频

（3）在“插入音频”对话框中，选择文件，单击“确定”按钮，如图 2-20 所示。

（4）设置插入声音为自动播放状态。

（5）插入声音的最终幻灯片效果是在编辑区域增加一个小喇叭图标，如图 2-21 所示。

（6）对音频播放按需要进行各种设置，如图 2-22 所示。

方法二：录制音频。

（1）选中需要录制音频的幻灯片。

（2）执行“插入→媒体→音频→录制音频”命令。

图 2-20　选择音频

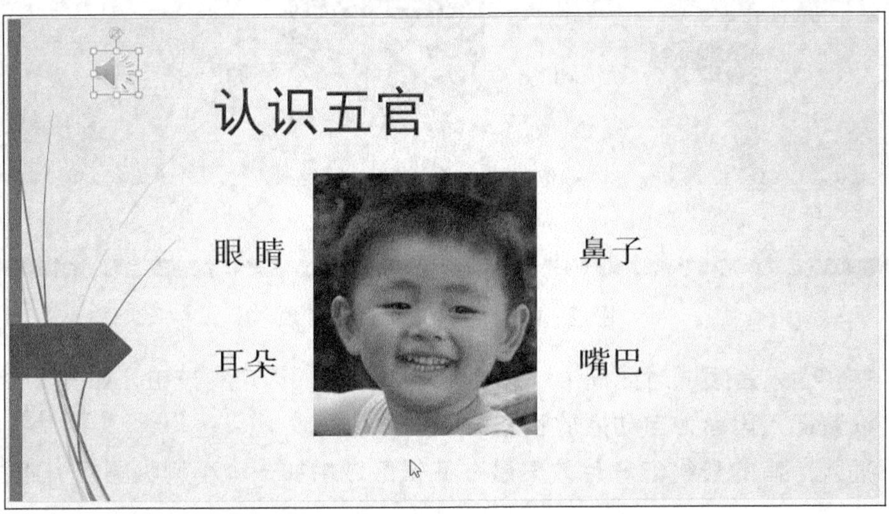

图 2-21　编辑区中的小喇叭图标

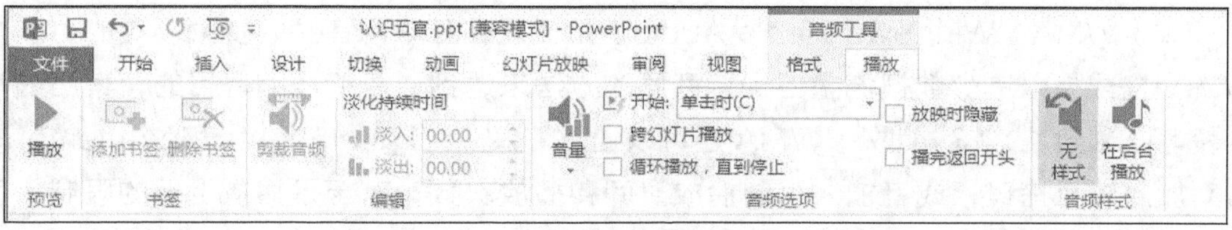

图 2-22　音频播放设置

（3）在弹出的对话框中单击红色“录音”按钮开始录制，如图 2-23 所示。

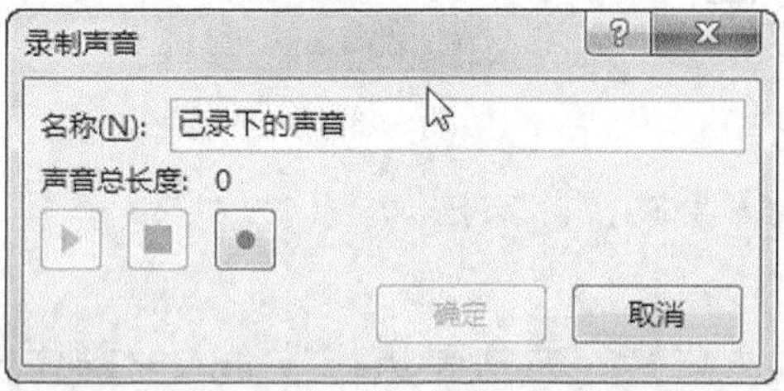

图 2-23　录制声音

（4）录制完毕，单击“确定”按钮后的效果，如图 2-21 所示。

【知识拓展】

PowerPoint 2013 支持的几种声音文件介绍。

（1）AIFF（.AIF），是苹果公司开发的声音文件格式，被 Macintosh 平台和应用程序所支持。

（2）AU 文件，在 Internet 上的多媒体声音主要使用该种文件。AU 文件是 UNIX 操作系统下的数字声音文件，由于早期 Internet 上的 Web 服务器主要是基于 UNIX 的，所以这种文件成为 WWW 上唯一使用的标准声音文件。

（3）MIDI，是 Musical Instrument Digital Interface 的缩写，又称作乐器数字接口，是数字音乐/电子合成乐器的统一国际标准。它定义了计算机音乐程序、数字合成器及其他电子设备交换音乐信号的方式，规定了不同厂家的电子乐器与计算机连接的电缆和硬件及设备间数据传输的协议，可以模拟多种乐器的声音。MIDI 文件就是 MIDI 格式的文件，在 MIDI 文件中存储的是一些指令。把这些指令发送给声卡，由声卡按照指令将声音合成出来。

（4）MP3 全称是 MPEG-1 Audio Layer 3，它在 1992 年合并至 MPEG 规范中。MP3 能够以高音质、低采样率对数字音频文件进行压缩。换句话说，音频文件（主要是大型文件，比如 WAV 文件）能够在音质丢失很小的情况下（人耳根本无法察觉这种音质损失）把文件压缩到更小的程度。

（5）WAV 格式，是微软公司开发的一种声音文件格式，也叫波形声音文件，是最早的数字音频格式，被 Windows 平台及其应用程序广泛支持。WAV 格式支持许多压缩算法，支持多种音频位数、采样频率和声道，采用 44.1kHz 的采样频率，16 位量化位数，跟 CD 一样，对存储空间需求太大不便于交流和传播。

（6）WMA（Windows Media Audio）是微软在互联网音频、视频领域的力作。WMA 格式是以减少数据流量但保持音质的方法来达到更高的压缩率目的，其压缩率一般可以达到 1：18。此外，WMA 还可以通过 DRM（Digital Rights Management）方案加入防止拷贝，或者加入限制播放时间和播放次数，甚至是播放机器的限制，可有力地防止盗版。

2.2.3 插入影片

【学习目标】

掌握在幻灯片中插入影片的操作方法。

【基础知识】

在幻灯片中还可以插入影片，方法是执行“插入→媒体→视频→联机视频或 PC 上的视频”命令。

【操作步骤】

（1）选中要插入视频的幻灯片。

（2）执行“插入→媒体→视频→PC 上的视频”命令，如图 2-24 所示。

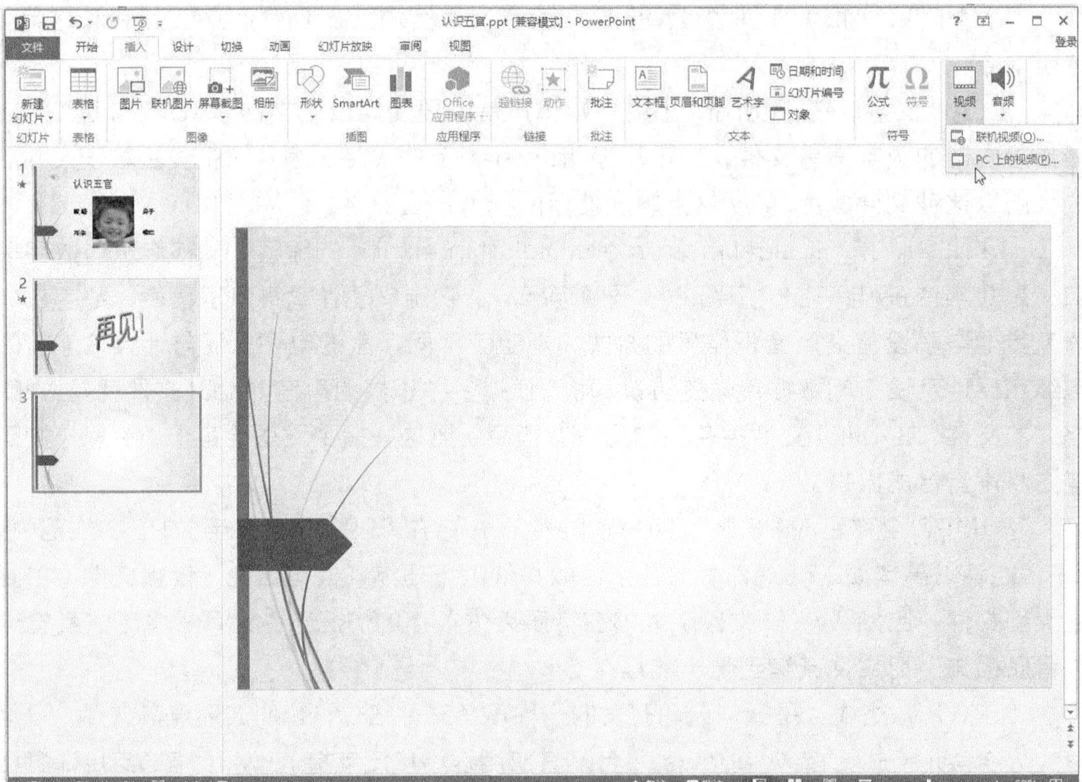

图 2-24 插入视频

弹出“插入视频文件”对话框，查找到需要插入的视频，单击“确定”按钮，如图 2-25 所示。

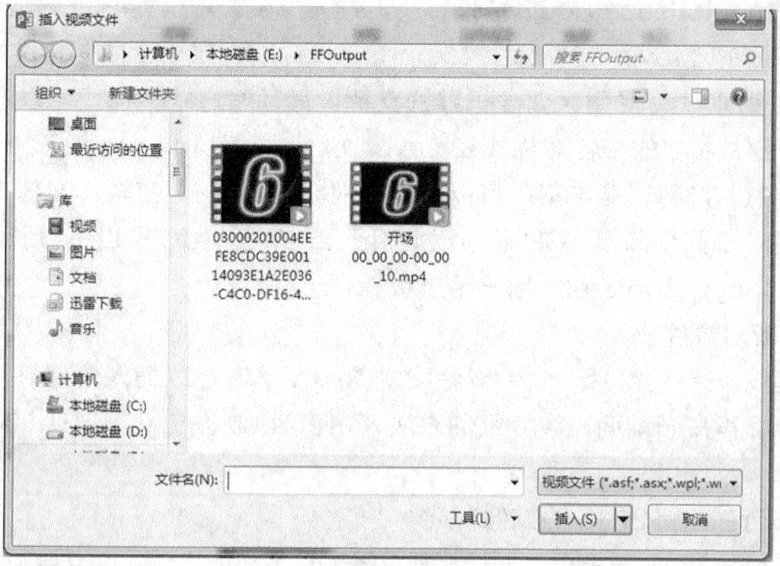

图 2-25 插入视频文件

（3）调整视频播放区域的大小并对“视频样式”等进行设置，如图 2-26 所示。

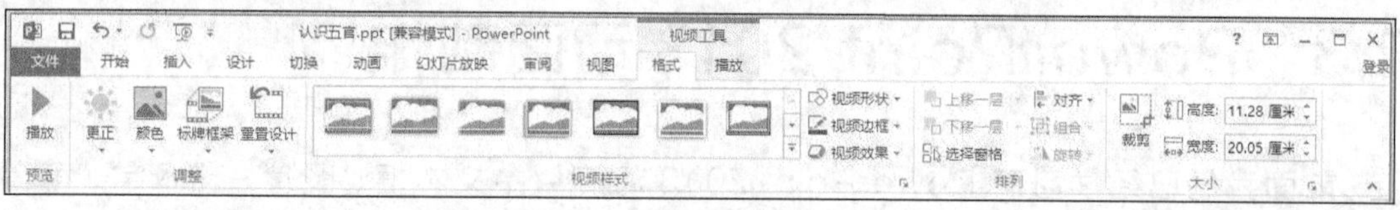

图 2-26 视频播放设置

【知识拓展】

1. Powerpoint 2013 支持的几种影片文件介绍

（1）WMV（Windows Media Video）是微软公司开发的一组数位视频编解码格式的通称，ASF（Advanced Systems Format）是其封装格式。ASF 封装的 WMV 档具有“数位版权保护”功能。后缀名：.wmv（asf）、.wmvhd。

（2）比较早的 AVI 是 Microsoft 开发的。其含义是 Audio Video Interactive，就是把视频和音频编码混合在一起存储。AVI 也是最长寿的格式，已存在 10 余年了，虽然发布过改版（V2.0 于 1996 年发布），但已显老态。AVI 格式上限制比较多，只能有一个视频轨道和一个音频轨道（现在有非标准插件可加入最多两个音频轨道），还可以有一些附加轨道，如文字等。AVI 格式不提供任何控制功能。后缀名：.avi。

（3）dvr-ms 文件，Microsoft Windows XP Media Center Edition 录制电视节目后，将生成*.dvr-ms 文件。在创建该文件之前，通过 encrypter/tagger-decrypter/tagger 组件（ENCDEC）分别处理音频和视频基本流。ENCDEC 将时变元数据（如

分级信息）附加到该文件，并根据 CGMS-A 标志应用内容保护。然后，SBE 将该文件以 *.dvr-ms 文件形式写入目录（Root:\Documents and Settings\All Users\Documents\Recorded TV）。

（4）MPEG（Moving Picture Experts Group），是一个国际标准组织（ISO）认可的媒体封装形式，受到大部分机器的支持。其存储方式多样，可以适应不同的应用环境。MPEG-4 档的档容器格式在 Layer 1（mux）、14（mpg）、15（avc）等中规定。MPEG 的控制功能丰富，可以有多个视频（角度）、音轨、字幕（位图字幕）等。MPEG 的一个简化版本 3GP 还广泛地用于准 3G 手机上。副档名:dat（用于 DVD）、vob、mpg/mpeg、3gp/3g2（用于手机）等。

2. 插入新幻灯片

执行“插入→新幻灯片”命令或者按（Ctrl+M）键可以插入新幻灯片，我们共插入六张幻灯片，再按照前面已经介绍的方法，我们可以制作出案例课件“认识五官.ppt”的七张幻灯片，如图 2-1 所示。

3. PowerPoint 2013 的其他功能

PowerPoint 2013 还提供了制作相册、图表及表格的方法，可以直观、方便地在演示文稿下对图表及表格进行编辑，同时对数据或内容进行修改，这里就不逐一叙述了。

2.3 PowerPoint 2013 动画制作

前面我们已经学习了 PowerPoint 2013 幻灯片中文本框、图片、艺术字、声音、视频等的插入及编辑的方法。本节我们将介绍对 PowerPoint 2013 幻灯片中的各种素材对象，以及各张幻灯片之间怎样设置动画效果。在放映演示文稿时，如果创建了动画效果，可以使加入动画的文字或对象以某种特别的形式播放，适当地运用动画效果可以提高演示文稿的趣味性。

案例：小班综合活动“我爱小脸”的《认识五官》幻灯式课件。

2.3.1 文字或对象的动画设置

【学习目标】

掌握幻灯片中文本或对象的动画效果的设置方法。

【基础知识】

执行“动画→添加动画”命令，可以为演示文稿的文本、形状、声音、图像和其他对象加入动画效果。

【操作步骤】

在设置文本或对象的动画效果时，最方便的是通过 PowerPoint 2013 自带的动画进行动画设置，以案例课件中第一张幻灯片中标题文字“认识五官”设置“弹跳”动画效果为例进行讲解，操作步骤如下。

（1）选中第一张幻灯片中要创建动画的标题文字“认识五官”。

（2）在“动画”选项卡的“动画”组中单击“其他”按钮，在弹出的下拉列表中选择“更多进入效果”命令，打开“更改进入效果”对话框。

（3）在该对话框中选择华丽型“弹跳”命令，如图 2-27 所示，单击“确定”按钮。

（4）在“动画”选项卡的“计时”组中选择“与上一动画同时”选项，然后分别设置好“持续时间”“延时”等，如图 2-28 所示。

（5）使用第（2）～（4）步骤一样的方法，可设置“更多强调效果”及“更多退出效果”。

图 2-27　更改进入效果

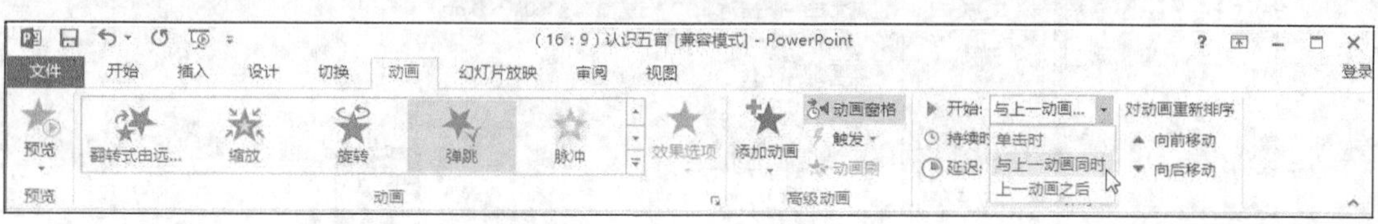

图 2-28　动画设置

【知识拓展】

案例课件中的第一张幻灯片就是对“眼睛”“鼻子”“耳朵”“嘴巴”4 个文本框分别设置了超链接，各超链接到“第二张”“第三张”“第四张”“第五张”幻灯片。

超链接是网页间的跳转，可以在不同页面间进行跳转。在演示文稿上建立超链接，同样可以实现类似于网页的跳转动作。建立超链接的步骤如下。

（1）在要插入超链接的放置区单击或选中作为超链接的文本，执行“插入→超链接”命令，弹出如图 2-29 所示的“插入超链接”对话框。

（2）在图 2-29 所示的“插入超链接”对话框中“链接到”选项的下方，有链接跳转的目的地址。在“要显示的文字”处输入超链接文字，然后在“链接到”下的菜单中选择跳转的目的地址。如果跳转的地址是幻灯片，在“幻灯片预览”区可以观看到跳转的幻灯片页面内容，单击“确定”按钮完成超链接的添加。

（3）如果要对已建超链接进行修改，可以选中建立超链接的对象，然后右击鼠标右键，弹出如图 2-30 所示的下拉菜单。在该下拉菜单中，单击“编辑超链接”命令，弹出图 2-31 所示“编辑超链接”对话框。

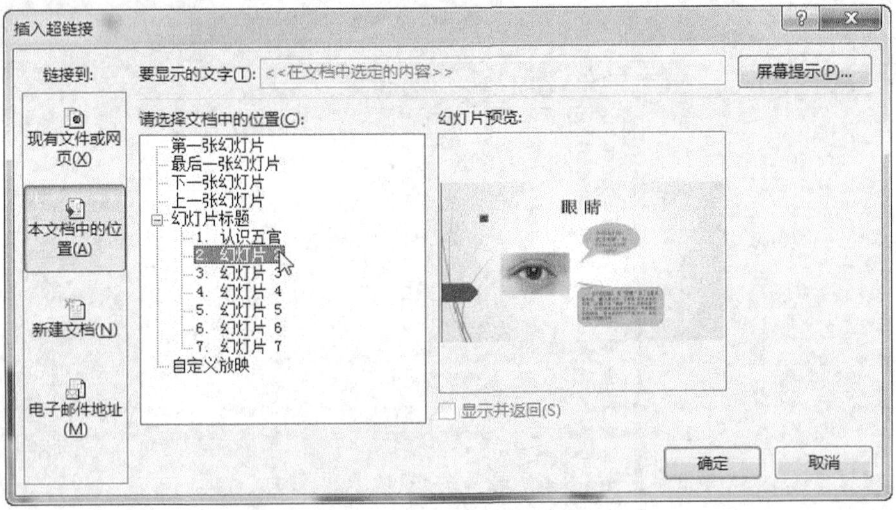

图 2-29　插入超链接

（4）在图 2-31 所示对话框中，可以删除超链接，或者更改超链接的目的地址。

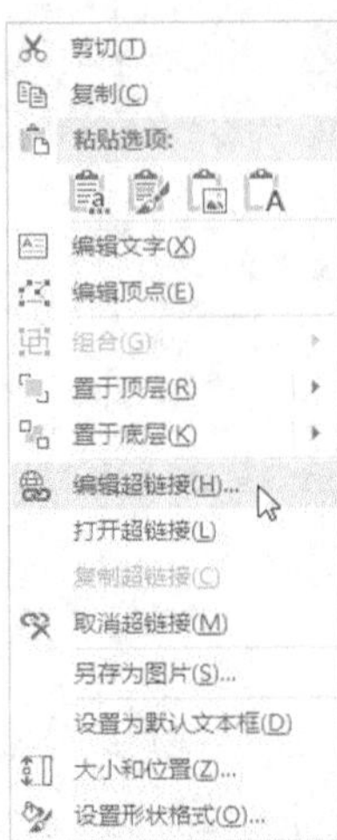

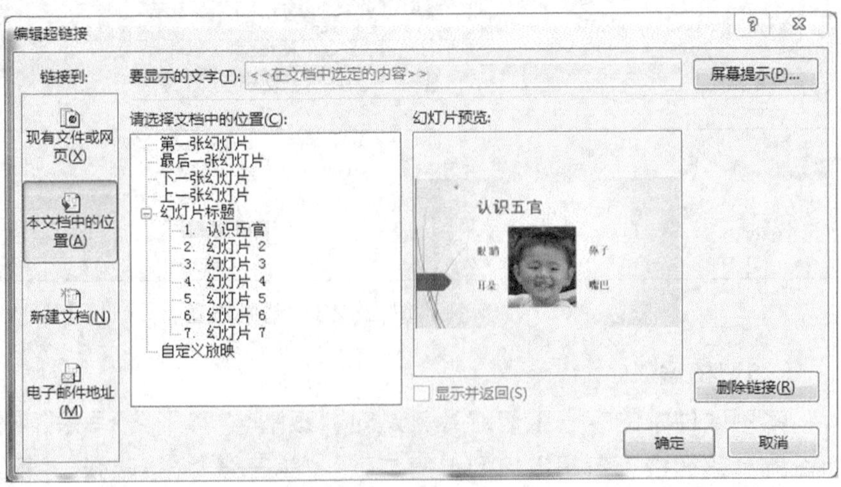

图 2-30　编辑超链接菜单　　　　图 2-31　编辑超链接对话框

（5）当超链接设置完成后，在幻灯片上添加超链接的文本对象下会自动添加下画线表明该对象上有超链接动作。对于图像对象上添加的超链接，在演示文稿放映状态下，当鼠标指针移动到图片上时，鼠标指针的外形会变成“小手”，表明此图片上已建有超链接，单击这些超链接对象就可以实现跳转动作。

2.3.2 幻灯片的切换动画设置

【学习目标】

掌握演示文稿中幻灯片之间动画效果的设置方法。

【基础知识】

幻灯片切换效果是一组幻灯片的整体动画效果，不是针对幻灯片中的某个对象。切换效果决定了在放映时新幻灯片的进入方式，即在放映时，从幻灯片 A 到幻灯片 B 时，幻灯片 B 应该以何种方式显示。PowerPoint 2013 提供了“切换”选项卡，该选项卡中的命令按钮用于为幻灯片添加切换效果并对切换效果进行设置，下面介绍 PowerPoint 2013 中为幻灯片添加切换效果的具体操作方法。

【操作步骤】

（1）选择需要添加切换效果的幻灯片，在切换选项卡的“切换到此幻灯片”组中单击“其他” 按钮为幻灯片添加切换效果，在打开的下拉列表中选择切换效果选项，如图 2-32 所示。

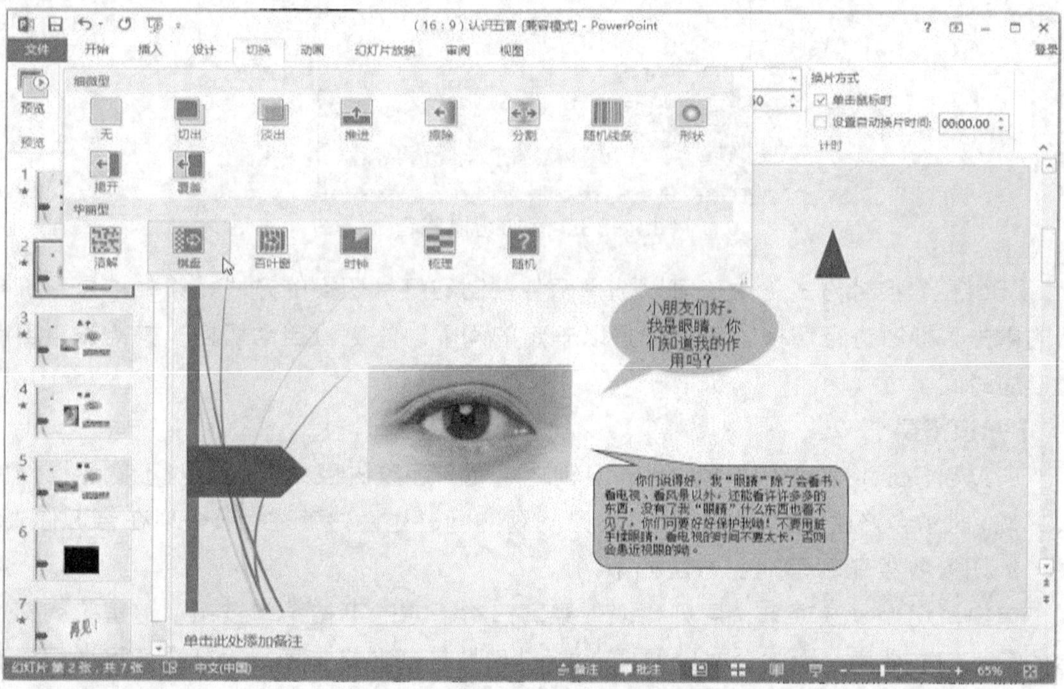

图 2-32　幻灯片切换设置

（2）选择需要的切换方式，如果需要多张同时选择，按下 Shift 键逐个单击所选幻灯片，这时所选幻灯片就会以同一种切换效果进行切换。

（3）当为幻灯片添加切换效果后，“幻灯片”窗格的幻灯片缩览图上将会出现“播放动画”按钮为幻灯片添加切换效果，单击该按钮也能够预览幻灯片切换效果。如果要取消添加的切换效果，可以再次单击“其他”按钮为幻灯片添加切换效果后在列表中选择“无”选项。

（4）选择添加了切换动画效果的幻灯片，然后在“切换”选项卡中的“声音”下拉列表中选择需要使用的声音效果，如图 2-33 所示。

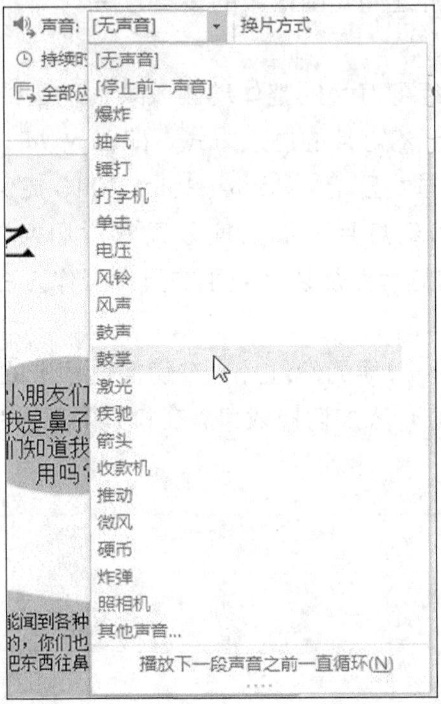

图 2-33 添加切换声音

（5）在“换片方式”中，可以选择两种控制幻灯片切换的方式，第一种是系统默认的单击鼠标时进行切换，第二种是以一定的间隔时间进行自动切换，并需设置自动切换的时间。

【知识拓展】

PowerPoint 2013 功能强大，但较之 2003 版改进巨大，因此对不熟悉操作的人来说，时常会产生一些误解，一些不是问题的问题也随之产生。那么现在告诉你“消失”的切换效果在哪里吧。方法如下。

单击“切换”选项卡，展开切换效果窗口右下方的下拉菜单按钮，这里陈列着所有的页面切换效果，大部分效果如“帘式”“风”等都非常华丽。为什么切换效果只有这么少一点了呢?其余的效果都“消失”了吗?

其实这是一个误解。实际是“选中对象的不同，决定了工具栏状态的不同”，

PowerPoint 的工具栏是一种“响应式”的工具栏，它只会“响应”可以起到作用的命令类型即“图片工具”响应图片，“绘图工具”响应形状和文字，同样的，“切换效果”响应的是当前 PowerPoint 的格式类型。

当 PPT 文件是新版的*.pptx 格式时，软件判定我们希望在高版本的 PowerPoint 中播放该文件，因此“切换效果”会全面展示出来备选（注意：切换效果是文件对软件功能的“调用”，并非是将这种动画效果“制作”到文件内部，因此如果你在 pptx 格式下选用了2013版新增的切换效果，然后将文件放到2010版的环境中去打开运行，该效果仍然无法显示了）。

当 PPT 文件是 97-03 的*.ppt 兼容格式时，软件判定我们将会在低版本的 PowerPoint 中播放该文件。由于低版本的软件没有那些新增效果可供调用，即便指定了也是白指定，所以软件干脆就把这些新增效果从切换效果列表中去掉了，剩下的就仅限于 2003 版也有的“淡出”“推进”“擦除”等动画。

那么如果确实想在这个 PPT 文件的菜单栏显示出那些翻页效果怎么办呢？例如，已经确定是在新版 Office 环境使用，但文件是朋友在旧版 Office 上制作后保存为*.ppt 格式发来让帮忙改进的。进入“文件”菜单，单击“兼容模式”这个按钮，就可以将*.ppt 格式的幻灯片升级为*.pptx 格式。升级之后，那些“消失”的切换效果就全都回来了。

2.4 演示文稿的放映

在幻灯片放映前，要对幻灯片放映方式做好规划，对演示文稿修饰完成后，就可以对其进行排练演示了，在放映过程中有一些细节问题，要在“设置放映方式”对话框中完成。

案例：小班综合活动“我爱小脸”的《认识五官》幻灯式课件。

【学习目标】

掌握幻灯式课件播放效果的设置方法，了解课件文件的打包。

【基础知识】

课件设置制作好以后，为了能更好地服务于教学，控制好各个部分的播放时间，我们需对各张幻灯片的播放时间及方式进行设置，并且对课件文件进行打包，以便课件能在不同的机器上正常播放。

【操作步骤】

（1）打开要设置放映方式的课件《认识五官》。

（2）执行“视图 → 幻灯片浏览”命令，切换到如图 2-34 所示的幻灯片浏览视图窗口。

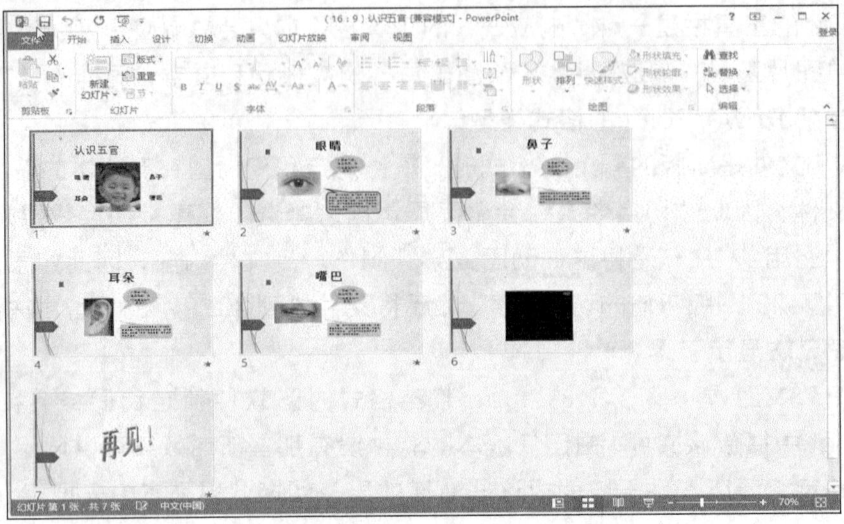

图 2-34 幻灯片浏览视图

（3）执行“幻灯片放映→设置放映方式”命令，弹出如图 2-35 所示“设置放映方式”对话框。

（4）在“放映类型”选项中，可以选择放映的模式有“演讲者放映（全屏幕）”和“观众自行浏览（窗口）”以及“在展台浏览（全屏幕）”，任课教师可根据实际情况自行设置，我们制作的案例课件《认识五官》选择“演讲者放映（全屏幕）”。

（5）程序默认是放映全部幻灯片，如果任课教师需要选择放映部分幻灯片，例如，不想播放第七张幻灯片“再见”这个内容，只需在“放映幻灯片”选项中选择“从 1 到 6”幻灯片页码，即可实现部分放映。

（6）如果任课教师执行“幻灯片放映 → 排练计时”命令，系统将演示文稿全屏显示，并出现如图 2-36 所示的“录制”工具栏。在“录制”工具栏中，“幻灯片放映时间”显示当前幻灯片的放映时间，右侧栏中显示当前整个演示文稿的放映时间。

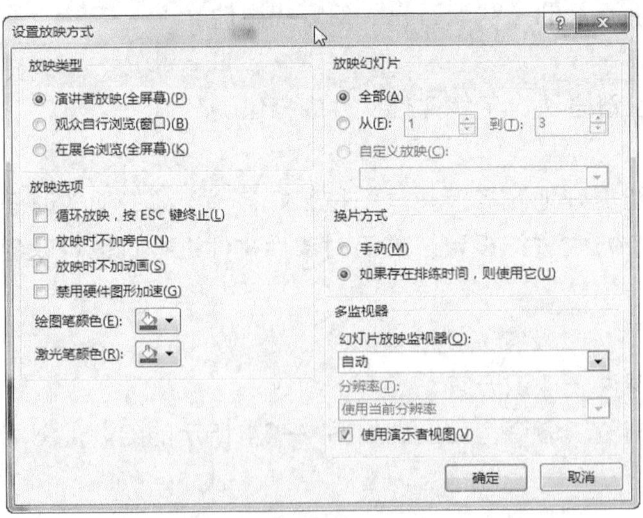

图 2-35 设置放映方式对话框

图 2-36 录制工具栏

（7）对当前演示文稿的放映时间不满意时，可以单击“重复”按钮重新计时。也可以通过“暂停”按钮和“下一项”按钮来进行切换操作。

【知识拓展】

课件制作完成后，常常需要在不同的计算机上放映，如果某台计算机上未安装 PowerPoint 应用程序，或者课件中使用的链接文件及 TrueType 字体在该计算机上不存在，就无法保证课件的正常播放，因此，一般在制作课件的计算机上将课件打包，这样就可以避免这类问题的出现。

1．操作系统要求

直接打包演示文稿到 CD 需要 Windows XP 或更高版本。如果是其他版本的 Windows，可以先使用“打包成 CD”功能将演示文稿打包“复制到文件夹”，然后使用 CD 刻录软件将打包文件夹中的文件刻录到 CD 中。

“打包成 CD”功能允许用户将一个或者多个演示文稿放入一张独立的 CD 中。该 CD 一般情况下包含一个 PowerPoint 播放器和支持演示文稿的所有文件。这意味着用户可以将多媒体的产品信息发送给别人，并且，即使他们没有安装 PowerPoint 也可以观看光盘中的演示文稿。

2．演示文稿打包成 CD

（1）打开编辑好的要打包的演示文稿。

（2）将空白刻录盘插入到刻录机中。

（3）执行“文件 →导出→将演示文稿打包成 CD→打包成 CD”命令，弹出“打包成 CD”对话框，如图 2-37 所示，在“将 CD 命名为”框中，输入“认识五官”。

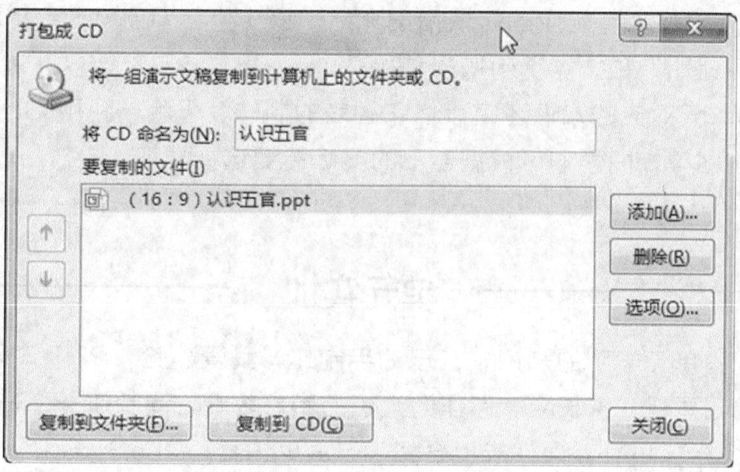

图 2-37　打包成 CD 对话框

（4）单击“复制到 CD”按钮即可刻录到 CD 中。

3．复制到文件夹

单击“复制到文件夹”按钮，弹出“复制到文件夹”对话框，如图 2-38 所示。指定要保存打包文件的文件夹即可。

注意事项：

（1）如果打包的是 Web 演示文稿，则将其复制为 PowerPoint（.ppt）文件，而不是 Web（.mht）文件。

（2）当设置“打包成 CD”的密码时，那些密码会应用于文件包中的.pptx、.pot、.pps 和已经转换为.pptx 文件的 PowerPoint.mht 文件，而不影响在原始文件上设置的密码。

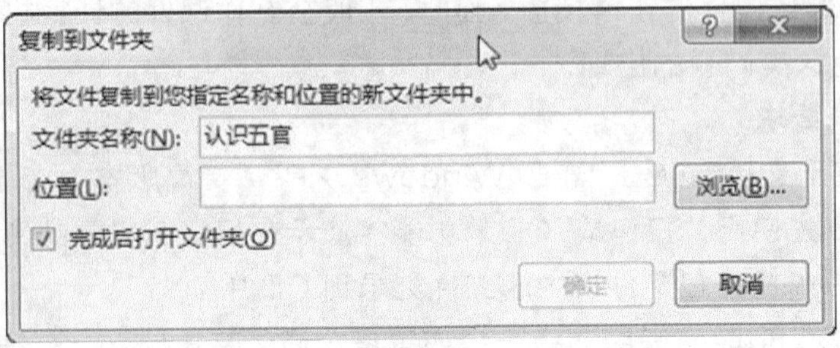

图 2-38　复制到文件夹对话框

单元小结

1．本单元通过一个实例，介绍了 PowerPoint 2013 演示文稿基本操作、素材对象的插入与编辑、动画制作、演示文稿的放映四个方面的知识及相关操作，同学们跟着一步一步地做，就能做出幼儿园综合活动课件“我爱小脸”，并通过练习制作这个课件，熟悉相关知识及对应的操作。

2．每一小节都有对应的知识拓展介绍，通过学习，可以拓展大家的视野，举一反三，让知识和技能得到拓展和提升。

3．本单元对应的知识还有表格和图表的制作、母版、利用 SmartArt 插入组织结构图等，同学们可根据自己的实际需要选择学习。

单元实训

1．运用本单元学到的知识，自己动手制作“我爱小脸”PPT 演示文稿。

2．幼儿园要召开家长会，你作为大班的带班教师，请制作一个在家长会上演示的“班级介绍”PPT。课件应包含如下方面的内容。

（1）班况介绍

（2）我班幼儿具体分析

（3）本学期工作重点

（4）五大领域计划

（5）月重点计划

（6）安全教育

（7）德育教育

（8）幼小衔接

（9）家园配合

参考资料：本学期，共有幼儿 41 人，女生 19 人，男生 22 人。通过中班一年生活学习后，每位孩子都在自己原有的水平上取得了一定的进步，班里大部分孩子都有了要做一个合格的小学生而做准备的意识。表现在：孩子生活自理能力明显提高，大部分孩子都能自己正确的穿衣、裤、鞋，会保管自己的学习用品，整理自己的学习用品……

单元三 多媒体素材的获取与制作

3.1 多媒体素材的分类

【学习目标】

了解多媒体课件中素材的类型，熟悉各种常见素材的文件格式。

【基础知识】

计算机的不同发展阶段以及处理工具或编辑软件的不同，导致同一种素材的文件有多种不同的格式，多媒体创作工具对文件格式是有一定要求的，了解多媒体素材的文件格式对于多媒体课件的创作是十分必要的，必要时还要掌握一些文件格式转换的工具软件的使用方法。

1. 文本

文本是多媒体课件中的最主要成分，指的是字母、数字和符号。文字的输入可以直接用计算机键盘输入，也可以采用语音输入、手写输入等辅助输入方法，大量的文字材料还可以利用扫描仪附带的文字识别（OCR）软件通过扫描转换输入。虽然学前教育课件的制作应多采用图像、声音、视频影像等多种表达方式，但是文字的使用却是必不可少的，只不过对文字的设置，其大小、位置、颜色等要符合幼儿的年龄特点。另外，与其他媒体相比，文字是最容易处理、占用存储空间最少、最方便利用计算机输入和存储的媒体，并且多媒体教学软件中概念、定义、原理的阐述、问题的表述、标题、菜单、按钮、导航等都离不开文本信息。它是准确有效地传播教学信息的重要媒体元素。因此，屏幕画面上少不了文本。

文本的不同格式可以根据文件名的后缀来区别，文本的常见格式有以下几种。

（1）TXT：TXT 文本是纯 ASCII 码文本文件，纯文本文件是无格式的，即文件里没有任何有关字体、大小、颜色、位置等的格式化信息。Windows 系统的“记事本”就是支持 TXT 文本的编辑和存储工具。所有的文字编辑软件和多媒体集成工具软件均可直接调用 TXT 文本格式文件。

（2）DOC：DOC 是 Microsoft Word 字处理软件所使用的文件格式。

（3）WPS：WPS 是中文字处理软件的格式，其中包含特有的换行和排版信息，它们被称为格式化文本，只能在特定 WPS 编辑软件中使用。

2. 图形

计算机中的图形是数字化的，在这里我们讲的图形就是矢量图，可以理解为人们画出的画面。矢量图形是通过一组指令集来描述的，这些指令描述构成一幅图的所有直线、圆、圆弧、矩形、曲线等的位置、维数和大小、形状，而且可以随意拉伸变形。显示时需要专门的软件读取这些指令，并将其转变为屏幕上所显示的形状和颜色。因此怎样变大与缩小都不会产生锯齿现象。矢量图主要用于线形的图画、美术字、工程制图等。

图形文件的不同格式我们可以根据文件名的后缀来区别，常见格式有如下几种。

（1）WMF：Windows 图元文件格式。

（2）EMF：Windows 增强性图元文件格式。

（3）CDR：CorelDraw 制作生成的.CDR 文件。

3. 图像

图像指的是由扫描仪、数码相机或摄像机等输入设备捕获而得到的静止画面，它的基本元素是像素，由描述图像中各个像素点的强度与颜色的数位集合组成的，适合表现比较细致、层次和色彩比较丰富、包含大量细节的图像。图像我们可以理解成照片或图片，它比文字更具有直观性和形象性，容易引起幼儿的兴趣，帮助幼儿理解事物。但是图像的数据量较大，所需要的存储空间比文字大得多。

图像文件的不同格式我们可以根据文件名的后缀来区别，常见格式有如下几种。

（1）BMP：BMP（Bitmap 的缩写）图像文件是几乎所有 Windows 环境下的图形图像软件都支持的格式。这种图像文件将数字图像中的每一个像素对应存储，一般不使用压缩方法，因此 BMP 格式的图像文件都较大，特别是具有 24 位图像深度的真彩色图像更是如此。由于 BMP 图像文件的无压缩特点，在多媒体节目制作中，通常不直接使用 BMP 格式的图像文件，只是在图像编辑和处理的中间过程使用它保存最真实的图像效果，编辑完成后转换成其他图像文件格式，再应用到多媒体项目制作中。

（2）JPG：JPEG 图像文件格式采用的是较先进的压缩算法。这种算法在对数字图像进行压缩时，可以保持较好的图像保真度和较高的压缩比。这种格式的最大特点是文件非常小，用户可以根据自己的需要选择 JPEG 文件的压缩比。当压缩比为 16:1 时，获得压缩图像效果几乎与原图像难以区分；当压缩比达到 48：1 时，仍可以保持较好的图像效果，仔细观察图像的边缘可以看出不太明显的失真。JPEG 图像的压缩比很高，因此非常适用于要处理大量图像的场合。JPEG 图像格式是目前应用范围非常广泛的一种图像文件格式。

（3）PNG：PNG（Portable Network Graphics）图像文件格式提供了类似于 GIF 文件的透明和交错效果。它支持使用 24 位色彩，也可以使用调色板的颜色索引功能。可以说 PNG 格式图像集中了最常用的图像文件格式（如 GIF、JPEG）的优点，而且它采用的是无损压缩算法，保留了原来图像中的每一个像素。

（4）TIF：TIFF 标记图像文件格式以任何颜色深度存储单个光栅图像。TIFF 可以被认为是印刷行业中受到支持最广的图像文件格式。TIFF 支持可选压缩，不适用于在 Web 浏览器中查看。TIFF 是广泛支持的格式，尤其是在 Macintosh 计算机和基于 Windows 的计算机之间，支持可选压缩。可扩展格式支持许多可选功能。

4. 动画

所谓动画也就使一幅图像“活”起来的过程，通过一系列彼此有差别的单个画面来产生运动画面的一种技术，通过一定速度的播放可达到画中形象连续变化的效果。要实现动画首先需要有一系列前后有微小差别的图形或图像，每一幅图片称为动画的一帧，它可以通过计算机产生和记录。只要将这些帧以一定的速度放映，就可以得到动画，称为逐帧动画。实验证明:动画和电影的画面刷新率为 24 帧/s，即每秒放映 24 幅画面，则人眼看到的是连续的画面效果。使用动画可以清楚地表现出一个事件的过程，或是展现一个活灵活现的画面。

在教学中，往往需要利用动画来模拟事物的变化过程，说明科学原理，尤其是二维动画，在教学中应用较多。在许多领域中，利用计算机动画来表现事物甚至比电影的效果更好。因此，较完善的多媒体教学软件都应配有动画以加强教学效果。

计算机动画分为二维动画与三维动画，它的常见格式有如下几种。

（1）FLC：Flash 源文件存放格式。在 Flash 中，大量的图形是矢量图形，因此，在放大与缩小的操作中没有失真，它制作的动画文件所占的体积较小。Flash 动画编辑软件功能强大，操作简单，易学易用。

（2）SWF：Flash 动画文件格式。

（3）GIF：GIF 格式是常见的二维动画格式。

5. 声音

声音是通过物体振动产生的声波，是通过介质（空气或固体、液体）传播并能被人或动物听觉器官所感知的波动现象，当演奏乐器、拍打一扇门或者敲击桌面时，声音的振动会引起介质——空气分子有节奏的振动，使周围的空气产生疏密变化，形成疏密相间的纵波，这就产生了声波，这种现象会一直延续到振动消失为止。一般的声音总是包含一定的频率范围。人耳可以听到的声音的频率范围在 20 到 2 万赫兹（Hz）之间。高于这个范围的波动称为超声波，而低于这一范围的称为次声波。

声音的 3 个要素是音调、音强和音色。音调又称音高，与声音的频率有关，频率高则声音高，频率低则声音低。音强又称为响度，即声音的大小，取决于声波振幅的大小。而音色则是由混入基音的泛音所决定的，每个基音又都有其固有的频率和不同音强的泛音，从而使得每个声音具有特殊的音色效果。

声音通常有语音、音效和音乐等 3 种形式。语音指人们讲话的声音；音效指声音的特殊效果，如雨声、铃声、机器声、动物叫声等，它可以是从自然界中录音获得，也可以采用特殊方法人工模拟制作；音乐则是一种最常见的声音形式。

在多媒体教学软件中，语言解说与背景音乐是多媒体教学软件中重要的组成部分。最常见的有 3 类声音，即波形声音、MIDI 和 CD 音乐，而在多媒体教学软件中使用最多的是波形声音，其格式如下。

（1）WAV：波形声音文件格式。波形声音，它是通过对声音采样生成的。在软件中存储着经过模数转换后形成的千万个独立的数码组，数码数据表示了声音在不连续的时间点内的瞬时振幅，有可靠的放音质量和潜在的高质量音频，但文件数据大，如一分钟的录音所形成的文件就有 8MB 之多。

（2）MID：MIDI 声音文件格式，MIDI（乐器数字接口）是一个电子音乐设备和计算机的通信标准。MIDI 数据不是声音，而是以数值形式存储的指令。一个 MIDI 文件是一系列带时间特征的指令串。实质上，它是一种音乐行为的记录，当将录制完毕的MIDI 文件传送到 MIDI 播放设备中去时，才形成了声音。MIDI 数据是依赖于设备的，MIDI 音乐文件所产生的声音取决于用于放音的 MIDI 设备。MIDI 文件数据紧密，占用处理器的空间较小，在一定条件下能产生比数码音频更好的声音，允许控制一首乐曲中最细微的部分，允许不改变音调而改变音阶。在没有控制的环境中，放音质量不可靠，使用起来比数字波形声音难度大，通常需要懂一些音乐知识。

（3）MP3：由于 WAV 声音格式占用的空间大，采用压缩技术，可以将声音文件的大小至少压缩为原来的 1/10，采用这种技术的声音文件是 MP3 文件。MP3 是以 MPEG Layer 3 标准压缩编码的一种音频文件格式。MPEG 编码具有很高的压缩率，我们通过计算可以知道，一分钟 CD 音质（44100Hz，16Bit，2Stereo，60Second）的 WAV 文件如果未经压缩，则需要 10MB 左右的存储空间。MPEG Layer 3 的压缩率高达 1：12。以往一分钟左右的 CD 音乐经过 MLPEG Layer 3 格式压缩编码后，可以压缩到 1MB 左右的容量，其音色和音质还可以保持基本完整而不失真。

6. 视频

视频（Video）是一种活动的画面，但它与动画不一样，它是由摄像机等输入设备捕获的活动画面，大多是真实场景的再现。视频一般分为模拟视频和数字视频。

视频文件是由一组连续播放的数字图像（Video）和一段随连续图像同时播放的数字伴音共同组成的多媒体文件。视频中包含声音信息，因此在对视频进行压缩时，也要对其中的声音信息进行编码和压缩。完整的视频压缩格式应当包括对视频和伴音的压缩和协调处理。

常见的影像文件有如下几种。

（1）AVI：AVI 是音频视频交错（Audio Video Interleaved）格式的缩写，是微软公司开发的一种数字音频与视频文件格式，现在已被大多数操作系统直接支持。这种视频格式的优点是图像质量好，可以跨多个平台使用，其缺点是体积过于庞大，另外，没有限定压缩标准，即不具有兼容性，是 AVI 格式的最大问题，不同压缩标准生成的 AVI 文件，必须用相应的解压缩算法才能将之播放出来。

（2）MPEG：MPEG 是运动图像专家组（Motion Picture Experts Group）格式的缩写，VCD、SVCD、DVD 就是这种格式。MPEG 文件格式是运动图像压缩算法的国际标准，它采用了有损压缩方法以减少运动图像中的冗余信息（其最大压缩比可达到 200：1）。目前 MPEG 格式主要有 3 个压缩标准，分别是 MPEG-1、MPEG-2 和 MPEG-4。MPEG-4 是为了播放流式媒体的高质量视频而专门设计的。

（3）RM：RM 是 RealWorks 公司开发的一种新型流式视频文件格式，用于传输连续视频数据。它可以根据网络传输数据传输速率的不同制定不同的压缩比率，从而实现在低速广域网上进行影像数据的实时传送和实时播放。目前，有很多网站会利用 Real Video 技术进行重大事件的实况转播，其播放软件主要有该公司的 RealPlayer 或 Real One PlayerRealServer 服务器将其他格式的视频转换成 RM 视频并由 Real

Server 服务器负责对外发布和播放。

（4）ASF：ASF 全称是 Advanced Streaming format，是 Microsoft 公司推出的高级流媒体格式，也是一个在 Internet 上实时传播多媒体的技术，用户可以直接使用 Windows 自带的 Windows Media Player 对其进行播放。其优点主要包括本地或网络回放、可扩充的媒体类型、部件下载和可扩展性，其实时转播和 RM 类似，由于它使用了 MPEG4 的压缩算法，所以压缩率和图像的质量都很不错。

（5）WMV：WMA 全称 Windows Media Video，也是微软推出的一种采用独立编码方式并且可以直接在网上实时观看视频节目的文件压缩格式。WMV 格式的主要优点包括高度压缩、文件小、传输快、质量也不错。在很多用于网络传输的多媒体网络课件中，这种文件格式应用比较广泛。

3.2 文字素材的获取与处理

3.2.1 文字素材的获取

【学习目标】

能够熟练地获取和处理课件中的文本素材。

【动手案例】

例题 3-1　在网络上获取《小壁虎借尾巴》文字资料，并将其保存为文本文件。

【基础知识】

在传统的教学方式中，文字是表达、传递教育信息的主要形式，而在计算机辅助教学中，文字同样有其价值，是最基本的素材，文字素材的处理离不开文字的输入和编辑。文字在计算机中的输入方法很多，除了最常用的键盘输入以外，还可用语音识别输入、扫描识别输入及笔式书写识别输入等方法。目前，多媒体课件多以 Windows 为系统平台，因此准备文字素材时应尽可能采用 Windows 平台上的文字处理软件，如写字板等。选用文字素材文件格式时要考虑课件集成工具软件是否能识别这些格式，以避免准备的文字素材无法插入到课件集成工具软件中。纯文本文件格式（*.txt）可以被任何程序识别，Rich Text Format 文件格式（*.rtf）的文本也可被大多数程序识别。

有些课件集成工具软件中自带文字编辑功能，但对于大量的文字信息一般不采取在集成时输入，而是在前期就预先准备好所需的文字素材，文字素材有时也以图像的方式出现在课件中，如通过格式排版后产生的特殊效果，可用图像方式保存下来。这种图像化的文字保留了原始的风格（字体、颜色、形状等），并且可以很方便地调整尺寸。

【操作步骤】

（1）打开百度搜索，在搜索对话框中输入“小壁虎借尾巴+原文”，单击“百度一下”按钮，百度会自动找到相关的网站与资料，并把相关的网站与资料排前列，如图 3-1 所示。

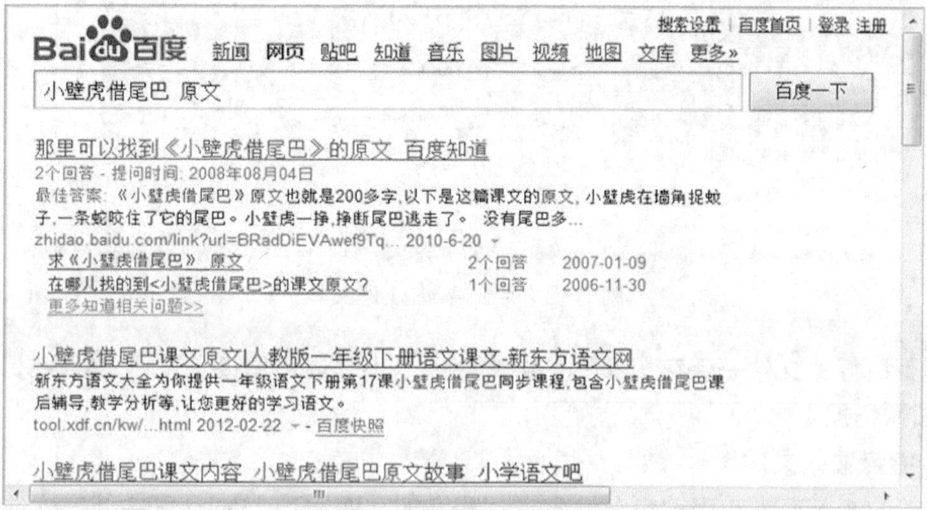

图 3-1 百度搜索“小壁虎借尾巴”原文

（2）在百度给出的网站与资料中，我们选择相应的网站或资料并单击，打开如图 3-2 所示的网页。找到相应的文本并选择，然后执行“复制”命令。

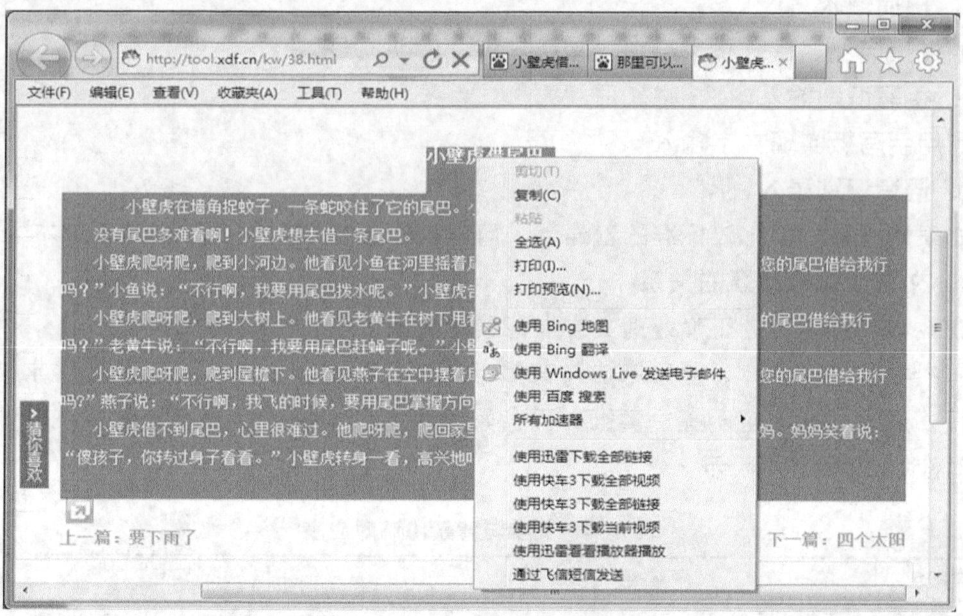

图 3-2 选择并复制文本

（3）打开记事本，将刚才复制的文本粘贴到记事本中，如图 3-3 所示。

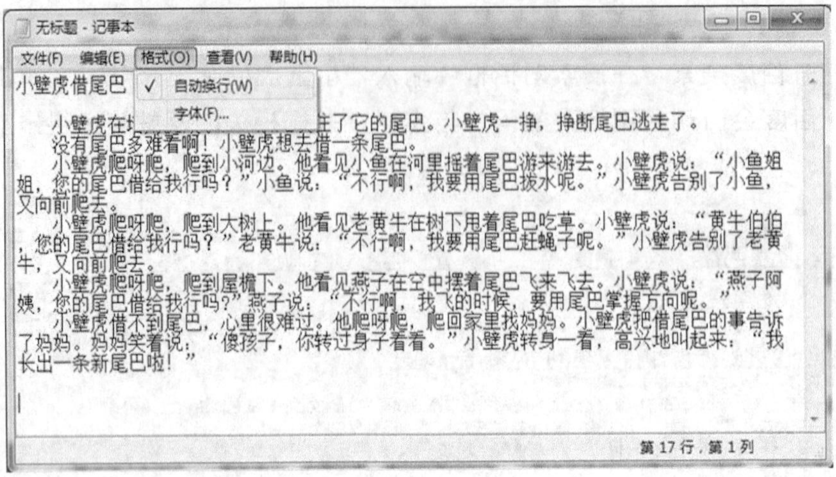

图 3-3　用记事本处理文本

（4）执行“文件→保存”命令，将文件以“小壁虎借尾巴.TXT”文件名保存。

【知识拓展】

1. 键盘输入文本

文本的输入通常使用键盘在记事本、写字板、WPS、Word 等字处理软件中输入或直接在多媒体写作工具软件中输入。

用键盘输入时，英文、数字、常用标点符号可以直接输入。汉字、中文标点符号、其他文字符号及特殊符号，通常需要使用相应的输入法。

2. 扫描输入

通过扫描仪，将纸质材料中的文字内容，借助 OCR 技术实现。

3. 手写识别输入

利用手写板实现文字输入。

4. 语音识别录入

如果用户有一口比较标准的普通话，可以利用语音识别输入软件实现文本录入。

5. 文字素材与背景的关系

在教学软件中，应正确处理文字与背景的关系。

一般要求是：字体、色彩等应与背景相协调，应突出文字，而不能让文字被背景所淹没。通常，文字应明亮、清晰，而背景略为暗淡、模糊，文字与背景在色调上应冷暖对应，如表 3-1 所示。

表 3-1　文字与背景协调对应表

文字颜色	白色	黄色
背景颜色	蓝色、蓝黑色、紫色、暗绿色、深棕色	蓝色、蓝黑色、暗红色、深棕色

如果背景是图片，则通常先将图片进行模糊处理，然后对文字再加上某一对应色调的背景，有些软件可以加半透明背景，应注意充分利用。

6. 网页不给复制怎么办

方法一，执行“查看→源文件”命令，在“记事本”应用程序窗口中选择编辑区内所有字符右击“复制”，然后到相应的程序内进行编辑。

方法二，执行“文件→另存为”命令，在弹出的窗口内选择保存文件的格式为“文本文档”，给文件命名保存即可。

3.2.2 3D文字的制作

【学习目标】

能够掌握3D文字的制作。

【动手案例】

例题3-2 利用Ulead COOL 3D软件制作3D文字“认识动物”。

【基础知识】

1. Ulead COOL 3D的工作界面

Ulead公司出品的COOL 3D是一个专门制作三维文字动画效果的软件，具有简单易学易懂、操作简单、效果精彩的特点。它不但提供了强大的制作3D文字动画功能，而且没有传统3D程序逻辑的复杂性，可以用它方便地生成具有各种特殊效果的文字3D动画。Ulead COOL 3D生成GIF和AVI格式的动画文件。目前最新版本是3.5版。

从Windows的“开始”菜单中打开Ulead COOL 3D 3.5，首先弹出一个提示窗口，然后单击“确定”按钮可启动Ulead COOL 3D。

启动后将出现Ulead COOL 3D的工作界面，如图3-4所示。该界面的上方为Ulead COOL 3D的菜单和工具条，中间有一个黑色背景的窗口，它是Ulead COOL 3D的主要工作区，所有3D文字动画都在这个窗口中进行创作、修改和显示。在工作区的下面是Ulead COOL 3D的百宝箱，存放了所有预设的动画效果和表面材质，Ulead COOL 3D提供了大量的效果库，编辑时可以直接把这些效果运用到自己的作品中去，非常方便，这也是Ulead COOL 3D的最大特点之一，它使整个工作由繁变简，即使不懂得什么专业技能，只要把Ulead COOL 3D提供的各种效果组合、修改和调整，就可以制作出漂亮的动画来。

Ulead COOL 3D的菜单与Windows软件的菜单风格没什么差别，操作方法也相同，菜单选项中“文件”菜单项除了有建立、打开、存储和打印文件的传统选项外，还包括导入图形、创建图形动画文件、输出到多媒体的菜单选项。

“编辑”菜单除了标准Windows的复制、粘贴选项外，还增加了插入、编辑、分割文字和图像选项。其中分割文本的作用是将原为一个整体的文本分割成单个文字分别处理。为创建3D文字动画效果提供了更加灵活的手段。

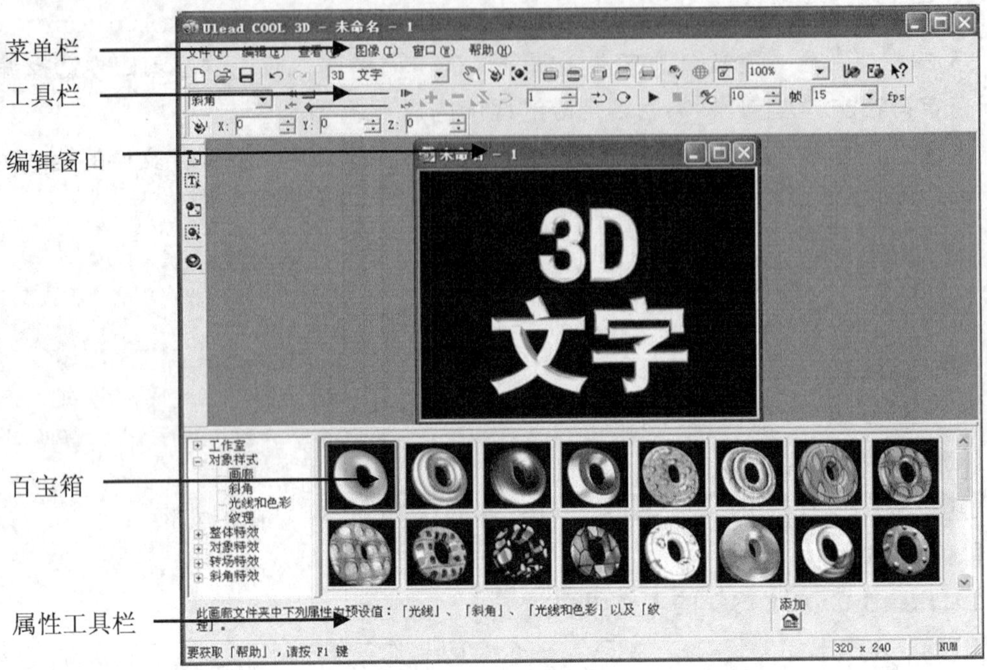

图 3-4　COOL 3D 窗口

“查看”菜单包含了所有工具条的名称，如果被选中，则工具条名称左边出现“√”，表示该工具条已被显示在工作界面上。

“图像”菜单主要包括对图像的参数的设置，如像素、输出的质量、视频的彩色制式等。

“窗口”菜单中除了当前在作用的文件名外，只有两项选择，即排列图标和适合到图像，适合到图像可根据所设置的图像尺寸调节工作窗口。

“帮助”菜单提供了帮助文件、产品信息以及友立公司的主页及技术支持的网址。

2. Ulead COOL 3D 的工具条

使用 Ulead COOL 3D 创建动画的过程中大部分工作是通过工具条来完成的，所以 Ulead COOL 3D 的工具条较为复杂和多样化。而且每一工具条都可以单独移到任何位置，成为独立的窗口，只要将鼠标移到工具条的左端一条凸出竖线上按住左键就能拖动该工具条了。熟悉后会给创作带来极大的方便。下面先简略地介绍一下 Ulead COOL 3D 的众多工具条。

（1）标准工具条

标准工具条包含所有常用的功能与命令。除一般的文件命令外，它也包含了对象和斜角的表面选取按钮，以及 3 个基本的动作控制：旋转、移动和缩放，如图 3-5 所示。

图 3-5　标准工具条

（2）动画工具条

显示处理动画方案所需要的所有控制选项，包括增强的主画面和时间轴控制选项、动画回放模式、帧的编号、帧速率以及播放控制等，如图 3-6 所示。

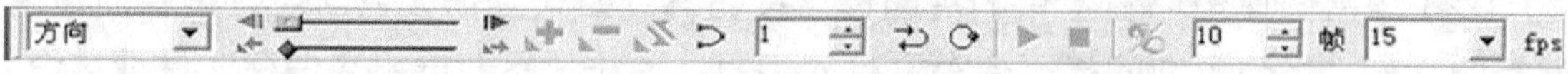

图 3-6　动画工具条

（3）位置工具条

显示所选定的 3D 对象的位置、大小、旋转角度、X 轴、Y 轴及 Z 轴的数据，可供创作者自行输入数值，而在编辑窗口中拖动对象时，工具条上的数值也会跟着变动，如图 3-7 所示。

图 3-7　位置工具条

（4）几何工具条

该工具条在没有插入三维对象时是没有任何显示的，只有当插入基本的 3D 几何造型时才会出现，它用于调整几何对象的尺寸，并选取想要编辑的平面，如图 3-8 所示。

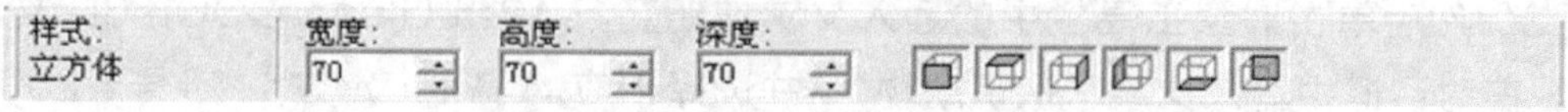

图 3-8　几何工具条

（5）对象工具条

图 3-9 所示是对象工具条，该工具条主要用于在编辑窗口中放置和编辑文字、图形和基本的 3D 几何对象。任何 3D 文字动画都必须从该工具条开始。

（6）文字工具条

图 3-10 所示为文字工具条，用于调整文字对象内的文字的对齐方式，以及行距与字距。

图 3-9　对象工具条

图 3-10　文字工具条

（7）属性工具条

属性工具条能定义动画方案的各种特性，它出现的形式是根据不同的动画方案所要调节的参数不同而给出不同的调整工具项。图 3-11 所示为某种属性调整工具条。

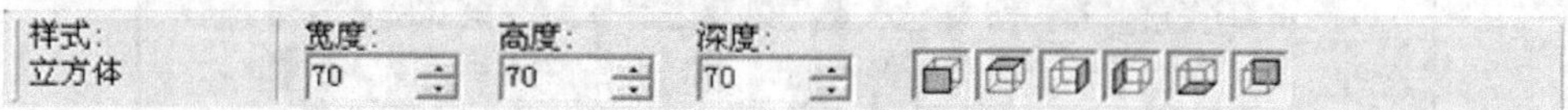

图 3-11　属性工具条

3. Ulead COOL 3D 的退出

在完成制作之后，可以使用以下两种方式退出程序。

（1）从“文件”菜单中选择“退出”命令。

（2）单击操作窗口右上角的关闭程序按钮，如果工作区包含经过编辑而没有保存的文件，将弹出询问是否保存文件对话框，单击“是”按钮来保存文件或“否”按钮直接退出程序。

【操作步骤】

（1）启动 Ulead COOL 3D 3.5，为了让所做的 3D 文字与实际需要的画面尺寸吻合，避免重复编辑，首先应设置图像的尺寸，方法是执行“图像→尺寸”命令，弹出尺寸对话框，如图 3-12 所示。

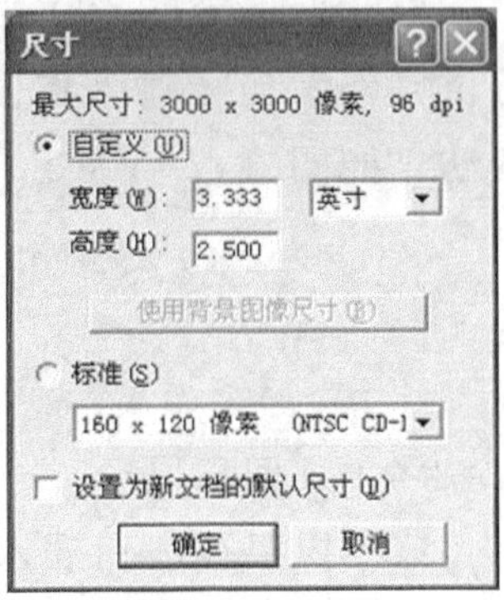

图 3-12　文件尺寸对话框

（2）根据实际需要在对话框中输入相应的参数，如图 3-12 所示，尺寸选择宽 800 像素，高 600 像素，也可以在“标准”中选择，选择完成后单击“确定”按钮，改变编辑窗口的尺寸。如果要编辑窗口的尺寸变为所选尺寸，执行选择菜单命令“窗口→调整到图像大小”，窗口按所设定的尺寸展开。

（3）然后单击对象工具栏中的插入文字按钮，弹出 Ulead COOL 3D 文字对话框，在对话框中输入文字“认识动物”，并选择相应的字体（黑体）、字号（25），完成后单击“确定”按钮。这时所输入的文字就会出现在编辑窗口。接着选择“百宝箱”中的各种样式或特效，双击你需要的样式或特效，也可用鼠标选择样式或特效，将其拖到文字编辑窗口，如图 3-13 所示。

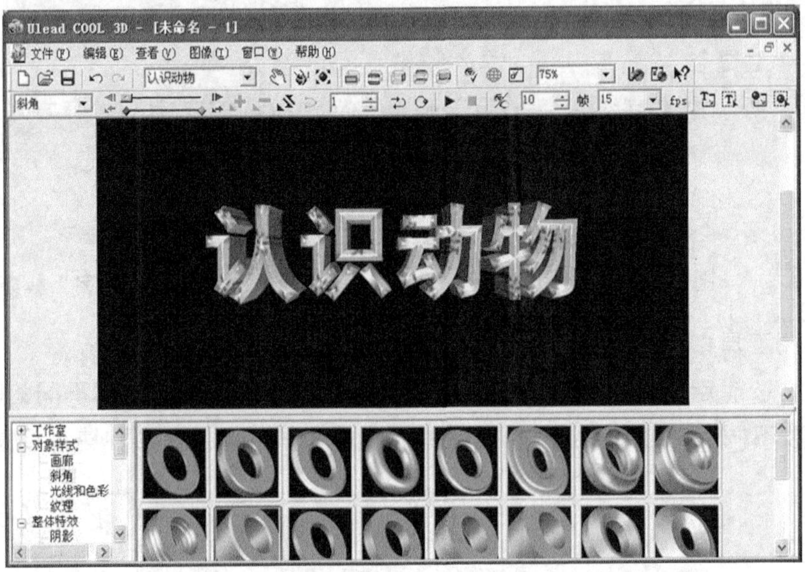

图 3-13　编辑文字

（4）多媒体课件中，一般在标题上使用 3D 文字，我们可以给 3D 文字加上适当的背景，会使用课件增色不少。

执行“查看→属性工具栏”命令，将属性工具栏勾选上。单击百宝箱中“工作室”前面的加号图标，在显示的子文件夹名中选择“背景”，百宝箱的右半部就会显示出其中的“宝物”。在背景属性工具栏上单击“加载背景图像文件”按钮，会弹出使用背景图像的对话框，选择相应的图像文件（Ulead COOL 3D 背景.jpg），如图 3-14 所示，就能得到有背景的 3D 文字。

图 3-14　设置图像背景

（5）执行“文件→创建图像文件→JPEG 文件”命令，创建一张以“标题图片.jpg”为文件名的图像文件。

【知识拓展】

1. 创建简单几何对象

Ulead COOL 3D 3.5 中文版能够创建多种三维几何形状的对象，并将它们应用到动画项目中。如需要创建不同形状的立体几何对象，可以按照以下步骤操作。

（1）单击对象工具栏按钮右下角的小三角形，弹出的菜单中将显示几类形状供用户选择，如图 3-15 所示。

图 3-15　形状选择

（2）根据需要在弹出菜单中选择一类几何形状，工作区中将显示插入效果，并在几何工具栏上显示当前几何对象可调节的参数，如图 3-16 所示。

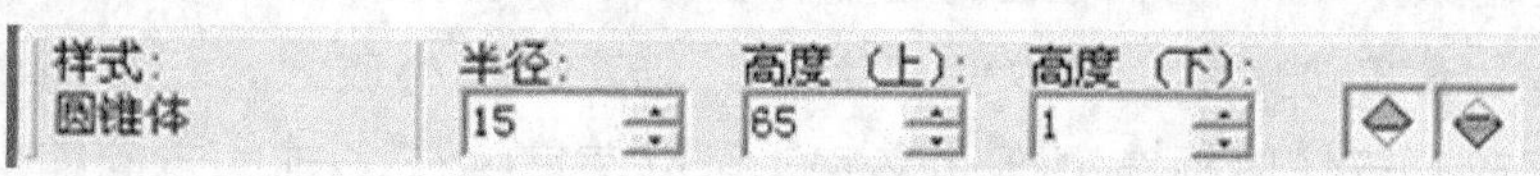

图 3-16　调节参数

（3）在几何工具栏中调整插入的几何对象的半径、宽度以及高度等参数，就得到所需要的效果，如图 3-17 所示。

图 3-17　最终效果图

2．文字的移动、缩放与旋转

文字输入完成后，在编辑窗口中将以默认的位置出现，而且显示的是文字的正面，也可以改变它的位置，在标准工具条上有 3 个改变对象位置的按钮。其中是移动按钮，单击这个按钮后，可将鼠标移到编辑中的文字或对象上按住左键拖动，可使对象左右上下移动，也就是沿 X 轴或 Y 轴方向移动，按住鼠标右键拖动对象，可以使对象前后移动，即沿 Z 轴移动。这时在位置工具条的左端会显示出移动按钮图形，同时显示出文字位置的 X 轴、Y 轴和 Z 轴的数值，如图 3-18 所示。

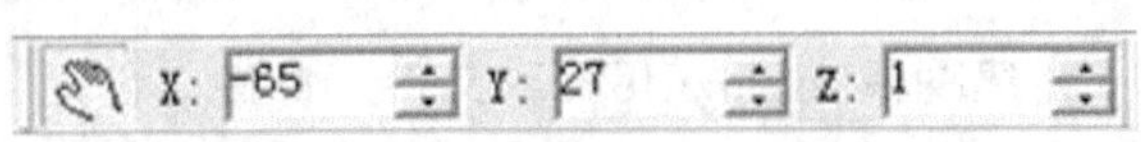

图 3-18　文字位置调整

标准工具条上的按钮是旋转按钮，单击该按钮后，按住鼠标左键拖动编辑窗口中的文字，可以使文字绕 X 或 Y 轴旋转，按住鼠标右键拖动文字，可以使文字绕 Z 轴旋转。这时在位置工具条的左端显示的是旋转按钮的图形，同时显示出文字位置的 X 轴、Y 轴和 Z 轴的数值，如图 3-19 所示。

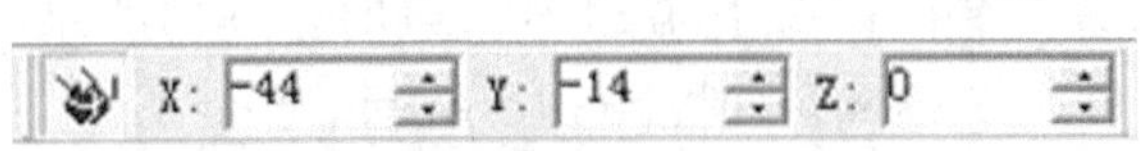

图 3-19　旋转按钮参数调整

第三个是缩放按钮，作用是调整编辑窗口中文字的大小和形状，在编辑窗口中按住鼠标左键上下拖动文字，可以使文字沿 X 轴方向缩小放大，左右拖动，可使文字沿 Y 轴方向缩放。按住鼠标右键拖动文字，可以使文字在 Z 轴的方向缩放，也就是改变文字的厚度。同样这时位置工具条的左端显示的是缩放按钮的图形，并显示文字缩放的 X、Y、Z 轴的数值，如图 3-20 所示。

图 3-20　缩放按钮参数调整

这 3 个按钮，可以通过键盘上的“A”“S”“D”3 个键来快速切换。

3. 简单 3D 文字动画的制作

Ulead COOL 3D 为使用者提供了最简单的三维文字动画的制作方法。完成了前面的 3D 文字编辑后，只要在百宝箱中找一个动画范例，并将其拖到所编辑的文字或其他对象上就可完成。现在试着做个简单的动画，以增强对 Ulead COOL 3D 的感性认识。

（1）在编辑 3D 文字的基础上，在百宝箱的文件目录中选择“工作室→动画”选项。

（2）这时百宝箱中显示出多个运动的范例，可以从中选取一个，然后双击被选中的动画范例所在的方框。

（3）这时动画制作基本完成，可以单击标准工具条上的播放按钮 ▶，观看动画的效果，如果不满意，可选其他动画范例，直至满意为止。

（4）输出为 GIF 文件，选择“文件→创建动画文件→GIF 动画文件”选项，弹出“存为 GIF 动画文件”对话框，输入文件名（文字动画.gif），单击“保存”按钮即可生成一个动画文件，可以通过看图程序观看其效果。这时制作一个动画 3D 文字的所有工作就完成了。

3.3　图像素材的获取与处理

3.3.1　图像素材的获取

【学习目标】

能够熟练地获取课件中的图像素材。

【动手案例】

例题 3-3　在网络上获取《小壁虎借尾巴》图像资料，并保存。

【基础知识】

图像是多媒体教学软件中应用最多的媒体元素，从界面、背景到各种插图都离不开图像，它是决定一个多媒体软件视觉效果的关键因素。图像也是学习者最容易接收的信息形式之一，一幅图像生动、直观、形象地表现出大量的信息，可以提供非常有效的感知材料。

图像的获取主要有扫描仪扫描、数码相机拍摄、视频单帧捕捉、屏幕拷贝、网络下载、图像素材光盘调用等。这些方法获得的图像一般不能直接应用于课件中，还必须结合不同的需要对图像的存储格式、像素大小、亮度、色彩等进行适当的处理，才能获得好的表现效果。

【操作步骤】

（1）打开百度搜索，在搜索对话框中输入“小壁虎借尾巴”，再单击“图片”按钮，百度会自动找到相关的图片，并把相关的资料排前列，如图 3-21 所示。

图 3-21　百度搜索图片

（2）在百度给出的相关图片中，选择想要的图片并单击，打开如图 3-22 所示的网页。

图 3-22　下载图片

（3）在图片上单击右键，选择“图片另存为”按钮。在出现的如图 3-23 所示的“保存图片”对话框，选择图片的存放位置，并给图片文件取名“小壁虎借尾巴 1.jpg”，然后单击“保存”按钮。

图 3-23　保存图片对话框

【知识拓展】

图形和图像的获取途径有以下几种。

1. 自制图形画笔工具绘制

可以利用 Photoshop 等图形软件去创作所需要的图形，用鼠标描绘各种形状的图形，并可填色、填图案、变形、剪切、粘贴等，如图 3-24 所示。

图 3-24　画笔绘制图像

2. 利用光盘图像素材库获取图像素材

从购买的图片库光盘中获取，如著名摄影师所拍摄的各类图片，包括自然风光、花鸟鱼虫、风土人情、城市景观、边框水纹及装饰按钮等。

3. 使用外部设备获取图像素材

对于印刷物品上的图像、照片等可以利用扫描仪将其转变成数字图像输入计算机中成为一个图像文件，再对其进行处理。

利用数字化设备直接拍摄数字图像，如数码相机、智能手机。

4. 用屏幕抓图软件获取图像素材

网上的图形、图像有时无法直接复制或另存为本地图像，这时需要使用截图的方法来获取所需的图形、图像。

Windows 操作系统为我们提供了两个直接用来抓取屏幕的快捷键“Print Screen SysRq”和“Alt+Print Screen SysRq”。

当屏幕出现需要的图像时，按下“Print Screen SysRq”键可以抓取当前整个屏幕的内容，按下“Alt+Print Screen SysRq”键则只抓取当前活动窗口的内容，复制当前屏幕上的图像到剪贴板上，其格式为位图格式（位图格式的文件都很大，包含的图像信息很丰富），再通过静态数据交换的方式即可使用剪贴板中的图像。

用这两个组合键截图虽然很方便，但我们会感觉到它远远无法满足我们的需要，而一些专业的截图软件则为我们提供了各种强大的功能。

这样的软件有很多，比较常用的有 Ultrasnap、Snagit、Hyper-Snap、红蜻蜓抓图精灵等，它们不仅可以截取窗口、屏幕，还可以对 Windows 操作系统的各个组成部分进行截取，如按钮、工具条、输入栏、菜单等，有的还能进行屏幕录像。

3.3.2 图像素材的处理

【学习目标】

掌握图像加工的一般过程和方法。

【动手案例】

例题 3-4 图像合成加工《人与大海》，如图 3-25 所示。

图 3-25 《人与大海》

【基础知识】

1. Photoshop CS5 的界面和常用工具

Photoshop 是 Adobe 公司的专业化图像处理软件，广泛应用于美工设计、彩色印刷、图像处理、网页设计等多个领域。无论是平面广告设计、室内装潢，还是处理个人照片，Photoshop 都已经成为不可或缺的工具。

启动 Photoshop CS5 时基本操作界面显示如图 3-26 所示。屏幕由标题栏、菜单栏、属性栏、工具栏、控制面板等组成。

图 3-26　操作界面

（1）标题栏（第一行）包括缩放级别、排列文档、屏幕模式等。

（2）菜单栏（第二行）每项命令下都含下拉菜单。

（3）属性栏（第三行）所列各项参数在单击工具箱中某一工具时都有相关显示。

（4）工具箱如图 3-27 所示。

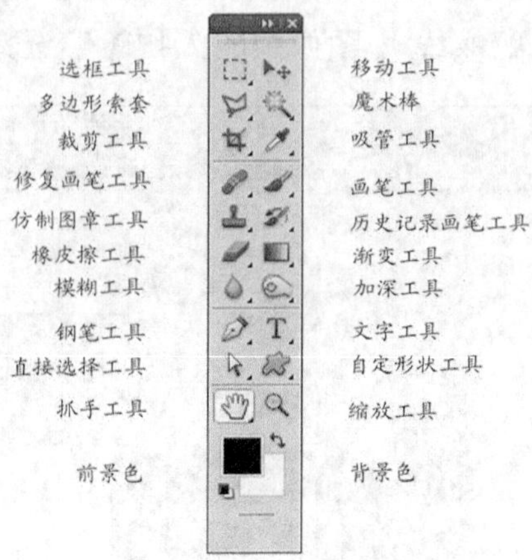

图 3-27　工具箱

2. Photoshop CS5 的图层

图层就像是含有文字或图形等的胶片，一张张按顺序叠放在一起，组合起来形成页面的最终效果。图层中可以加入文本、图片、表格、插件，也可以在里面再嵌套图层。图层是相互独立的，在一个图层上操作不影响其他图层。如果图层没有显示，可以执行

菜单 “窗口→图层” 命令或按（F7）调出图层面板。

【操作步骤】

（1）启动 Photoshop CS5，分别打开图片 1（大海）与图片 2（人物）。

（2）图片 2 暗淡，需要调整，选中图层 3，执行 “图层→复制图层” 命令得到图层 3 副本。

（3）执行“图像→调整→曲线” 命令或按（Ctrl+M）键调整，增加亮度，如图 3-28 所示。

图 3-28　通过曲线调整图片

（4）选择磁性套索工具，用磁性套索在画面上根据人物轮廓画一圈，沿着套索的笔迹生成了一个选择范围，按住 Shift 键增加选择区，按住 Alt 键减去多余的选择区，生成由线段组成的选择区（蚂蚁线），图像中的人物轮廓选择出来了，如图 3-29 所示。

图 3-29　磁性套索选择人物

（5）执行 “选择→修改→羽化” 命令，“设置为 2”，进行边缘羽化，如图 3-30 所示。

图 3-30 羽化边缘

（6）执行“编辑→拷贝”命令，将人物复制到剪贴板中，如图 3-31 所示。

图 3-31 复制图像

（7）选择图片 1（大海），执行“编辑→粘贴”命令，在大海图片上单独建立一个图层，人物就放在了大海图片上，如图 3-32 所示。

图 3-32 粘贴图像

（8）执行“编辑→自由变换”命令，拖动小方块调整人物大小。完成后的图片组合，如图 3-33 所示。

图 3-33 变换图像

（9）执行“文件→存储”命令，将文件进行保存。

【知识拓展】

1. 图层面板

图层面板如图 3-34 所示。

（1）新建图层：为了使所画图形图像可以随时调整，就要每一个图形建一个图层。方法就是单击“新建图层”。

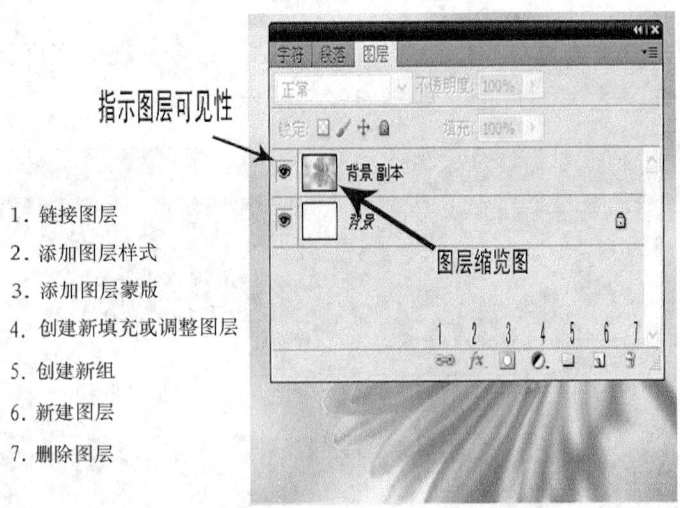

图 3-34 图层面板

（2）删除图层：方法是将图层拖动到垃圾桶（删除图层）。或选中图层按 Delete 键删除。

（3）图层次序调整：要调整图形（图层 1）的图层次序，先将调整图形的图层 1 点蓝，然后单击“移动工具”，用鼠标将该图层拖到图层 2 上，如图 3-35 所示。

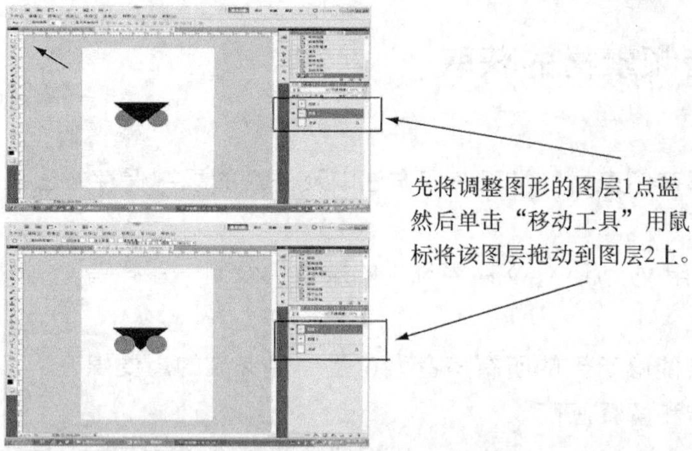

图 3-35　图层次序调整

（4）合并图层：先按住 Shift 键，选择所有图层，右键合并图层，或按住快捷键（Ctrl+E）合并图层。

（5）图层蒙版概念：图层蒙版是灰度图像，用黑色绘制的内容将会隐藏，用白色绘制的内容将会显示，添加蒙版后，我们所做的操作是用在蒙版上，而不是在图层上。图层蒙版应用于图像的合成中，可以让两个图像快速无缝地合成。

优点：修改方便，不会因为使用橡皮擦或剪切删除而造成不可返回的遗憾。主要作用是：用来抠图，做图的边缘淡化效果以及图层间的融合。

2. 文字工具

Photoshop 是位图处理软件，但它同时也可以绘制矢量图，其中文字工具可以实现排版和文字的输入。单击“文字工具[T]”，在画面任意处单击输入文字，执行菜单“窗口→字符”命令，设置文本的字体、大小、颜色等，如图 3-36 所示。

图 3-36　文字添加

3.4 音频素材的获取与处理

3.4.1 音频素材的获取

【学习目标】

能够熟练掌握音频素材的常见获取方法以及语音的录制保存方法。

【动手案例】

例题 3-5 利用 Windows XP 系统中的录音机录制一段声音。

【基础知识】

音频泛指人类能够听到的所有声音，它是信息交流的重要媒介。音频属于过程性信息，有利于限定和解释画面。

音频作为一种信息载体，在教学中的作用主要有 3 个方面。一是作为解说，用于说明事物和现象，对学习者给予指导和引导。解说在课件中起到承上启下、穿针引线的作用，要求朴实生动，清晰流畅，通俗易懂，节奏合理，准确无误。二是作为背景音乐，用于烘托特定的内容情节的气氛，深化主题，转换时空，对学习的节奏和氛围给予一定程度的调节。为配合前景解说的音乐，应选择一些清新、舒缓、悠扬的曲目。三是用作模拟在特定场合中产生效果声，比如心跳、呼吸声、水流声音，也就是我们常说的音效。音效主要是表现真实感和增强气氛，对揭示事物的本质、扩大画面的表现力，增强画面的层次感和空间感，具有十分重要的作用。

在制作课件中，为了突出教学重点，要精心选择音效，并可适当进行夸张，但不能影响教学内容的真实性。总之，课件中音频素材的这 3 种教学功能，用于丰富教学内容所涉及的事物和现象，增加内容的表现力，具有非常重要的作用。

在课件制作过程中，我们可以利用 Windows 系统中自带的录音机软件来完成声音的录制。一般来说，录音机软件常用来录制来自麦克风的声音或转录计算机内部播放的声音。

【操作步骤】

（1）把麦克风连接到计算机声卡麦克风（microphone）插孔（粉红色 mic 插孔）。

（2）双击任务栏右下角的“音量”图标（任务栏右下角的小喇叭），打开音量控制对话框，在“音量控制”中，将“麦克风”一栏中的“静音”的“√”去掉。

（3）单击“主音量”对话框菜单项“选项→属性”，如图 3-37 所示，打开“音量属性”对话框。在“调节音量”区，选择“录音”，并在“显示下列音量控制”区，选择“麦克风”（只需确保所需的录音通道被选中，其他选项是否选择无关），如图 3-38 所示，单击“确定”按钮则打开“录音控制”对话框，勾选“麦克风”下方的复选框，调节合适的录音音量，如图 3-39 所示。

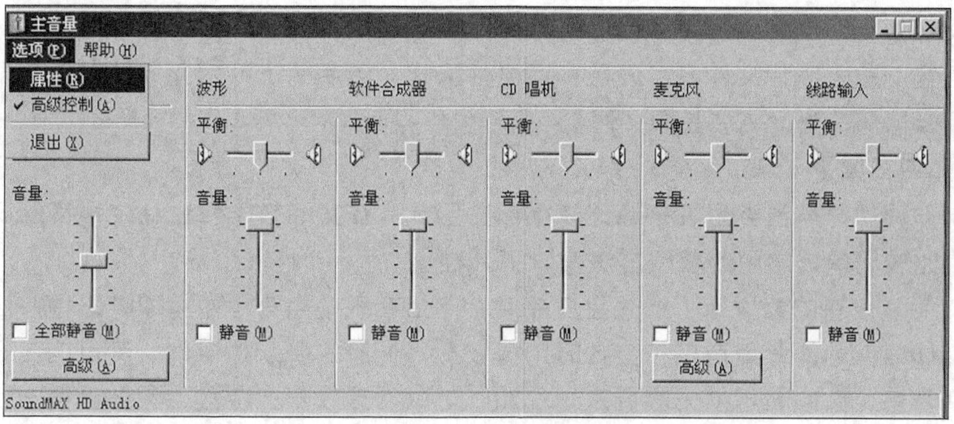

图 3-37 主音量对话框

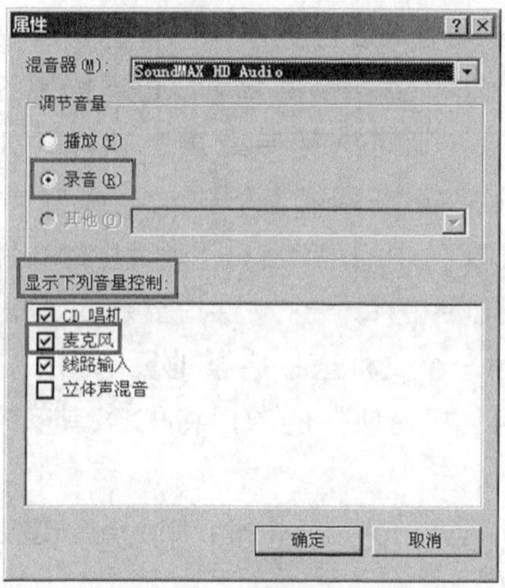

图 3-38 “音量属性”对话框

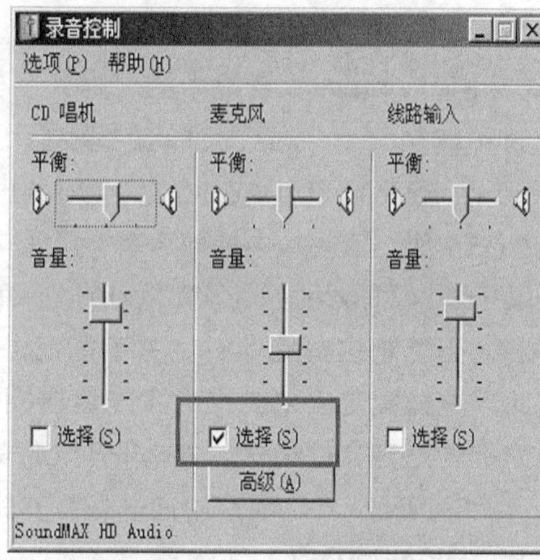

图 3-39 “录音控制”对话框

（4）执行“程序→附件→娱乐→录音机”菜单项，打开 Windows 自带的录音机，如图 3-40 所示。单击“录音”按钮，对着麦克风说话，开始录音，录音机录制声音长度默认为 60 秒，要继续录音，需再次单击“录音”按钮，录音时间会自动增加 60 秒，后录制的声音自动接在前面录制的声音之后。

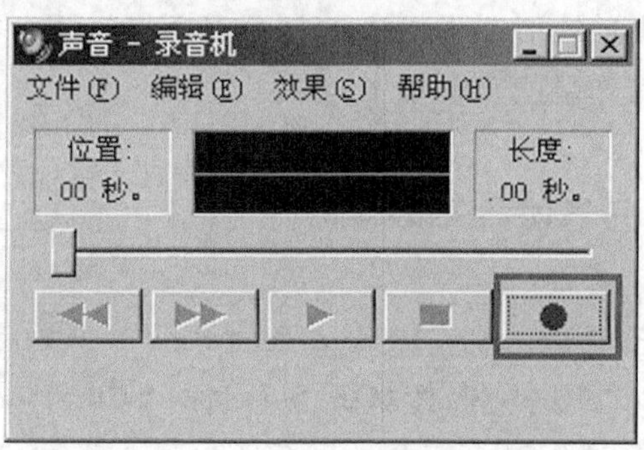

图 3-40 录音机

（5）执行“文件→保存”或“另存为”菜单项，将弹出“另存为”对话框。选择保存位置，输入声音文件名，设置声音文件格式，然后单击“保存”按钮保存录制的声音。默认保存为 WAV 音频文件。

【知识拓展】

制作课件时声音类型及来源比较简单，因此，在实际教学和生活中声音的获取相对来说比较简单。常用的获取方法有以下几种。

（1）从已有的素材库（如光盘音效库、网上音乐站点等）中获取，这种方法在选择多媒体课件中的背景音乐和音效时用得较多。一般的多媒体课件，不可能自己去制作这些音乐，只能利用别人的音乐。例如，可以从互联网上下载，大部分搜索引擎，如百度，提供 MP3 搜索功能，在上面可以搜索到需要的 MP3、RM、WMA 等格式的音频文件，找到需要的文件后，在网页中单击音频文件进行下载。

（2）利用声卡及软件进行录制和编辑。这种方法常用来进行多媒体课件的讲解配音。利用 Windows 系统中的“附件”自带的“录音机”，连接话筒就可以进行简单的录制和编辑了，若要长时间的录制和较复杂的编辑，则可选用专业声音软件，如 Goldwave、Adobe Audition、Cool Edit 等，这些软件可在网络上下载。

（3）从 CD 唱片中抽取声音（抓音轨）和分离电影文件中的声音。CD 唱片中的文件是以 Track01.cda、Track02.cda……命名的，但在 CD 中的每一个文件只显示为 1KB 字节。当复制这些文件时，并不能把每一个曲目作为一个文件直接完整地复制出来，因此，这样复制出来的文件不能直接播放，只能使用“抓音轨”的软件将 CD 音乐转换为别的声音文件格式，如 MP3 文件等。

能够实现从 CD 唱片中抽取声音的软件有很多，如 Windows Media Player、超级解霸、Glodwave 等。

3.4.2 音频素材的处理

【学习目标】

能够利用 Coo1 Edit Pro 音频编辑软件对音频素材进行编辑和效果处理。通过音频素材的处理的过程，让学生形成积极主动学习多媒体技术，创作多媒体作品的态度，为今后能独立的创作视听作品打下基础。

【动手案例】

例题 3-6 制作配乐诗歌朗诵音频作品。

【基础知识】

Cool Edit 是美国 Adobe Systems 公司开发的一款非常出色的数字音乐编辑器和 MP3 制作软件。在 Windows 操作系统下，Cool Edit 能高质量地完成录音、编辑、合成等多种任务，可以进行降噪、扩音、剪接等处理，还可以添加立体环绕、淡入淡出、3D 回响等奇妙音效，最后制成音频文件。

启动 Cool Edit Pro 2.1，可以看到如图 3-41 所示的多轨界面模式。

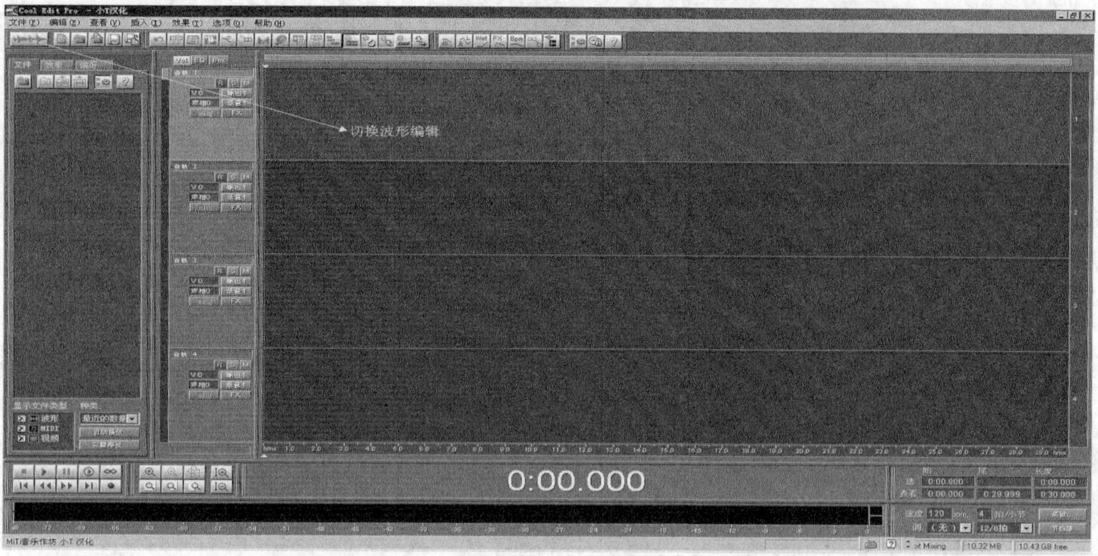

图 3-41　Cool Edit Pro 2.1 多轨界面

常用菜单命令介绍如下。

文件菜单：此菜单中包含了常用的新建、打开、关闭、存储、另存为、追加等命令。

前面几种菜单比较常见，功能不再叙述。

追加：将打开的音频文件接在已打开的文件尾部，这样 2 个音频文件就拼接成一个大的音频文件了，适合于进行多个音频文件的拼接，注意拼接的文件格式要相同，设计好多个音频之间的顺序排放。

临时空间设置：当安装 Cool Edit Pro 2.1 软件时，系统提示选择硬盘空间进行临时文件存放。进行音频编辑时，会产生大量的临时文件，这需要系统提供足够大的空间存放这些东西。临时文件多了会让计算机运行速度减慢，我们可以每隔一段时间在这里进行清理。

编辑菜单：此菜单中包含常用的复制、粘贴、删除、格式、定位、提示、转换等命令。

开启撤销/重做：可以撤销上一步进行的操作。

重复上次操作：重复最后一次操作命令。

设置当前剪贴板：可以选择当前使用的剪贴板。Cool Edit Pro 自己有 5 个，再加 Windows 系统的 1 个，一共可以选择 6 个剪贴板，但一次只能选 1 个。

粘贴为新的：可以将剪贴板中的文件粘贴为新文件。

混合粘贴：将剪贴板中的波形内容与当前波形文件混合，如图 3-42 所示。

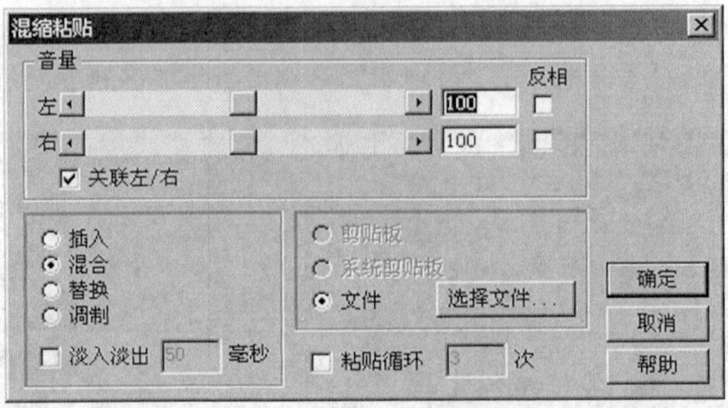

图 3-42 混合粘贴对话框

在对话框中可以选择混音的方式，如插入、混合、替换、调制等方式，还可以选择将要被混频的波形数据是来自剪贴板，还是已建立的波形文件，以及设置淡入淡出方式的混合粘贴，甚至只混合到某一声道。

选择全部波形：选择整个波形。此操作也可以通过双击鼠标左键来完成。

删除选取区域：删除当前文件被选中的部分。

删除静音：选择相应的参数，删除接近无声的信号。此命令适合于快速删除网络录音文件中由于网络信号不稳定出现的录音断点，操作很方便，如图 3-43 所示。

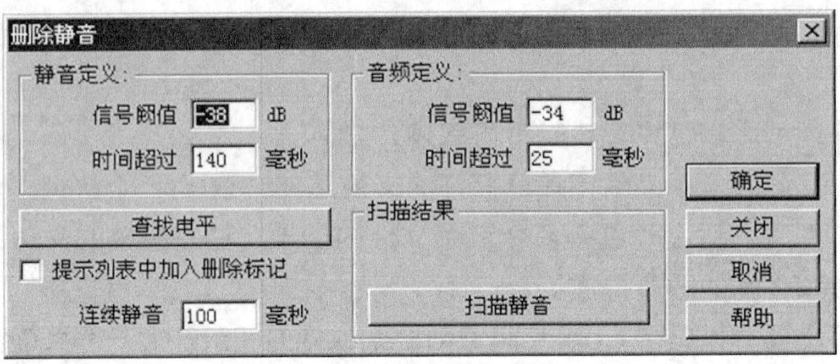

图 3-43 删除静音对话框

【操作步骤】

（1）在多轨编辑界面中新建工程。

（2）导入音乐文件。在资源管理器中单击“打开文件”按钮，打开朗诵文件和背景音乐。

（3）在资源管理器中选择做配乐的音乐文件，将其拖放到任意一条音轨中，如音轨 2 上。按住右键拖放音乐波形，可以调整音乐波形在音轨中的位置，也可以拖放该音乐文件到其他的音轨上，如图 3-44 所示。

（4）选择音乐文件开始部分的波形，单击鼠标右键，在弹出的菜单中单击“淡入淡出→线性”（或其他方式），可在多轨编辑界面中设置淡入效果。选择音乐文件末尾部分的波形，单击鼠标右键，在弹出的菜单中单击“淡入淡出→线性”（或其他方式），可在多轨编辑界面中设置淡出效果。

（5）执行菜单项“文件→混缩另存为”，以 mp3 格式保存文件。

图 3-44 调整音乐波形的位置

3.5 视频素材的获取与制作

【学习目标】

能够对课件中的视频素材熟练地进行截取与格式转换。

【动手案例】

例题 3-7 利用“格式工厂”软件来对视频素材《幼儿广播体操.mp4》进行简单编辑及格式转换的操作方法。

【基础知识】

视频（Video），又称影片、视讯、视像、录影、动态影像，泛指将一系列的静态图像以电信号方式加以捕捉、记录、处理、存储、传送与重现的各种技术。

视频技术最早是从阴极射线管的电视系统创建而发展起来的，但是之后新的显示技术的发明，使视频技术所包括的范畴更大。

有了原始的视频素材，我们就可以根据课件的需要加工素材，作为普通幼儿教师对视频文件的加工处理要求是不高的，主要是在原始的视频文件中剪裁符合上课需要的内容，这样可以减小多媒体课件的整体容量，便于存储和交流。同时由于系统和部分多媒体创作软件支持的视频格式不一定齐全，我们对视频文件的格式予以转换，以保证多媒体课件能适应不同的系统软件环境。

本节我们只对常用的 Format Factory（格式工厂）转换视频文件的操作做一个简

单介绍，由于版本还在不断更新中，我们以 Format Factory 3.3.0 版本为例。

Format Factory（格式工厂）有以下特长。

（1）支持几乎所有类型多媒体格式转到常用的几种格式。

（2）转换过程中可以修复某些损坏的视频文件。

（3）多媒体文件减肥。

（4）支持 iPhone、iPod、PSP 等多媒体指定格式。

（5）转换图片文件支持缩放、旋转、水印等功能。

（6）DVD 视频抓取功能，轻松备份 DVD 到本地硬盘。

（7）支持 50 多种国家语言。

（8）多媒体文件的裁减精度到毫秒。

【操作步骤】

（1）Format Factory（格式工厂）安装完成后会在计算机桌面上生成一个图标，双击桌面上的图标，如图 3-45 所示。

图 3-45　格式工厂图标

（2）弹出 Format Factory 3.3.0 的主界面，如图 3-46 所示。

图 3-46　Format Factory 3.3.0 的主界面

（3）单击需要转换成的视频格式按钮。我们以转换成 MPG 格式为例。单击图 3-46 所示界面中的“→MPG”按钮，弹出“→MPG”对话框，单击“改变”按钮可以选择输出文件夹，如图 3-47 所示。

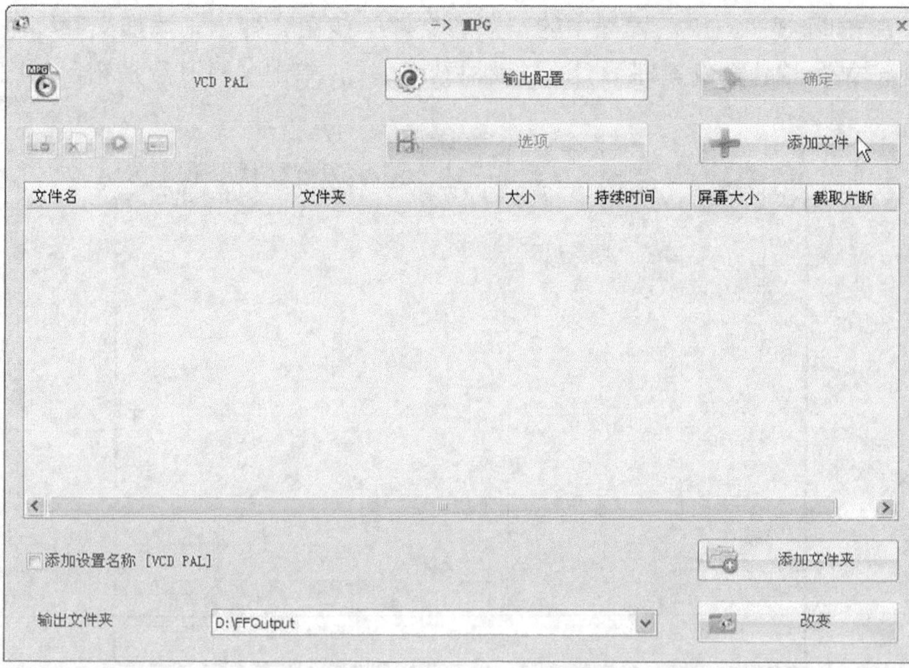

图 3-47 “→MPG”对话框

（4）单击“输出配置”按钮，弹出“视频设置”对话框，修改视频设置，可以添加字幕、水印等，然后单击“确定”按钮，如图 3-48 所示。说明：通常情况下我们不需要修改。

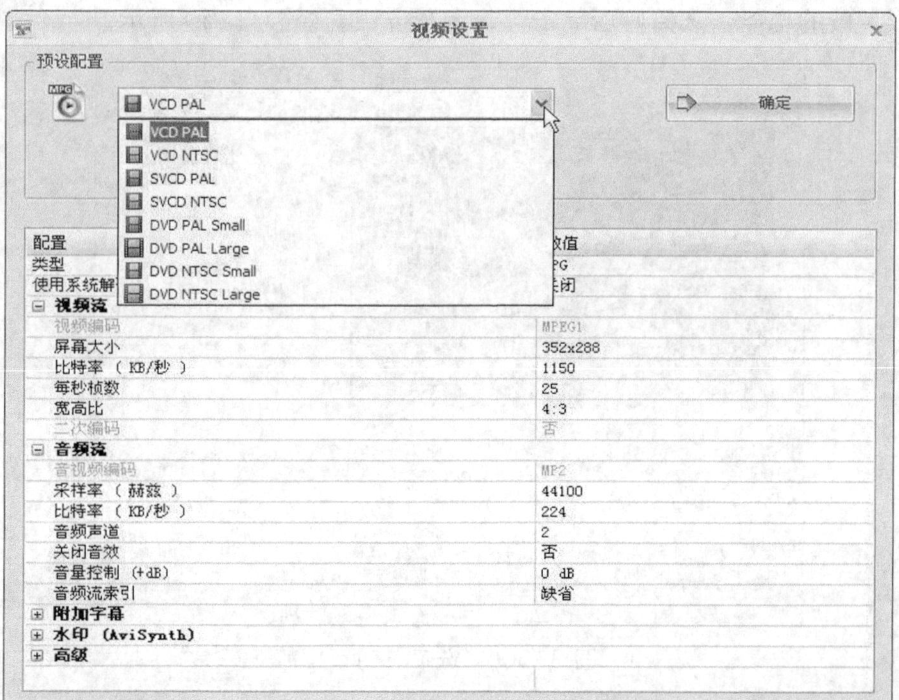

图 3-48 “视频设置”对话框

（5）单击图 3-47 所示界面中的“添加文件”按钮，弹出“添加文件”对话框，选择源视频文件“世界真美好 幼儿广播体操.mp4”，单击“打开”按钮，如图 3-49 所示。

图 3-49 “添加文件”对话框

（6）视频文件添加成功后，“选项”按钮就变成活动按钮了，单击“选项”按钮，弹出“选项”对话框。勾选“画面裁剪”可以在画面上拖出一个红色的框实现画面的裁剪，去掉画面中不需要的区域，通过设置开始时间和结束时间可以实现选取自己需要的视频片段的功能。选择好后单击“确定”按钮，如图 3-50 所示。

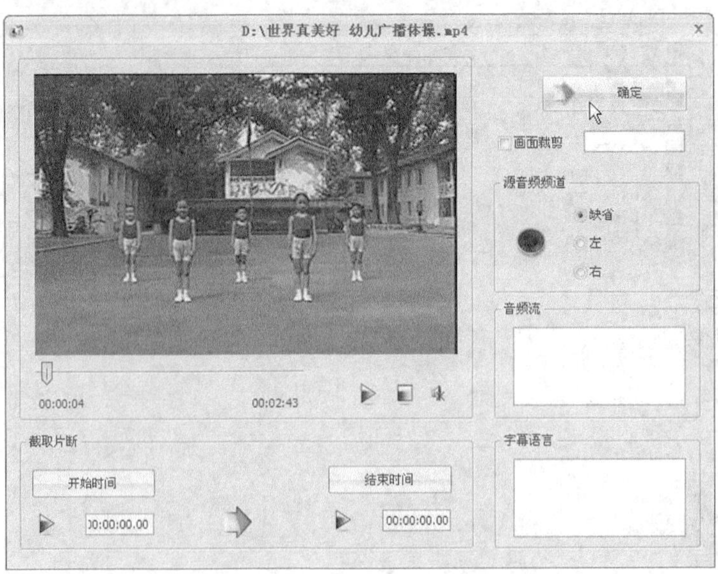

图 3-50 “选项”对话框

说明：如果是中间的某个部分视频内容不需要，可以分两次分别选取源视频的前面和后面部分，最后再利用 Format Factory 3.3.0 中的“高级”→“视频合并”功能得到自己最终需要的视频。

（7）单击“点击开始”大按钮，就可以在输出文件夹中得到自己想要的视频文件了，如图 3-51 所示。

图 3-51　点击开始转换

【知识拓展】

1. 获取视频的途径

（1）用 DV 摄像机或数码相机以及手机的录像功能摄取的视频

使用磁带记录的 DV 摄像机要通过专门的采集设备将视频采集到计算机中，如果是要剪辑处理的视频，建议以 DV-AVI 格式存盘，虽然占用硬盘空间较大，但画面清晰，编辑起来也较快，加工取舍的余地较大。如果是连续的、无需剪辑的内容，可以用采集设备提供的压缩功能直接生成 MPEG 压缩文件，以节约存储空间。

如果使用硬盘类摄像机和数码相机以及手机进行拍摄，可用数据线连接计算机，复制视频文件到计算机。硬盘类摄像机录制的文件一般会采用 MPEG-2 标准压缩，扩展名为.mpg，如果扩展名不是.mpg，可以把摄像机内复制来的较大文件的扩展名改为.mpg。数码相机记录的视频一般扩展名为.avi，多数采用 MJPG 记录格式，手机拍摄的多数是.mp4 格式。

（2）来自制作好的 VCD 或 DVD 光盘

VCD 光盘 MPEGAV 目录中存放的扩展名为.dat 的文件就是采用 MPEG-1 压缩的视频文件，一般情况下计算机系统中的播放器是没有关联.dat 类型的文件，不能通过双击打开，我们可以把 MPEGAV 目录中的文件复制到计算机，改变文件的扩展名为.mpg，以方便识别和使用。DVD 光盘的视频保存在 Video_TS 目录中，文件的扩展名为.vob。

为了更好地保护原始 VCD 和 DVD，我们也可以用 NERO、WINIMAGE 这样的软件建立光盘的镜像文件保存在计算机中。

（3）通过网络下载网络视频

网络是海量视频资源的存储地，在找到资源后我们可以用合适的下载工具把资源下载下来。通用的下载工具有网际快车（FlashGet）、迅雷等，它们可以下载有确切视频文件 URL 地址的文件。点对点下载工具电驴、BT（Bit Torrent）等能在众多的计算机爱好者的硬盘中发现意想不到的资源。而大量视频网站的出现给我们提供了视频资源的新来源，这些视频网站多采用 FLV 格式发布视频，用前面介绍的下载工具是不能下载的，为方便用户欣赏自己网站的视频，这些网站都开发有自己的视频浏览客户端，客户端也可以将视频文件下载，如优酷网（http://www.youku.com/）的 i 酷软件等。对于在线播放的微视频，有的软件还提供了解析视频地址的功能，方便下载，如硕鼠（http://www.flvcd.com/）等。

2. 常见的视频编辑软件

（1）专业点的视频编辑软件有：

Adobe 公司的 premiere

Sony 公司的 Vegas

Canopus 公司的 Edius

Avid 公司的 Avid Media Composer 等

（2）简单一点的视频编辑软件有：

Format Factory（格式工厂）

狸窝全能视频转换器

视频编辑专家

Window Movie Maker

Ulead Video Studio（会声会影）等

3.6 动画素材的获取与制作

【学习目标】

学习动画素材的加工处理，学会多媒体课件的素材制作。

通过动画制作，掌握 Macromedia Flash 补间动画制作方法及属性设置。

【动手案例】

例题 3-8 制作一个旋转的风车。

【基础知识】

1. 动画的基础知识

计算机动画指由计算机生成的一系列静止画面，按照一定的顺序演示而形成的动态图像效果。

2. 多媒体 CAI 课件动画的类型

在多媒体 CAI 课件中，根据课程教学内容的表现形式不同，常用的动画素材主要有过程动画、运动动画及变形动画 3 类。其中过程动画根据程序员或用户提供的指令进行运动，这些指令称为脚本（Script），动画中运动的主体称为角色（Actor），角色在脚本的控制下运动。该类动画适合描述一个实体的构造过程，如演示或模拟复杂几何形体怎样由简单形体拼接而成等。某些多媒体编辑软件就是模仿过程动画安排程序动作的。而运动动画一般由运动物体的物理规律进行描述，能够准确地再现如物体的碰撞、小球反弹、抛物体运动轨迹及实验室或自然界所发生的、可根据数学公式进行描述和处理的现象。变形动画（Morphing）则是近年来很流行的一种动画形式，依靠多媒体计算机的快速运算功能，通过在相关位置连续进行颜色插值，可将一幅画面渐变为另一幅画面。这种技术在多媒体计算机理科类教学中经常使用。

目前计算机上常用的动画文件格式有：AutoDesk 的 Animator 文件（扩展名为.fle 和.fli）、Macromedia 的 Flash 动画文件（扩展名为.fla.利 swf）、3ds Max 的动画文件（扩展名为.3ds）、Microsoft Multimedia Movie 文件（扩展名为.mmm）和图形交换格式文件（扩展名为.gif）。

Flash 动画是矢量动画，其特点是制作简单，快捷，文件小，形式活泼，比较适合在网上使用，能实现网络互动功能，适用于网络传输和课件制作。

在补间动画制作中，对于属性进行操作，可以得到不同的动画效果，如对位移、旋转、变形、速度、透明度及颜色等进行设置，可以使动画变得丰富多彩。

【操作步骤】

（1）启动 Macromedia Flash MX，新建一个 Flash 文件，如图 3-52 所示。

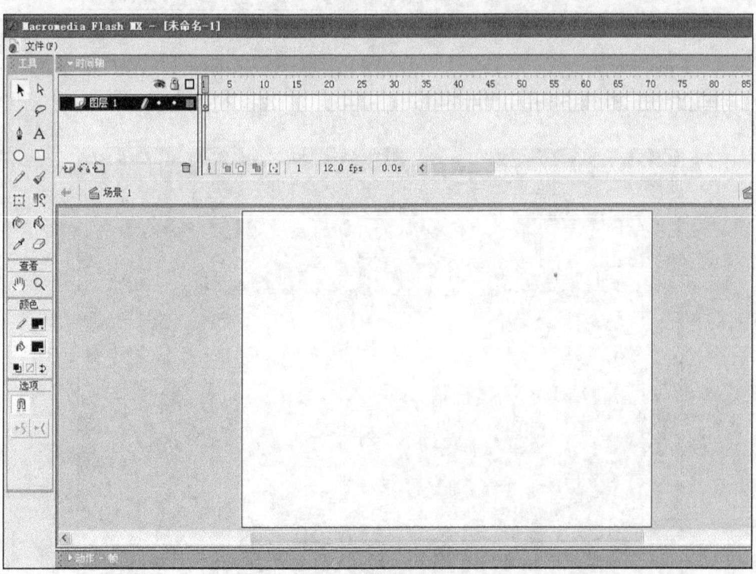

图 3-52 新建 Flash 文件

（2）利用线条工具在场景中画两条平行线段，如图 3-53 所示。

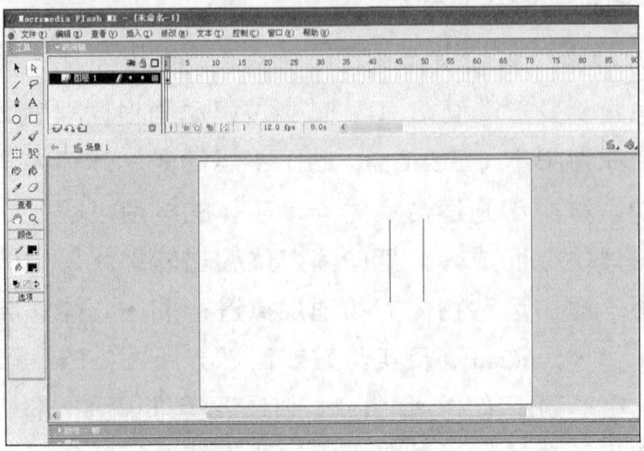

图 3-53　画两平行线段

（3）利用箭头工具将一条线段拉成弧形，如图 3-54 所示。

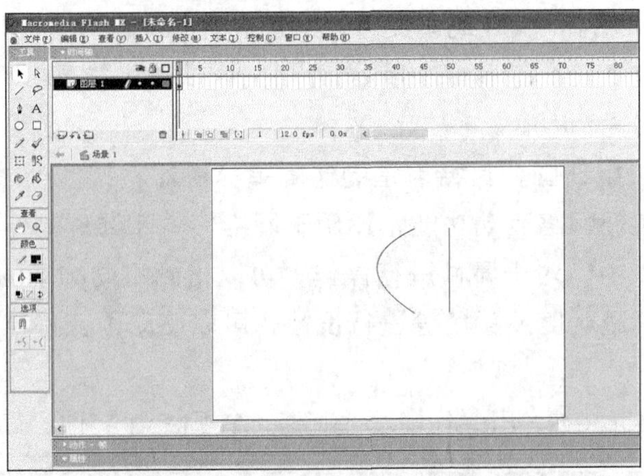

图 3-54　将一条线段拉成弧形

（4）移动线段将两条线段合并成一片叶子，如图 3-55 所示。

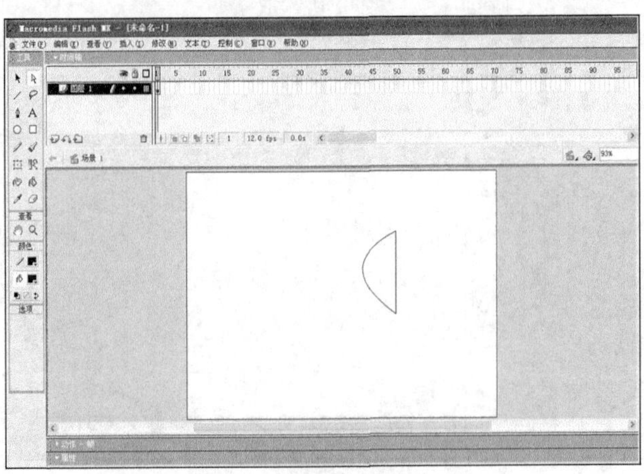

图 3-55　两线段合并成一叶子

（5）利用颜料桶工具将叶子填充成自己喜欢的颜色，如图 3-56 所示。

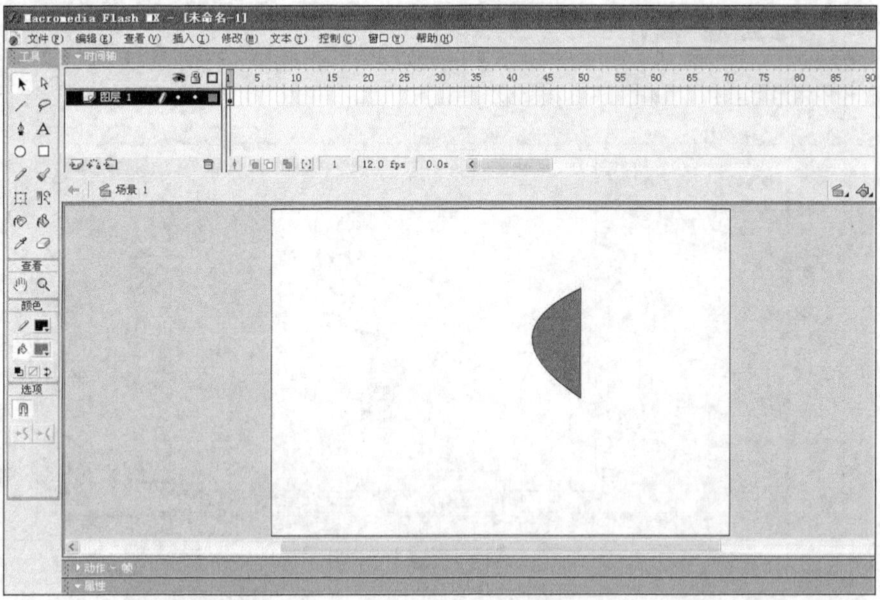

图 3-56　填充叶子颜色

（6）选定整个叶子右击，将其转化为图形元件，如图 3-57 所示。

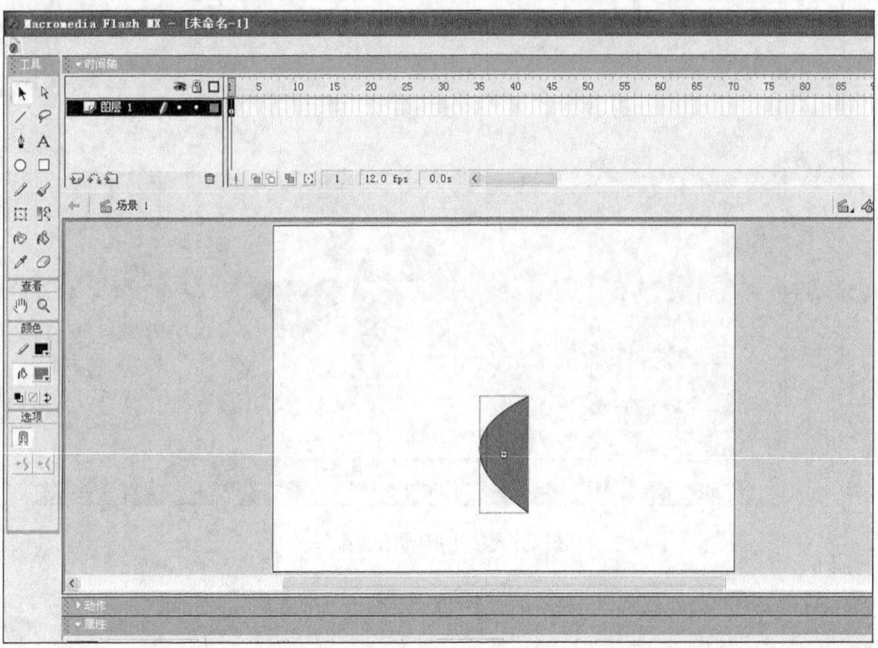

图 3-57　转换为图形元件

（7）复制叶子，水平反转并调整其位置，如图 3-58 所示，让两个端点重合。

（8）同时选定两叶子，再复制一份后旋转 90 度，调整好位置，如图 3-59 所示，组成一个完整的风车。

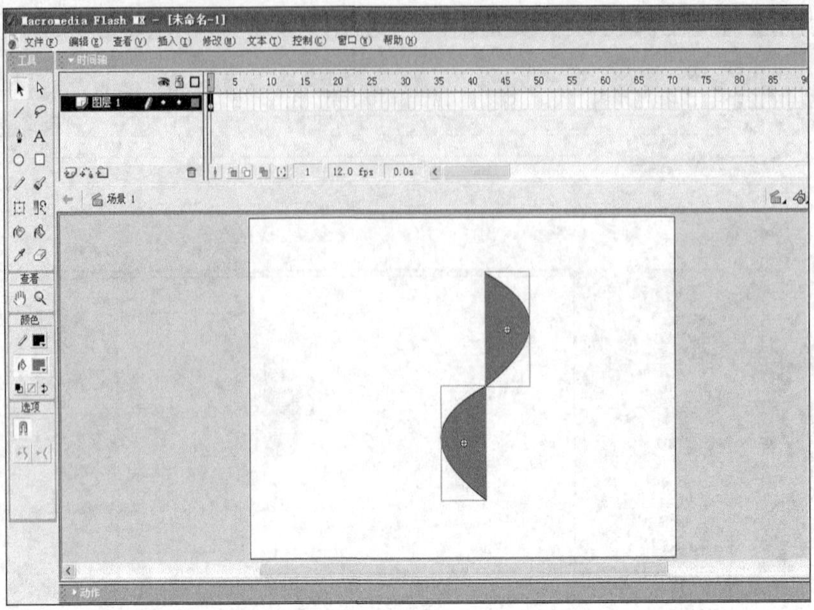

图 3-58　复制叶子

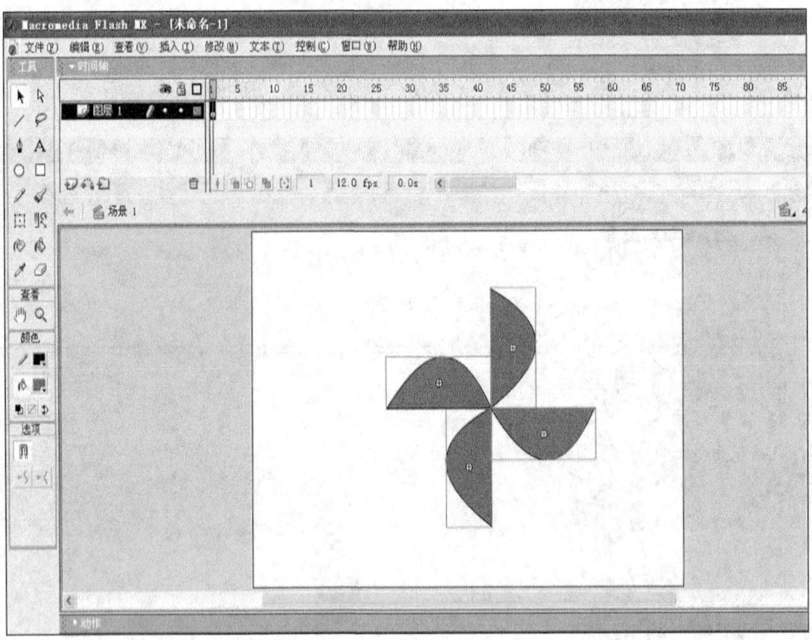

图 3-59　转动的风车

（9）选中风车所有叶子，右击将其转换为图形元件。

（10）在 30 帧处插入关键帧。

（11）选中 1 到 30 帧，右击创建补间动画，将其属性中的“旋转”设为“顺时针”，如图 3-60 所示。

（12）通过“文件”下拉菜单中的“导出影片”完成动画的制作，得到风车.swf 文件。

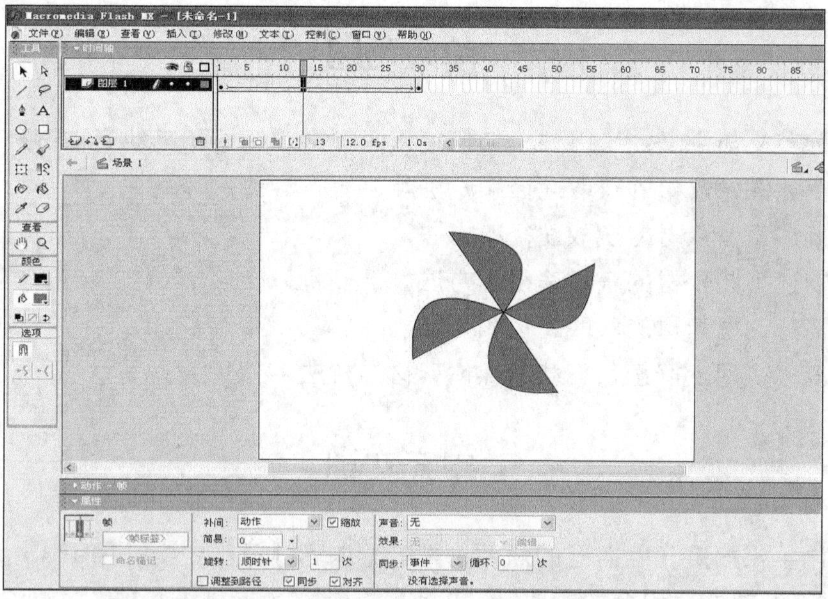

图 3-60　设置补间动画及其属性

【知识拓展】

动画的制作和修改需要很多美术专业的知识和技能，所以，在实际课件制作过程中，笔者建议广大教师多从可以利用的动画资料库或素材光盘中有选择地剪切或拼接与教学内容相关的素材，以适应课堂教学需要，而不是亲自制作动画素材。对动画素材采集与编辑可以利用豪杰解霸软件从 VCD 中直接截取或用 Sinagit 5.0 在素材播放过程中直接抓取符合教学需要的资料片断。通过百度搜索，也能够找到我们所需要的课件制作素材，但网站上的动画都是直接嵌套在网页中的，格式为.swf，不能够直接下载，这时我们需要借助于 Flash Catcher 这个网页动画下载软件对网页中的动画进行捕捉，只要将获得的视频素材转换为符合课件制作需要的格式就可以在课件中使用了。

单元小结

本单元重点介绍了多媒体教学软件中各种素材的制作与获取。在文本素材制作中，介绍了如何获取文本素材，并介绍了文本 3D 素材的制作过程；对图像素材，介绍了怎样获取图像素材，并以专业的图像处理软件 Photoshop 的使用为例，从简单实用的角度讲解了图像素材的处理；在声音素材的获取中，详细地介绍了 Windows 自带的录音机的使用方法，并以专业声音处理软件 Cool Edit Pro 的使用为例，介绍如何对声音文件进行简单的处理；在对视频素材的处理上，引入了当今流行的、大众的软件“格式工厂”对视频素材进行编辑与格式转换；在动画素材的制作中，以 Flash 为工具，讲解了动画制作的基本方法。

单元习题

1. 除英文与中文内容以外，如何输入语言文字符号和其他各种符号?
2. 简述图像素材的获取途径和方法。
3. 简述声音素材的获取途径和方法。
4. 简述视频素材的获取途径和方法。
5. 简述动画素材的获取途径和方法。
6. 简述从网上搜索和下载多媒体素材的方法。

单元实训

1. 用手机拍摄一组自己的照片，将其导入到计算机中，并用 Photoshop 软件对其进行编辑处理和合成处理。
2. 用录音机录制一段话，并将其保存为 MP3 格式的文件。
3. 从网上搜索两段视频并下载，用格式工厂将它们合并，并以 MP4 格式保存。
4. 使用 Flash 软件制作一个 Flash 动画。

单元四　多媒体创作工具Authorware

4.1　Authorware 7.0 概述

【学习目标】

通过建立自己的第一个 Authorware 应用程序，了解 Authorware 的基本常识，掌握 Authorware 的基本操作。

【基础知识】

Authorware 是一个图标导向式的多媒体制作工具，它使非专业人员快速开发多媒体软件成为现实。其强大的功能令人惊叹不已。它无需传统的计算机语言编程，只通过对图标的调用来编辑一些控制程序走向的活动流程图，将文字、图形、声音、动画、视频等各种多媒体项目数据汇在一起，达到多媒体软件制作的目的。Authorware 成为世界公认领先的开发互联网和教学应用的多媒体创作工具，被誉"多媒体大师"。Authorware 的版本不断更新，功能不断增强，当前的最新使用版本为 Authorware 7.0。

Authorware 这种通过图标的调用来编辑流程图，用以替代传统的计算机语言编程的设计思想，其主要特点如下。

（1）编制的软件具有强大的交互功能，可任意控制程序流程。

（2）在人机对话中，它提供了按键、按鼠标、限时等多种应答方式。

（3）它还提供了许多系统变量和函数以根据用户响应的情况，执行特定功能。

（4）编制的软件除了能在其集成环境下运行外，还可以编译成扩展名为.EXE 的文件，在 Windows 系统下脱离 Authorware 制作环境运行。

Authorware 程序开始时，新建一个"流程图"，通过直观的流程图来表示用户程序的结构。用户可以增加并管理文本、图形、动画、声音以及视频，还可以开发各种交互，以及起导航作用的各种链接、按钮、菜单。Macromedia Director 的电影也可以整合到 Authorware 项目中。Xtras 或 add-ins，也可以用于 Authorware 功能的扩展，这类似于 HyperCard 的 XCMD。通过变量、函数以及各种表达式，Authorware 的力量可以进一步地被开启。

【操作步骤】

（1）双击桌面上的 Authorware 7.0 快捷图标，启动程序，待欢迎界面消失后，单击图 4-1 所示的新建对话框中的"取消"或"不选"按钮进入"未命名"设计窗口，如图 4-2 所示。

（2）从图标箱拖入"显示图标"并更改图标名为"欢迎界面"。双击"欢迎界面"显示图标将其打开，出现工具箱，选择工具箱中的文本工具A，在演示窗口中需要录入文字的地方单击，出现一条编辑线，此时输入“欢迎使用 Authorware”文字，如图 4-3 所示。

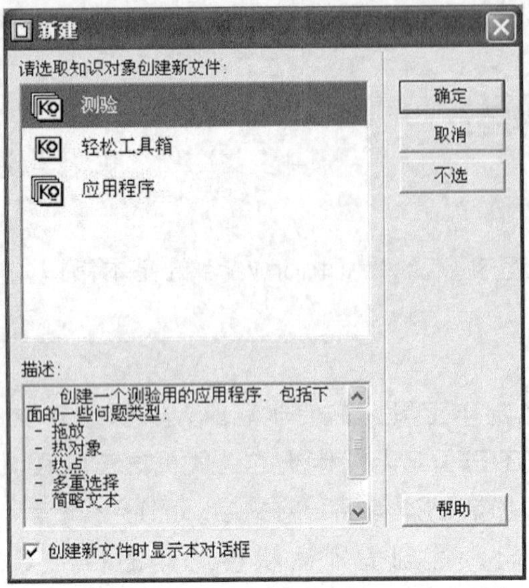

图 4-1　新建对话框

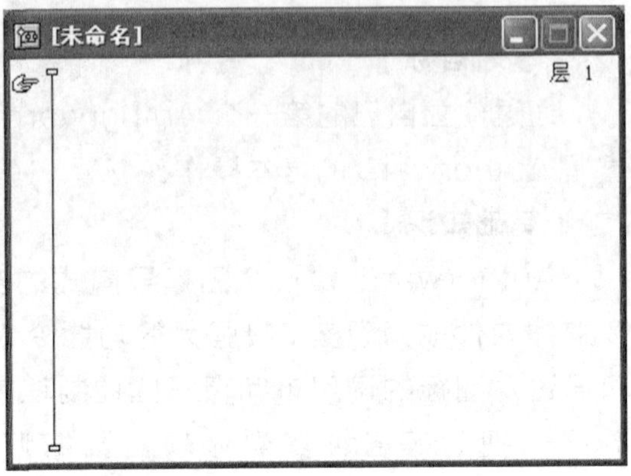

图 4-2　Authorware 设计窗口

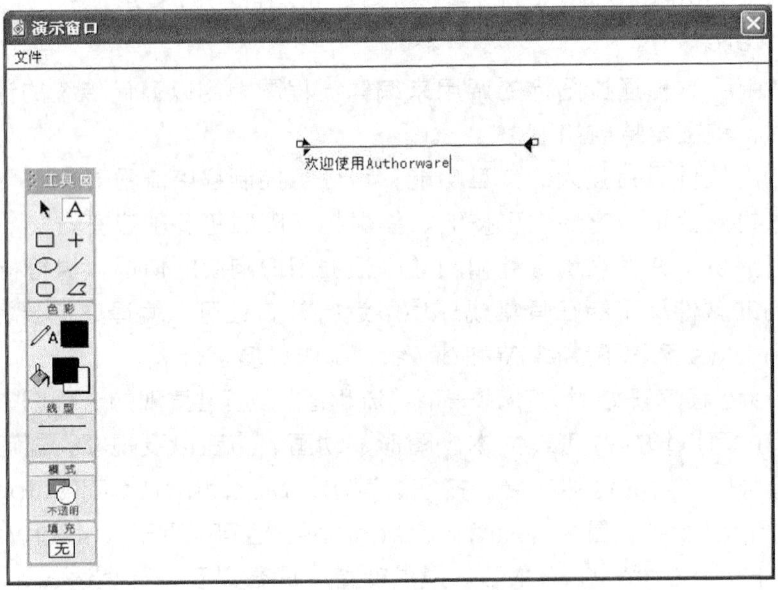

图 4-3　在显示图标中添加文字

（3）选择工具箱中的选择工具 ，脱离文本输入状态，设置文本的字体与字号，并调整文本的位置，如图 4-4 所示。

（4）执行“文件→保存”命令，在出现的对话框中将文件夹定位到 D 盘“例题”中，以“入门作品”为文件名保存。

（5）选择“文件→退出”命令，退出 Authorware 程序。

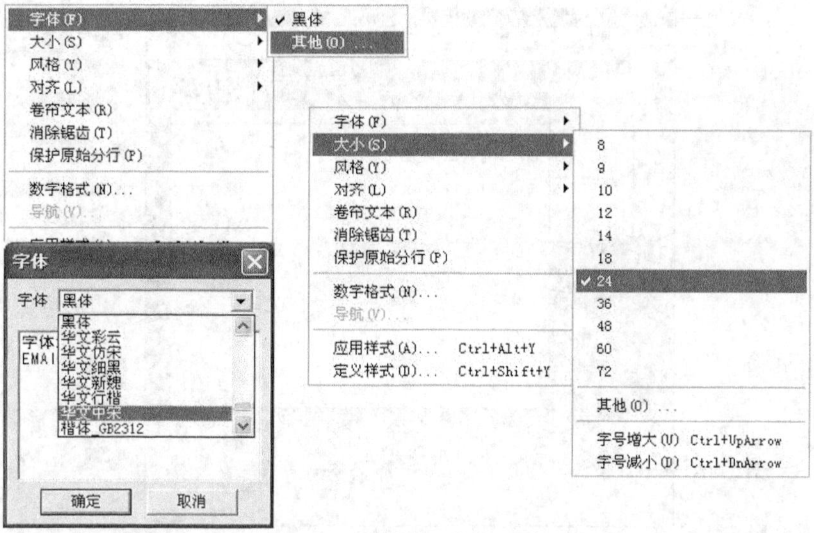

图 4-4　设置字体、字号

【知识拓展】

1. Authorware 的启动与退出

（1）启动 Authorware

双击桌面上的 Authorware 快捷图标，或通过开始菜单执行“开始→程序→Macromedia→Macromedia Authorware 7.02 中文版”，启动 Authorware。首先弹出“新建”对话框，如图 4-1 所示。该对话框中有 3 个 Authorware 优先推荐使用的知识对象，选择某一个知识对象，单击“确定”按钮，即可建立相应的知识对象。如不准备建立知识对象，可单击“取消或不选”按钮，关闭新建对话框，随即出现设计窗口，进入 Authorware 工作状态，如图 4-2 所示。

（2）退出 Authorware

单击 Authorware 标题栏中的关闭按钮，或执行“文件→退出”命令，都可以退出 Authorware。退出 Authorware 之前应该首先保存当前文件，以免丢失工作成果。如果退出之前未保存文件，在退出之前，系统会出现图 4-5 所示的确认保存对话框。如要保存，单击“是”按钮，然后程序关闭；如不保存，单击“否”按钮，不保存文件而退出 Authorware；如想继续操作不退出 Authorware，单击“取消”按钮。

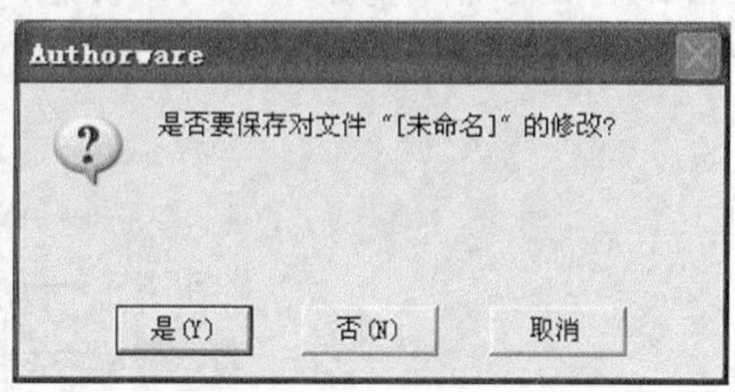

图 4-5　确认保存对话框

2. Authorware 工作环境

Authorware 作为 Windows 的一个应用程序，具有与其他 Windows 应用程序相类似的窗口结构，有标题栏、菜单栏、工具栏等。除此之外，它还有特有的结构，例如图标箱、属性面板、设计窗口、演示窗口、函数面板、变量面板、知识对象面板等。图 4-6 所示是 Authorware 的工作界面。

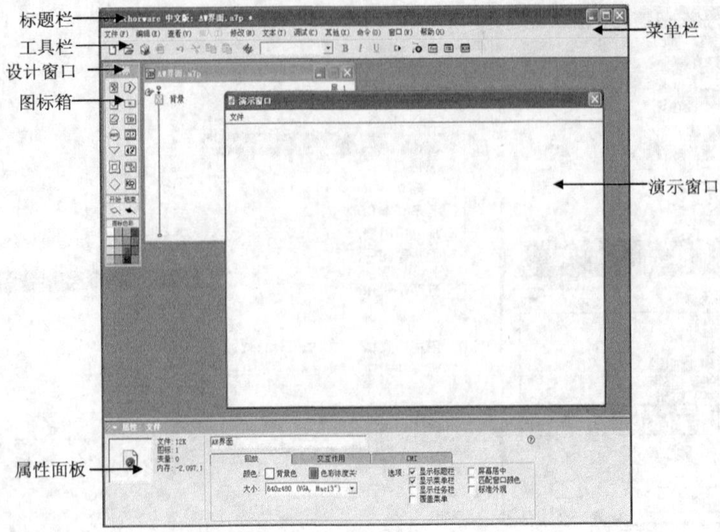

图 4-6　Authorware 工作界面

（1）标题栏：显示 Authorware 应用程序图标、名称、Authorware 文件名以及最小化按钮、还原按钮（或最大化按钮）和关闭按钮。

（2）菜单栏：Authorware 的菜单栏中有 11 组菜单，分别是文件菜单、编辑菜单、查看菜单、插入菜单、修改菜单、文本菜单、调试菜单、其他菜单、命令菜单、窗口菜单和帮助菜单，提供 Authorware 所有命令。

（3）工具栏：工具栏包含一系列工具按钮，每个工具按钮都对应一个使用频繁的菜单命令。

（4）图标箱：图标箱中有 14 个图标、2 个调试旗和 1 个调色板。图标是构建 Authorware 程序的基本元素，调试旗用于调试程序，调色板可以为选中的图标添加颜色，如图 4-7 所示。

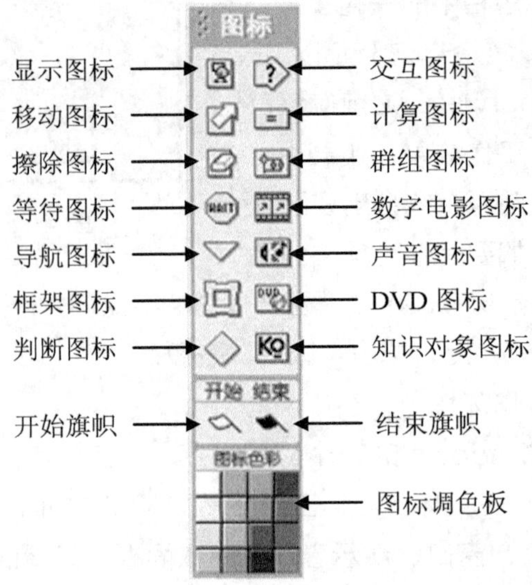

图 4-7　图标箱

显示图标：创建并显示文本与图形，或引入并显示文本与图像。

移动图标：移动显示图标与交互图标中的文本、图形、图像、视频、动画等显示对象，产生运行效果。

擦除图标：擦除显示图标与交互图标中的文本、图形、图像、视频、动画等显示对象。

等待图标：在程序中建立等待。

导航图标：在程序中建立跳转。

框架图标：建立页面查询及管理的框架程序结构。

判断图标：建立分支程序结构。

交互图标：建立交互程序结构，还具有显示图标的功能。

计算图标：用于编写程序代码。

群组图标：将多个图标组合成一个图标，减少流程线的长度。

数字电影图标：引入并播放视频和 Director 影片等，简称电影图标。

声音图标：引入并播放声音。

DVD 图标：控制 DVD 设备的播放。

知识对象图标：创建知识对象。

开始旗帜：调试程序时设置运行的起始位置。

结束旗帜：调试程序时设置运行的结束位置。

图标调色板：设置图标的颜色。

（5）设计窗口：设计窗口是编辑 Authorware 程序的主要窗口，如图 4-8 所示，将图标箱中的图标拖到设计窗口中，即可构建 Authorware 程序。程序的主要流向由主流线表示，其他流向由支流线表示。这种由图标和流向组成的流程图式的程序结构，清晰地表达了设计思想和执行过程，这是 Authorware 程序最突出的特点。

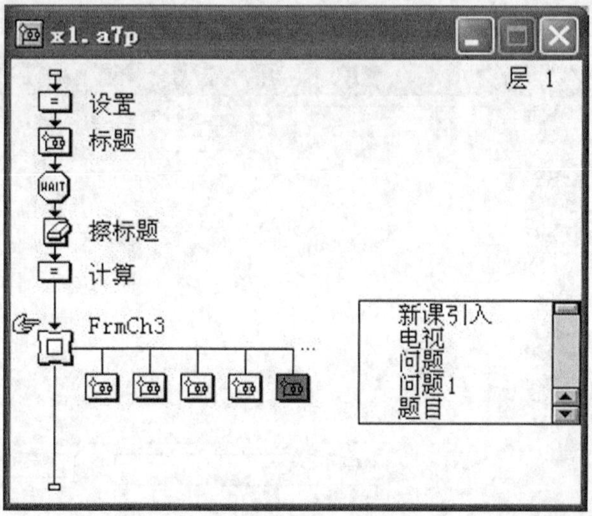

图 4-8 设计窗口

（6）属性面板：Authorware 程序的每一个图标，都有其特有的功能和属性。通过属性面板，可以对图标的功能和属性进行设置。

（7）演示窗口：该窗口可以演示程序运行结果，也可以执行编辑操作。在默认状态下，演示窗口大小设置为 640×480，并带有标题栏和菜单栏。执行“修改→文件→属性”命令，可以打开当前文件“属性：文件”对话框，如图 4-9 所示，在这里对演示窗口进行设置。

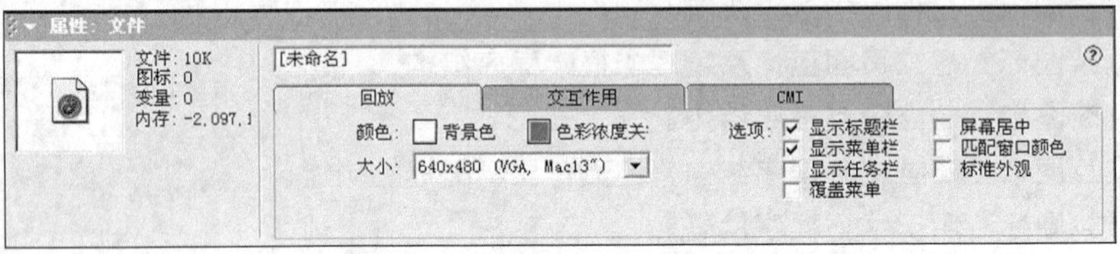

图 4-9 “属性：文件”对话框

3．创建 Authorware 文件

在 Authorware 中，可以通过以下方法建立新文件。

（1）在 Authorware 启动成功后，会自动弹出新建文件对话框，如图 4-1 所示，然后选择一种知识对象创建新文件。如果不需要通过知识对象创建文件，单击“取消”或“不选”按钮，系统会建立一个空白的 Authorware 文件。

（2）在 Authorware 编辑状态下，执行“文件→新建→文件”命令或单击工具栏中的“新建”按钮来创建。

4．保存 Authorware 文件

对创建与编辑的 Authorware 文件要随时进行保存，以免丢失工作成果。

（1）第一次保存文件或以不同的文件名存储同一个文件时，我们通常可以选择“文件→另存为”命令，在弹出的对话框中为文件指定存储路径和文件名，然后单击“保存”按钮，如图 4-10 所示。

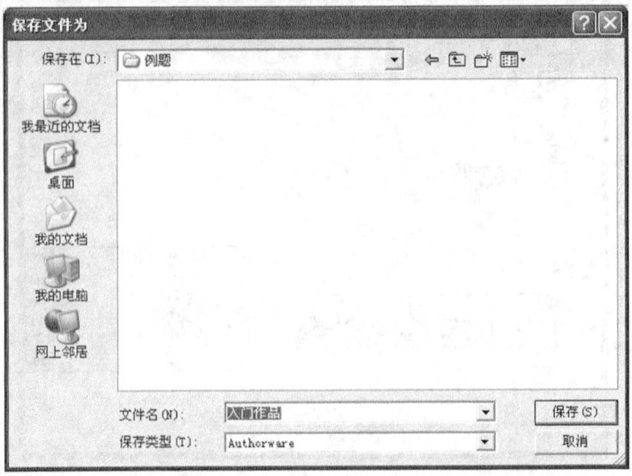

图 4-10 保存文件对话框

（2）对已保存过的文件，如不改名，执行“文件→保存”命令。

5. 打开 Authorware 文件

对已编辑过的文件要进行修改，就要打开相应的文件。

（1）在 Authorware 编辑状态下，执行“文件→打开→文件……”命令，弹出选择文件对话框，如图 4-11 所示，选中文件名后，单击“打开”按钮。

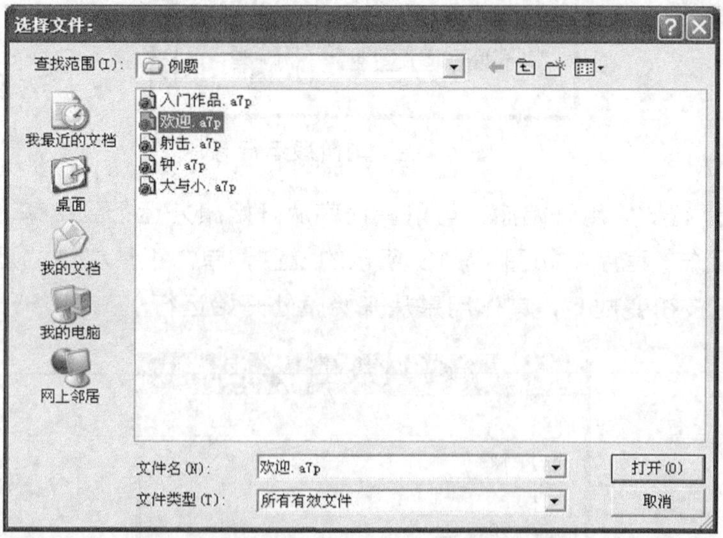

图 4-11　选择文件对话框

（2）直接双击 Authorware 应用程序的文件图标。

6. 关闭 Authorware 文件

如果想结束对当前应用程序的编辑，编辑其他应用程序，则可以先关闭当前文件窗口，而不退出 Authorware 软件。执行“文件→关闭”命令。

7. Authorware 程序的运行

（1）常规运行

通常运行 Authorware 程序的操作非常简单，就是从头运行和停止运行。

① 从头运行。无论 Authorware 程序处于什么状态，只要单击工具栏中的“运行”按钮，或执行“调试→重新开始”命令以及按快捷键 Ctrl+R，程序都将从头开始运行。

② 停止运行。当程序处于运行状态时，在设计窗口空白处单击鼠标，就可以停止程序的运行，进入编辑状态。

（2）调试运行

使用图标箱中的开始旗与结束旗，可以分阶段运行程序，从而调试程序。根据调试的要求不同，分为前阶段运行、后阶段运行、中间阶段运行 3 种形式。

① 前阶段运行。使用结束旗，可以使程序从头运行到结束旗处。例如，将结束旗插在（拖放操作）程序中如图 4-12 所示的位置，单击工具栏中的运行按钮，程序运行到结束旗处停止。

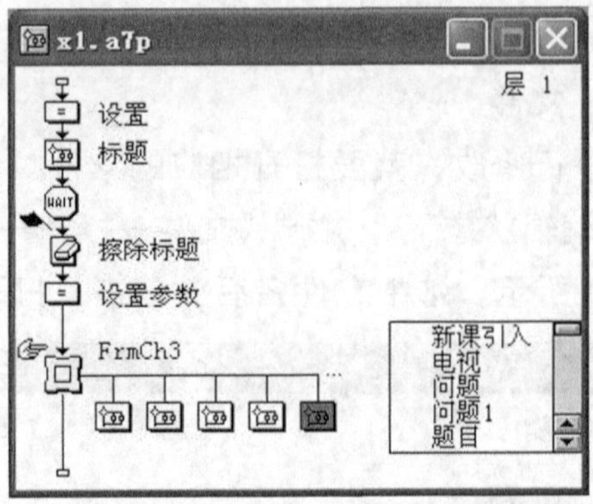

图 4-12　前阶段运行

② 后阶段运行。使用开始旗，可以使程序从开始旗处运行到结束。例如，将结束旗插在（拖放操作）程序中如图 4-13 所示的位置，单击工具栏中的运行按钮（使用开始旗后，运行按钮变成，其作用是从开始旗处开始运行）。

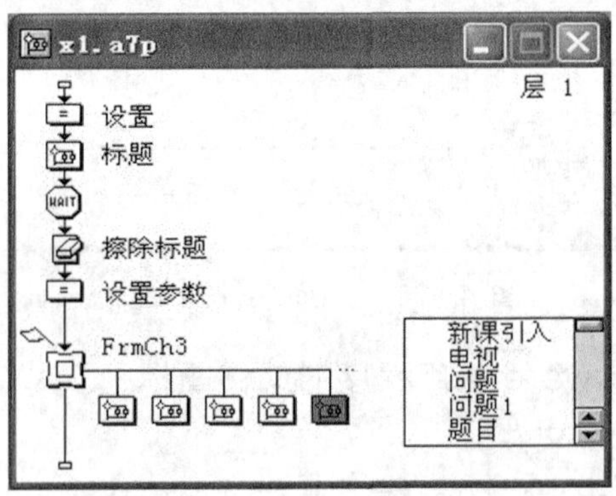

图 4-13　后阶段运行

③ 中间阶段运行。使用开始旗与结束旗，可以使程序从开始旗处运行到结束旗处，例如，将开始旗与结束旗分别插在（拖放操作）程序中如图 4-14 所示的位置，单击工具栏中的运行按钮（使用开始旗后，运行按钮变成，其作用是从开始旗处开始运行）。

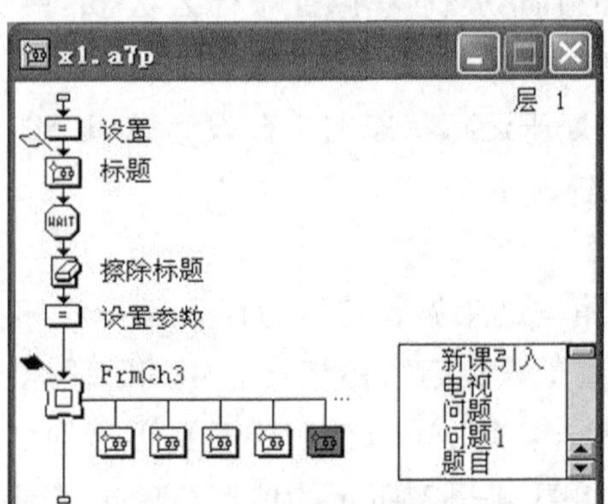

图 4-14　中间阶段运行

（3）控制运行

单击工具栏中的“控制面板”按钮，可以打开图 4-15 所示的控制面板。使用控制面板中的工具按钮，可以更加全面和细致地调试和运行程序。控制面板的跟踪运行功能，可以跟踪所执行的每一个图标，使程序运行过程一目了然。

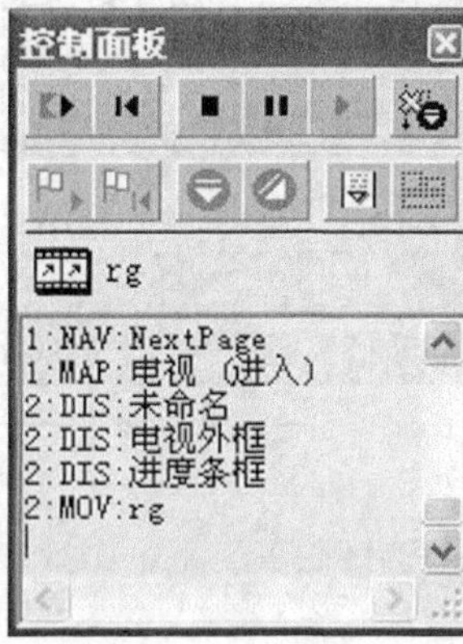

图 4-15　控制面板

4.2　素材的导入及其图标使用

Authorware 课件中的大多数素材，都以链接方式引用外部素材，而一些简单的素材也可以在 Authorware 内部创建，但其功能很有限，本节主要学习在 Authorware 中导入各种素材（包括创建“文字”和“图形”内部素材，及各种外部素材），并进行相应的设置的方法。

4.2.1　文字素材的导入及设置

【学习目标】

掌握 Authorware 中文本的添加和处理的方法。

【动手案例】

例题 4-1　为“认识动物”课件添加标题文字。

【基础知识】

多媒体课件中文本是最基本的表现形式及重要的元素之一，文本有标题文本和描述文本，在 Authorware 内部创建的文本，主要是要求不高的标题文本和篇幅不大的描述文本，对有较高要求的标题文本和篇幅较大的描述文本，还是要引用外部文本素材。文本一般出现在显示图标或在交互图标之中。

【操作步骤】

（1）新建一个 Authorware 程序，以“认识动物.a7p”为文件名保存。

（2）从图标箱拖入“显示图标”并更改图标名为“标题”。双击“标题”显示图标将其打开，出现工具箱，选择工具箱中的文本工具A，在演示窗口中需要录入文字的地方单击，出现一条编辑线，此时输入“认识动物”文字，再选择工具箱中的选择工具，脱离文本输入状态，设置文本的格式为黑体，字号为 36 号，调整文本的位置，并将文本颜色设置为红色。用同样的方法制作如图 4-16 所示的其他文本。

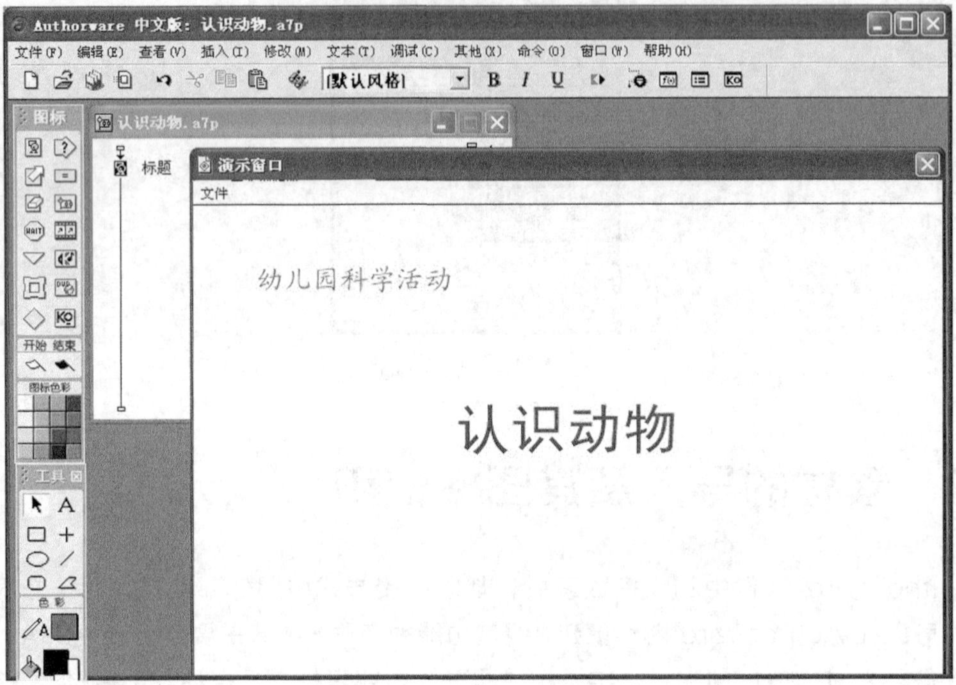

图 4-16　添加标题文字

（3）执行“文件→保存”命令，将所做工作成果保存。

【知识拓展】

1. 引用外部文本素材

虽然 Authorware 内部可以创作文本，但是如果所使用的文本篇幅较大且数量多，还是应首先使用文字编辑软件对文字进行录入，在 Authorware 编辑时，再去引用准备好的外部文本。一般有以下方法：粘贴文本、导入文本和拖入文本。

（1）粘贴文本

粘贴文本的方法是先将文本文件的内容复制到系统剪贴板中，再将其粘贴到 Authorware 的显示图标或交互图标中。如果是其他文字编辑软件，在粘贴文本时会出现文本导入对话框。例如，从 Word 中复制文本粘贴到 Authorware 中，弹出如图 4-17 所示的对话框。在 RTF 导入对话框中，如果选择“忽略”，则忽略文本中的分页符，将全体文本复制粘贴到同一个显示图标中；如果选择“创建新的显示图标”，则为每一页文本分别建立显示图标；如果选择“标准”，则粘贴的文本就不带滚动窗口，选择“滚动条”，所粘贴的文本就带有滚动窗口。

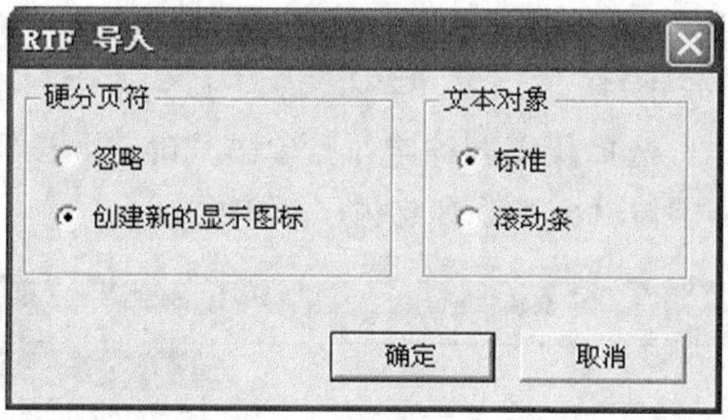

图 4-17　RTF 导入对话框

（2）导入文本

导入文本的方法是通过导入文本对话框导入文本，自动建立文本内容的显示图标。执行“文件→导入和导出→导入媒体”命令（或单击工具栏中的导入按钮），弹出如图 4-18 所示的导入哪个文件对话框，选择导入文件后，单击“导入”按钮，会弹出图 4-17 所示的 RTF 导入对话框。在 RTF 导入对话框中，如果选择“忽略”，则忽略文本中的分页符，将全体文本导入到同一个显示图标中；如果选择“创建新的显示图标”，则为每一页文本分别建立显示图标；如果选择“标准”，则导入的文本就不带滚动窗口，选择“滚动条”，所导入的文本就带有滚动窗口。

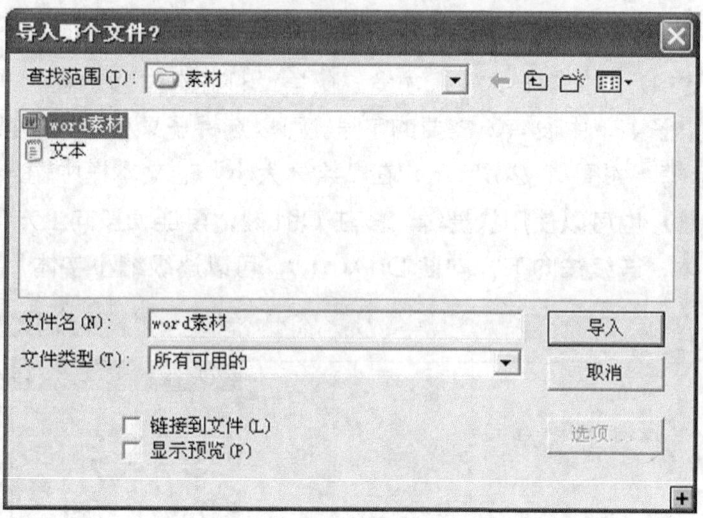

图 4-18　导入哪个文件对话框

（3）拖入文本

拖入文本的方法是在资源管理器中直接将文本文件的图标拖到 Authorware 的设计窗口中，建立一个与文本文件名称相同的显示图标。

2．文本的格式化

（1）文本的字体

选中文本后，执行“文本→字体”命令，在弹出的字体子菜单中选择所需要的字体，如果字体子菜单中没有所需要的字体，可以选择子菜单中的“其他”选项，打开“字体”对话框，如图 4-19 所示，在“字体”的下拉列表中列出了当前系统中已安装并可以使用的所有字体，选择所需要的字体，单击“确定”按钮。通过字体对话框选择了某种字体后，这种字体就会出现在字体子菜单中。

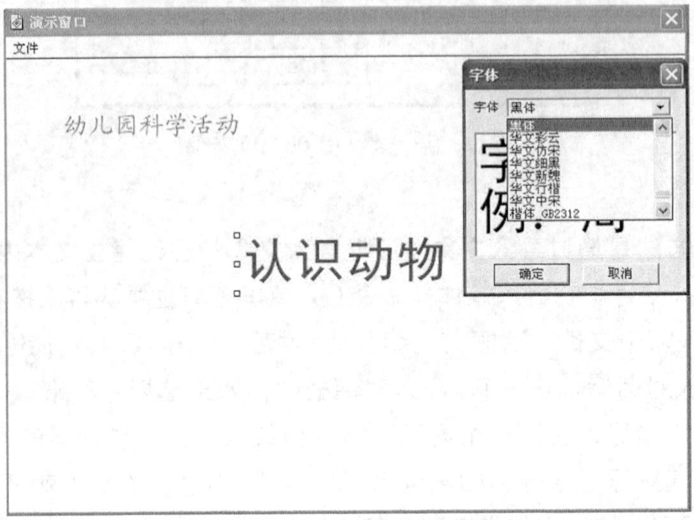

图 4-19　通过字体对话框设置字体

（2）文本的大小

选中文本后，执行“文本→大小”命令，在弹出的字体大小子菜单中选择所需要的字号，如果字体大小子菜单中没有所需要的字号，可以选择子菜单中的“其他”选项，打开“字体大小”对话框，如图 4-20 所示，在“字体大小”的文本框中输入所需要的字号，单击“确定”按钮。也可以使用快捷键，按住 Ctrl 键，再连续按向上方向键 UpArrow，可以逐级加大字体，连续按向下方向键 DnArrow，可以逐级缩小字体。

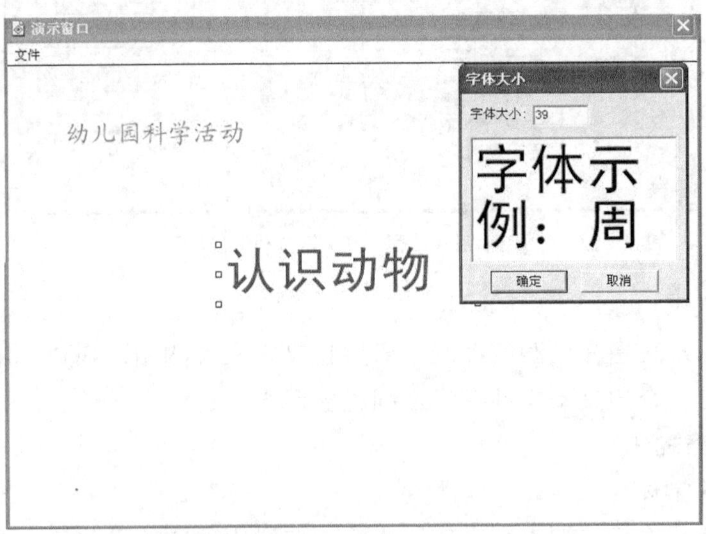

图 4-20　通过字体大小对话框设置字体大小

（3）文本的风格

执行“文本→风格”菜单，弹出文本风格子菜单，包括常规、加粗、倾斜、下画线、上标、下标六种风格，Authorware 默认的字体风格是常规，这些风格除了上标、下标两种风格外，其他都是可以混合使用的。

（4）文本的颜色

选中文本，单击工具箱中的边框字体颜色设置工具，在弹出的颜色对话框中选择合适的字体颜色。

（5）消除文本锯齿

当文本的字体扩大时，在文本的周围会产生明显的锯齿现象，影响了 Authorware 内部文字的实用锯齿性，针对这种现象从 Authorware5.0 开始，Authorware 提供了消除文本锯齿的功能，可以将文本与背景更好地融合为一体，使文本的边缘显得更加柔滑。

3. 显示控制

多媒体课件中的每一个素材的显示过程都是一个出现、停留和消失的过程。使用特效过渡，可以使素材逐渐出现；使用等待，可以使素材停留一定的时间；使用擦除，可以使素材消失。

（1）建立特效过渡

使用特效过渡效果，可以使对象逐渐出现，文本、图形、图像、GIF 动画、Flash 动画都可以设置特效过渡效果。

选中要设置特效过渡效果的显示图标，执行“修改→图标→特效”命令或单击右键打开右键菜单，执行其中的“特效”命令，打开如图 4-21 所示的“特效方式”对话框，选择合适的特效方式即可。

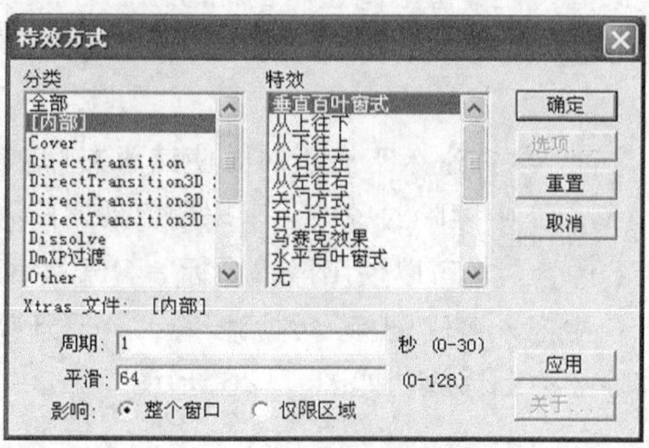

图 4-21 特效方式对话框

分类：列出过渡效果的类型，默认为“内部”。

特效：列出所选分类中包含的所有过渡效果。

周期：设置显示过渡效果的时间，以秒为单位，最大不能超过 30 秒。

平滑：设置显示过渡效果的平滑程度，0 表示最平滑。数值越大，平滑效果越差。

影响：设置过渡效果影响的区域。选择“整个窗口”，则影响整个窗口，选择“仅限区域”，则影响对象所在区域。

重置：将设置的“周期”“平滑”“影响”参数恢复为默认值。

选项：设置过渡效果的详细参数，如果分类选择为“内部”，则该按钮为不可选状态。

Xtras 文件：特效文件路径。

（2）等待图标的使用

在 Authorware 课件中，可以使用等待图标在程序中需要的地方建立停留等待。

从图标箱中拖入等待图标到流程线上，打开等待图标的属性面板，如图 4-22 所示，可以设置各种解除停留的方法。

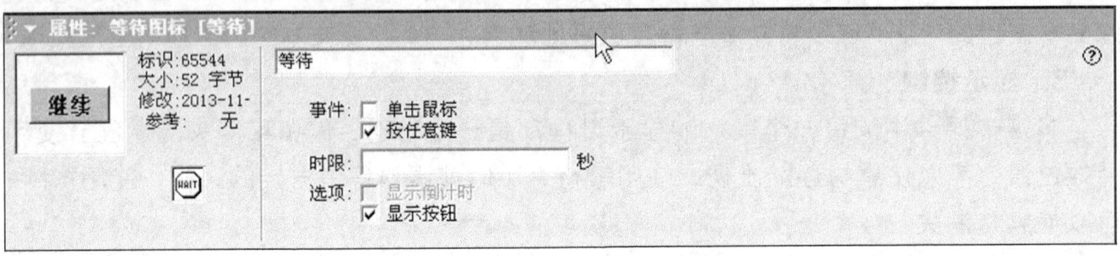

图 4-22　等待图标属性面板

鼠标解除：选中“单击鼠标”复选框，通过单击鼠标解除停留。

键盘解除：选中“按任意键”复选框，通过按任意键解除停留。

按钮解除：选中“显示按钮”复选框，通过单击“继续”按钮解除停留。

时间解除：在“时限”文本框中输入时间，达到限制时间后自动解除停留，如果选中“显示倒计时”复选框，在停留期间显示倒计时钟。

综合解除：可以同时选择两个以上的解除方法，通过任何一种方法都能解除停留。

（3）擦除的使用

演示窗口的对象，有时要求在进入下一页时要使其消失，这就是使用 Authorware 的擦除功能。在 Authorware 中擦除对象，可以采用自动擦除，即利用图标的擦除属性擦除先前图标所显示的内容，也可以使用擦除图标，擦除指定图标所显示的内容。其操作方法为：从图标箱中拖入擦除图标到流程线上，打开擦除图标的属性面板，将要擦除的图标拖到擦除图标上释放，如图 4-23 所示。

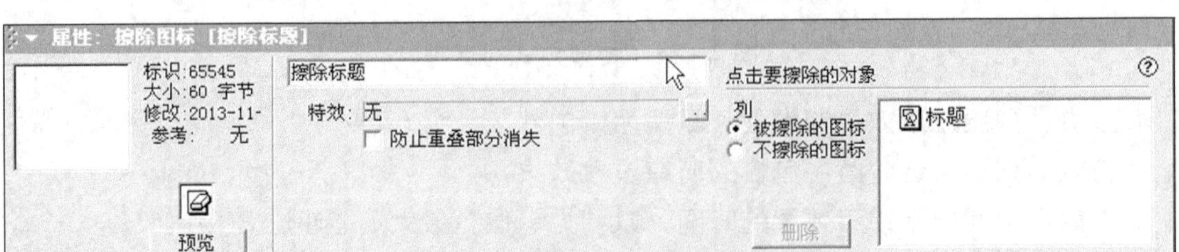

图 4-23　擦除图标属性面板

4.2.2 图形图像的导入及设置

【学习目标】

掌握图形素材的创建及其设置方法，掌握图像素材的导入及其设置方法。

【动手案例】

例题 4-2 为“认识动物”课件标题添加背景。

【基础知识】

图形与图像也是 Authorware 多媒体课件制作中的一种最重要的素材，在 Authorware 内部只能绘制一些简单的图形，课件中的图像素材需要从外部导入，从而使多媒体课件丰富多彩，生动形象，图形图像的添加与编辑都在显示图标或交互图标中进行。

Authorware 支持多种图像格式，如 BMP、JPG、TIF、GIF、PSD 等。

在 Authorware 中可以通过显示图标或交互图标附带的“工具箱”来绘制图形，如直线、矩形、椭圆、多边形等矢量图形，还可以对矢量图形进行如边框、填充、显示模式等属性设置。

【操作步骤】

（1）打开“认识动物.a7p”应用程序。

（2）拖曳一个显示图标到流程线上，放在“标题”图标之前，将其命名为“标题背景”，并双击打开该显示图标。

（3）执行“插入→图像”命令，弹出如图 4-24 所示的对话框。单击对话框中的“导入”按钮，选择图像并导入，如图 4-25 所示，选择相应的图像文件并导入。

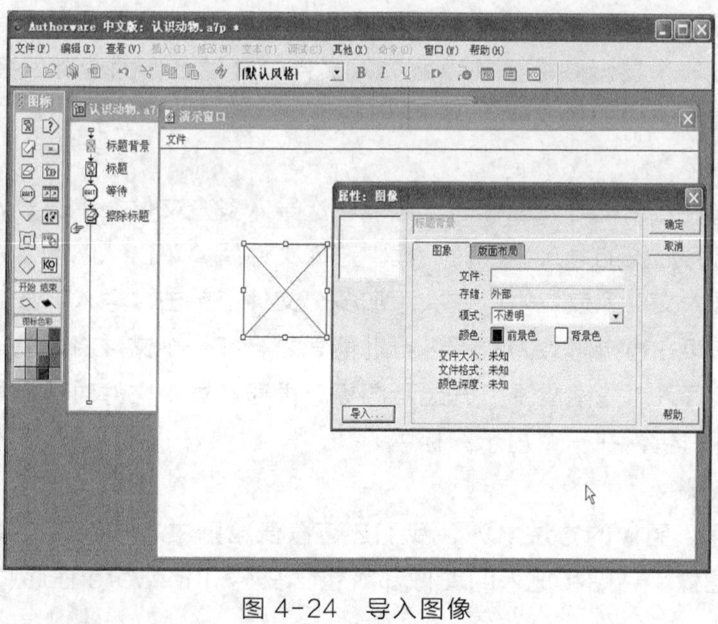

图 4-24 导入图像

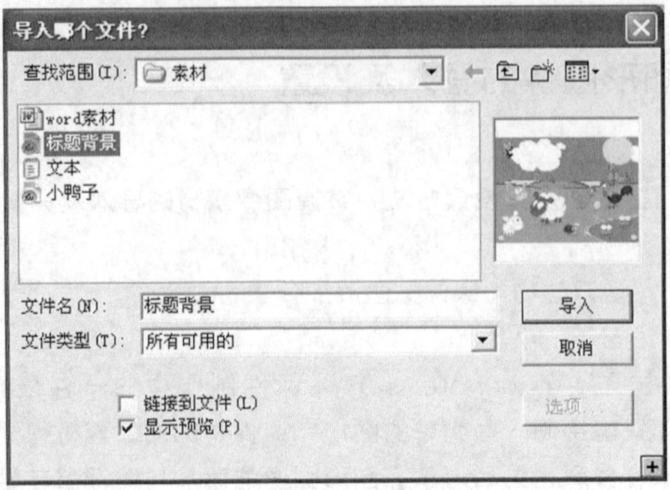

图 4-25　导入哪个文件对话框

（4）调整图像的大小，让其充满窗口。

（5）执行“文件→保存”命令，保存所有操作。

【知识拓展】

1. 导入图像的其他方法

图像的导入还可以有其他的方法，下面一一介绍。

（1）直接导入

直接导入的方法是直接通过“导入和导出”命令或工具栏上的“导入”按钮，启动文件导入对话框导入图像，自动建立包含图像内容的显示图标。操作步骤如下。

执行“文件→导入和导出→导入媒体”命令或单击工龄栏上的“导入”按钮，打开导入文件对话框，如图 4-25 所示。在这里可以选择“显示预览”复选框，选择“素材”文件夹中的图像文件“小鸭子.jpg”，单击“导入”按钮，关闭对话框。这时自动在设计窗口建立一个显示图标，并以所导入文件的文件名作为图标的名称，双击小鸭子图标可以查看导入的图像文件。

（2）批量导入

通过导入文件对话框导入图像时，可以一次导入多个文件，单击导入文件对话框右下角的加号，打开加长的导入文件对话框，选择文件后，单击“添加”按钮可以将所选的文件加入“导入文件列表”中，依次添加多个文件，单击“导入”按钮，即可一次导入多个文件。如果在直接导入方式下进行批量导入，那一个文件将建立一个显示图标；如果是通过间接导入（先建立并打开显示图标，再通过导入文件对话框导入图像文件），则所在的文件同时包含在一个显示图标中。

（3）复制粘贴

除了以上导入图像的方法之外，我们还可以像粘贴文本与拖入文本一样，进行粘贴图像和拖入图像，粘贴和拖入的图像都将包含在 Authorware 程序中。

2. 设置图像

（1）设置显示模式

导入图像后，显示模式的设定在很大程度上影响课件的显示效果，通过显示模式的设置，我们可以去除显示对象中的白色背景，以免遮挡背景图像或背景颜色。

打开“认识动物.a7p”程序，可以清楚地看到“认识动物”文字的白色背景，如图 4-26 所示。双击“认识动物”文字，打开工具箱，单击“模式”区域，打开模式面板。可以看到当前对象的显示模式为“不透明”，这是默认显示模式。

图 4-26　不透明显示模式

遮隐：这种模式对绘制图形与文字所起的作用与不透明模式相同，对于图像来说，将会去除外轮廓之外的白色背景，但图像内轮廓之内的白色背景仍然存在。

透明：这种模式下，对象中所有的白色背景都被去除。

反转：这种模式下，对象将以反色显示，最终它们显现什么颜色与其下方对象或演示窗口的背景色有关。

擦除：这种模式下，对象的背景色变为透明，前景色和线条色所在区域变为演示窗口背景色。

阿尔法：这种模式下，对象中的白色背景都被去除，且去除效果更好，但是要求对象中必须包含 Alpha 通道才能有效果。

6 种显示模式如图 4-27 所示。

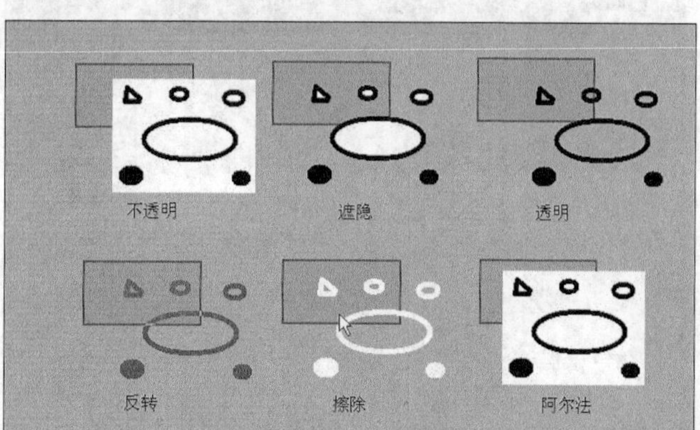

图 4-27　6 种显示模式

（2）设置显示层次

当多幅图像（或其他显示对象）同时显示并且相互遮挡时，需要考虑和处理前后关系问题。图像的前后关系可以由相应图标在程序中出现的顺序决定，也可以通过设置显示层次来决定。

（3）设置排列方式

显示图标能显示多个对象，当同时选择两个或两个以上的对象时，可以通过执行“修改→排列”命令，对选择的对象进行排列，如图 4-28 所示。Authorware 7.0 提供了 8 种对齐排列方式。

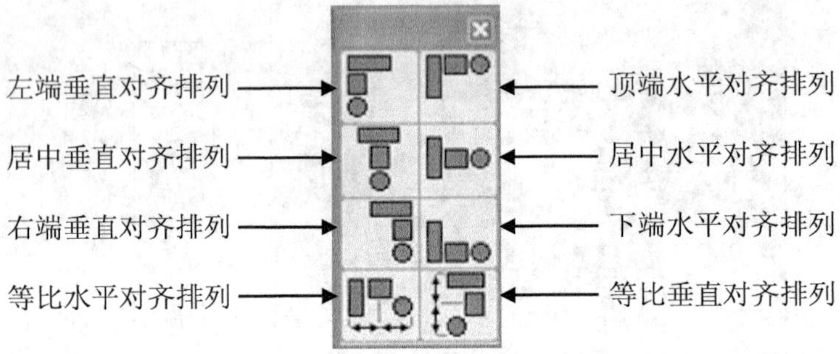

图 4-28　多对象分布与对齐方式

3. 绘制图形

在 Authorware 7.0 中可以手工绘制各种图形，如直线、折线、多边形、矩形、正方形、椭圆、圆、圆角矩形、圆角正方形，并可以设置图形的线宽、线型、颜色和填充方式。建立并打开显示图标或者交互图标后，就能绘制图形了。

（1）特殊方向的直线

利用工具箱中的直线工具+可以绘制水平线、垂直线和 45° 角斜线。

将光标置于演示窗口中直线的起始处，按下鼠标左键后向任意方向拖曳，释放鼠标后，将可根据拖曳方向自动生成呈 0°、45°、90°、135°、225°、315° 或 360° 的直线段，如图 4-29 所示。

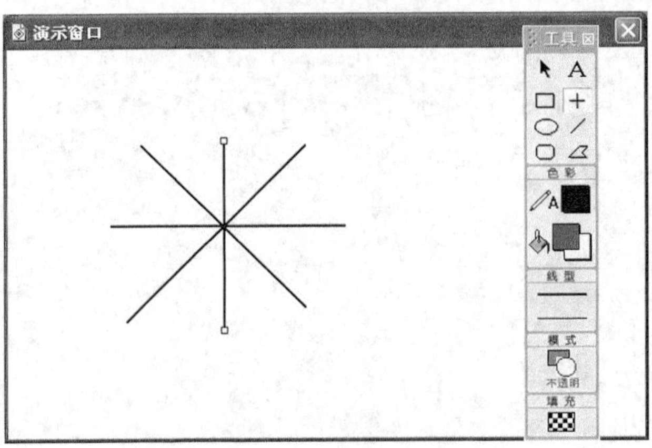

图 4-29　绘制特殊方向直线

直线段绘出后或用选择工具选择后呈编辑状态。拖曳两个端点的句柄，可以调整直线的长度与方向。

（2）任意方向的直线

利用工具箱中的斜线工具⁄可以绘制任意角度的斜线，如图 4-30 所示。其绘制方法与绘制特殊方向的直线相同。区别仅在于所绘直线方向有所不同。如果按下 Shift 键后再绘制，那画出的就是特殊方向的直线。

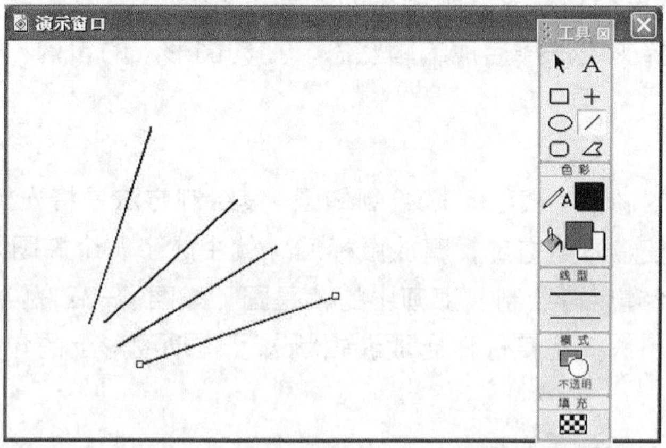

图 4-30　绘制任意方向的直线

值得注意的是使用直线工具与斜线工具一次只能绘制一条直线。

（3）折线与多边形

利用工具箱中的多边形工具可以绘制多边形。其绘制方法是在演示窗口中图形的起始处单击，移动鼠标后再单击，生成一条直线段，移动鼠标后，再单击，又生成一直线段……到图形的终止点，双击鼠标，生成最后一条直线，完成绘制折线，如果起始点与终止点重合，就能生成封闭多边形，如图 4-31 所示。

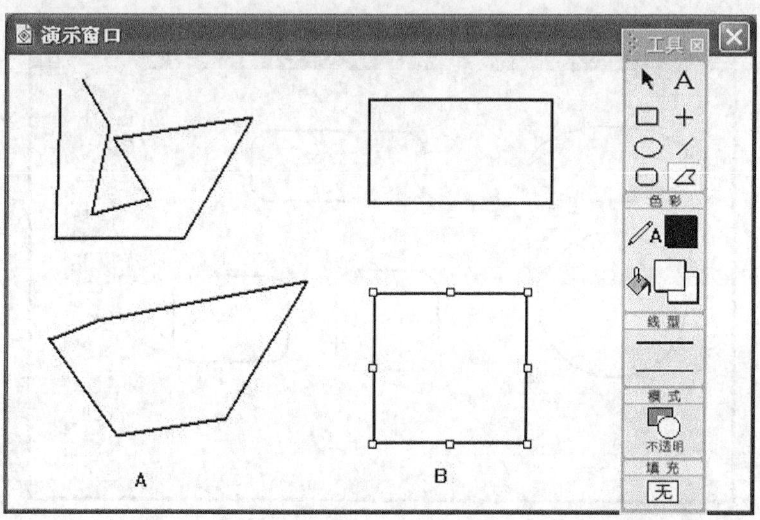

图 4-31　绘制折线多边形、矩形和正方形

折线绘出后或用选择工具选择后成编辑状态。起始点、终止点和中间点都可以被拖动，从而改变图形的形状。

（4）矩形与正方形

选择工具箱中的矩形工具□可以绘制矩形。其绘制方法是在演示窗口中将光标置于矩形的顶点处，按下鼠标左键后向任意方向拖曳，释放鼠标后，就绘制了一个矩形，如图 4-31 的 B 所示。

如果按下 Shift 键后再绘制，那画出的就是正方形。

绘出后或用选择工具选择后成编辑状态。拖动图形上的句柄，可以改变矩形的形状与大小。

（5）椭圆与圆

选择工具箱中的椭圆工具○可以绘制椭圆。其绘制方法是将光标置于演示窗口中，按下鼠标左键后向任意方向拖曳，释放鼠标后，就生成了一个椭圆。

如果按下 Shift 键后再绘制，那画出的就是圆，如图 4-32 的 A 所示。

椭圆绘出后或用选择工具选择后成编辑状态。拖动图形上的句柄，可以改变椭圆的形状与大小。

（6）圆角矩形与圆角正方形

选择工具箱中的圆角矩形工具▢可以绘制圆角矩形。其绘制方法是将光标置于演示窗口中，按下鼠标左键后向任意方向拖曳，释放鼠标后，就生成了一个圆角矩形。

如果按下 Shift 键后再绘制，那画出的就是圆角正方形，如图 4-32 的 B 所示。

圆角矩形绘出后呈编辑状态。在左上方圆角处有一个圆角句柄，拖动这个句柄，可以改变圆角矩形的圆角的弧度。

圆角矩形用选择工具选择后也能呈编辑状态。拖动图形上的句柄，可以改变圆角矩形的形状与大小。

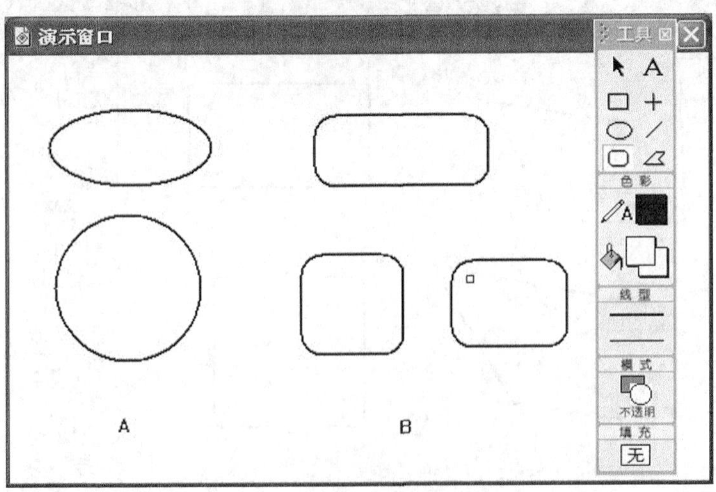

图 4-32　椭圆与圆角矩形的绘制

（7）线宽与线型

选中图形后，单击工具箱中的“线形”区域可以打开线宽和线型面板，面板的上半部分有 5 种线宽，分别是 0 号～4 号线宽，如果选择 0 号，则图形不可见。

下半部分是 4 种线型，分别是无箭头、终点箭头、始点箭头和两端箭头，这些线型只能用于直线。选中直线后，选择某一种线型，即可将所选择直线设置成相应的线型。

（8）图形的颜色

设置图形的颜色有设置图形线条的颜色与设置图形的填充颜色两种。

如果要对图形的线条设置颜色，选中图形后，单击工具箱中“色彩”区域的“图形与文本色块”按钮，打开颜色面板，在“颜色”列表框中选中一种颜色，那所选图形的线条就变成该颜色。

如果对图形内部进行颜色的填充，则在选中图形后，单击工具箱中“色彩”区域的“填充颜色工具”按钮，打开颜色面板，在“颜色”列表框中选中一种颜色，那所选图形的内部就全部填充成该颜色。

（9）图形的填充方式

选中绘制的图形，在工具箱中单击“图形填充工具”按钮，弹出“图形填充”列表框。在列表框中选择一种填充类型，即可改变图形的前景填充类型，这时单击工具箱中“色彩”区域的“填充颜色工具”按钮的前景颜色设置，可改变填充类型的前景色，单击背景色，则改变其背景色。

4. 插入 OLE 对象

执行“插入→OLE 对象”，会弹出“插入对象……”对话框，如图 4-33 所示。

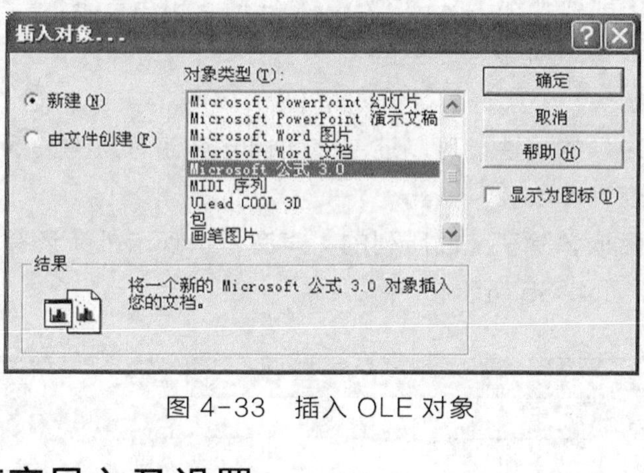

图 4-33 插入 OLE 对象

4.2.3 声音导入及设置

【学习目标】

掌握声音素材的添加及其设置方法。

【动手案例】

例题 4-3 为“认识动物”课件添加背景音乐。

【基础知识】

Authorware 作品中常常使用声音素材，使用声音素材能使课件增色不少。但是使用的声音素材得从外部引入。

在 Authorware 中可以使用声音图标来加载和播放声音。Authorware 支持多种声音格式，如 WAV、MP3、AIFF、PCM、VOX、SWA 等。

【操作步骤】

（1）打开 Authorware 程序“认识动物.a7p”。

（2）从图标箱中拖曳一个声音图标到流程线上，并取名为“背景音乐”。

（3）双击“背景音乐”声音图标，打开其属性面板，如图 4-34 所示。

图 4-34　声音图标属性面板及声音选项卡

（4）单击属性面板上的“导入”按钮，打开导入文件对话框，导入声音文件。导入声音文件后，在属性面板的“声音”选项卡中可以看到各种声音信息，如声音的文件名、存储属性（内部或外部）文件大小、文件格式和声音参数等。

（5）运行程序，播放所导入的声音。

【知识拓展】

通过设置声音对象的属性，可以控制该图标与其他对象的关系，以及声音在课件中的播放次数与速度等参数。

声音图标属性面板，除了上面所列的“声音”选项卡外，还有一个重要的选项卡“计时”选项卡，如图 4-35 所示。

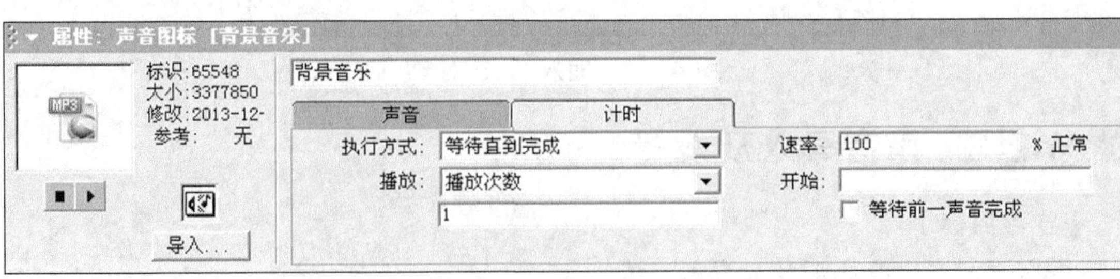

图 4-35　声音图标属性面板及计时选项卡

“速率”文本框：设置声音的播放速率。默认速率为 100%，即正常速率。

“执行方式”下拉列表：设置声音与其他对象运行的同步关系。

该列表的默认选项是“等待直到完成”，即直到声音播放完毕后再执行后续图标。

“同时”选项指在播放声音的同时，继续执行后续图标。

“永久”选项指“开始”文本框中的条件满足时，则开始播放声音，同时程序继续执行后续图标。

“播放”下拉列表及其下方文本框用于设置声音的播放次数，默认播放次数为 1。

“播放”下拉列表的另一选项是“直到为真”，选择该选项后，可以由下方文本框中所给出的表达式的逻辑值决定是否播放声音，以及如何停止播放声音。

4.2.4 引用视频及设置

【学习目标】

掌握课件中视频的引用及其属性设置方法。

【动手案例】

例题 4-4 为“认识动物”课件添加视频。

【基础知识】

在 Authorware 作品中可以方便地插入多种类型的视频文件，视频文件的使用使课件更加形象生动，富有感染力。但是使用的视频素材不仅要从外部引入，并且只能链接于程序之外。

在 Authorware 7.0 中通过数字电影图标来加载和播放视频。Authorware 7.0 可支持多种数字电影格式，最常用的有 AVI、MPG、MOV、FLC/FLI、DIR 等。

【操作步骤】

（1）打开 Authorware 程序“认识动物.a7p”。

（2）从图标箱中拖曳一个数字电影图标到流程线上，建立数字电影图标并命名为“小狗”。

（3）双击“小狗”数字电影图标，打开其属性面板，如图 4-36 所示。

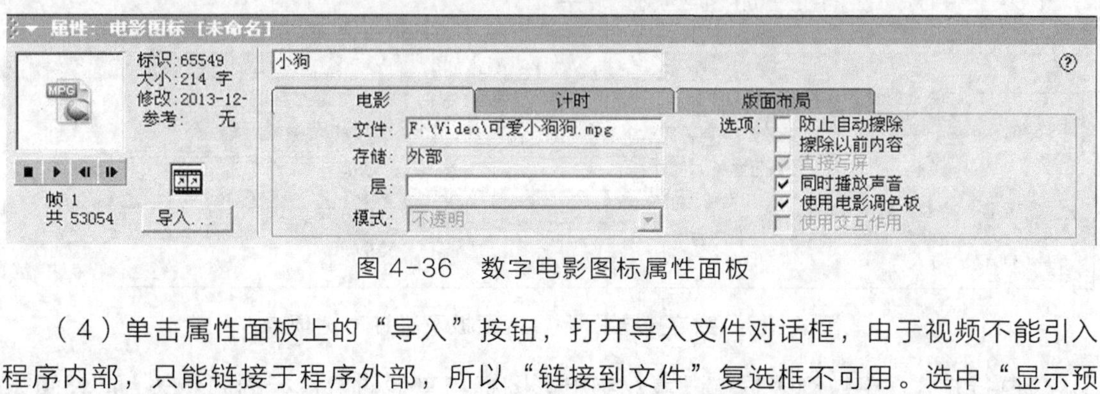

图 4-36 数字电影图标属性面板

（4）单击属性面板上的“导入”按钮，打开导入文件对话框，由于视频不能引入程序内部，只能链接于程序外部，所以“链接到文件”复选框不可用。选中“显示预览”复选框，选择“Video”文件夹下的视频文件“可爱小狗狗.MPG”，开始在预览窗口预演所选择的视频文件，如不能预览，则此文件无法导入。单击“导入”按钮，导入视频文件。

（5）调整视频画面的位置与大小。

（6）运行程序，播放所导入的视频。

【知识拓展】

1. 设置视频

导入视频后，可以通过属性面板设置各种视频属性。

数字电影图标属性面板上面的文本框用于显示和修改该数字电影图标的名称，左边预览框下的 4 个按钮 可用于控制电影的预览，分别为停止、播放、倒退一帧和前进一帧。还可以查看视频文件的当前帧和视频的总帧数。除此之外还包含电影、计时、版面布局 3 个选项卡。

（1）“电影”选项卡，如图 4-36 所示

“文件”文本框：显示视频文件的路径和文件名。

“存储”文本框：视频文件的保存方式，其属性为“外部”，不能为内部。

“层”文本框：设置视频文件播放画面的层次，但此处设置没有实际意义，因为视频总是显示在其他对象的前面。

“模式”列表框：设置视频文件的覆盖模式，视频文件的显示模式为“不透明”，不能为其他显示模式。

“选项”提供了视频文件在多媒体课件运行过程中的 6 种显示模式。

防止自动擦除：该视频不会被其他图标自动擦除。

擦除以前内容：播放视频之前，将以前的图标所显示的内容擦除。

直接写屏：总是以显示在最前面的方式播放视频文件，因视频文件播放总是显示在其他对象之前，此复选项不可选择。

同时播放声音：播放视频时，是否播放视频中的声音。

使用电影调色板：使用数字电影的调色板代替 Authorware 7.0 的调色板。

使用交互作用：因为视频中不包含交互，所以该复选框不可用。

（2）“计时”选项卡，如图 4-37 所示

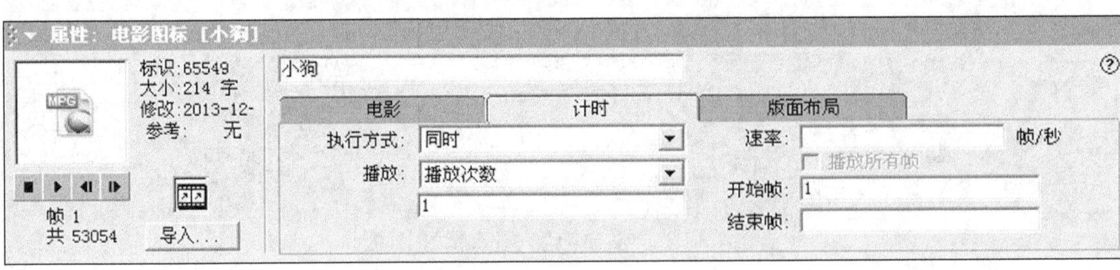

图 4-37 数字电影图标属性面板及其计时选项卡

“执行方式”下拉列表框：设置数字电影图标与其他对象运行的同步关系，设置方

法与声音图标相同，区别在于声音图标该项的默认设置是“等待直到完成”，而数字电影图标该项的默认设置是“同时”。

“速率”文本框：设置视频的播放速率。该文本框为空白时（默认设置），视频按其自身的播放速率进行播放。

“开始帧”和“结束帧”文本框：设置播放视频的哪一部分。默认设置是从视频的第一帧播放到最后一帧。

“播放”下拉列表框和下方文本框：设置视频播放的次数。设置方法与声音播放设置方法基本相同。区别在于视频的下拉列表中有一个“重复”选项，选择该选项，可以使视频重复播放。

（3）“版面布局”选项卡，如图 4-38 所示

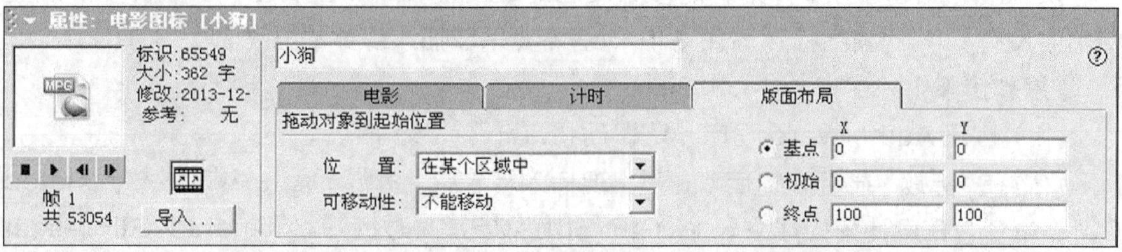

图 4-38 数字电影图标属性面板中的版面布局选项卡

该选项卡中的所有属性都是设置视频在课件中播放时所出现的位置和在指定范围内自动移动的位置。

“位置”下拉列表框：控制视频在课件的演示窗口中播放的位置，主要包括如下选项。

不改变：视频播放时画面一直在固定位置显示。

在屏幕上：视频播放时画面可以在屏幕的任意位置显示。

沿特定路径：视频播放时画面以在特定路径显示。

在某个区域中：视频播放时画面可以在某个区域的任意位置显示。

“可移动性”下拉列表框：控制视频在课件的演示窗口中的移动属性，主要包括如下选项。

不能移动：无法移动视频播放的画面。

在屏幕上：可以移动视频播放的画面，系统保护画面的完整性。

任何地方：可以移动视频播放的画面，系统不保护画面的完整性。

2. 预览导入的视频文件

完成导入视频文件后，预览视频有两种方法：一种是单击“数字电影”图标属性面板中的“播放”按钮进行预览；另一种是在电影图标上单击鼠标右键，在弹出的快捷菜单中单击“预览”命令。

4.2.5 GIF 动画的添加及设置

【学习目标】

掌握 GIF 动画的添加及设置方法。

【动手案例】

例题 4-5 为“认识动物”课件添加 GIF 动画。

【基础知识】

GIF 动画是基于位图的小型动画，一般都制作成幅面小、播放长度短、容量较小的文件，内容和形式生动活泼，在多媒体课件中起到点缀画面的作用。GIF 动画的网络资源极其丰富，可以很方便地下载和使用。

从 Authorware 5.1 开始就能够添加 GIF 动画到课件中去，但 Authorware 的图标箱中没有 GIF 动画图标，添加 GIF 动画需要采取插入媒体的方法。

【操作步骤】

（1）打开 Authorware 程序“认识动物.a7p”。

（2）在“标题”显示图标后双击，出现插入标志☞，执行“插入→媒体→Animated GIF”命令。在设计窗口建立一个 GIF 动画图标，同时打开 Animated GIF Asset Properties（GIF 动画属性）对话框，如图 4-39 所示。可以在 Import 文本框输入 GIF 动画的路径和文件名，或者单击“Browse”按钮，在“打开 GIF 动画文件”对话框中，选择相应的 GIF 动画文件（小鸟.GIF）。单击“打开”按钮，关闭对话框，返回 GIF 动画属性对话框，单击“OK”按钮，关闭对话框。

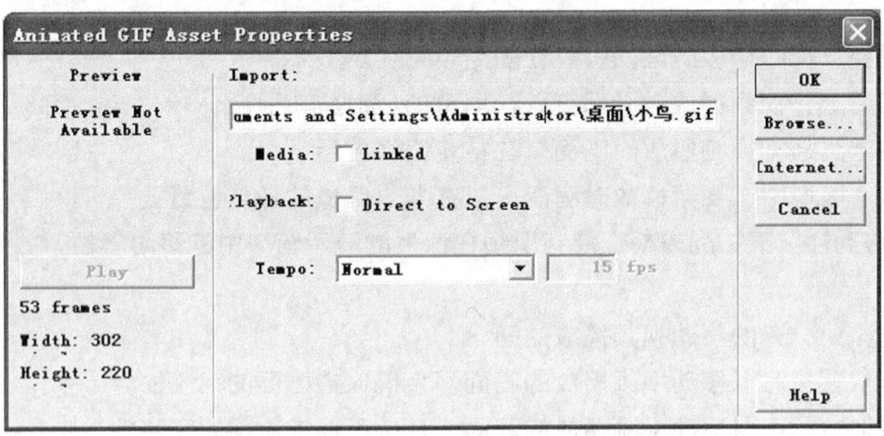

图 4-39 GIF 动画属性对话框

（3）运行程序，拖动“小鸟”至标题文字下方。

（4）执行“文件→保存”命令，保存所有操作。

【知识拓展】

插入 GIF 动画后，可以通过 GIF 动画属性面板和 GIF 动画属性对话框设置 GIF

动画的有关属性。

选中 GIF 动画图标，打开其属性面板，如图 4-40 所示。打开“显示”选项卡，可以看到“模式”下拉列表默认设置为“不透明”，这使得所显示的 GIF 动画有白色。现选择“透明”模式，可以看到 GIF 动画中的白色背景已经去除。

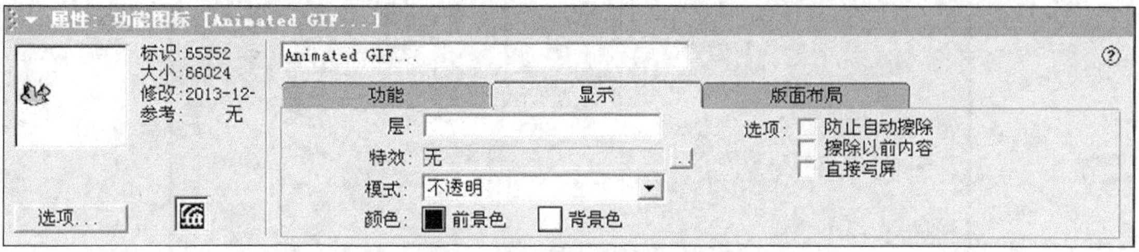

图 4-40 GIF 动画属性面板

与其他显示图标一样，GIF 动画图标也可以设置其显示层次、过渡特效、版面布局等。

4.2.6 Flash 动画的添加及设置

【学习目标】

掌握 Flash 动画的添加及设置方法。

【动手案例】

例题 4-6 为“认识动物”课件添加 Flash 动画。

【基础知识】

Authorware 与 Flash 是两款著名的多媒体创作软件，Authorware 是一种设计图标和流程线结合的编辑平台，具有丰富的函数和程序控制功能。Authorware 的功能虽说十分强大，但在设计一些交互式动画时，显得有些力不从心。而 Flash MX 是目前最优秀的矢量动画设计软件之一，它可以轻松地将音乐、声效、动画以及富有新意的界面融合在一起，使得设计者可以随心所欲地设计出各种高品质的动画，这种动画容量小，改变大小不影响画面的质量。因此，如果能在创作多媒体作品时将 Authorware 和 Flash 结合利用，必能使自己的多媒体作品增色不少。

Authorware 的图标箱中没有 Flash 动画图标，添加 Flash 动画需要采取其他方法。

【操作步骤】

（1）打开 Authorware 程序“认识动物.a7p”。

（2）在“背景音乐”图标后双击，出现插入标志，执行“插入→媒体→Flash Movie...”命令。在设计窗口建立一个 Flash 动画图标，同时打开 FlashAsset Properties（Flash 动画属性）对话框，如图 4-41 所示。可以在 Link File 文本框输入 Flash 动画的路径和文件名，或者单击“Browse”按钮，在“打开 Flash 动画文件”对话框中，选择相应的 Flash 动画文件（小猫.swf），单击“打开”按钮，关闭对话框，返回 Flash 动画属性对话框，单击“OK”按钮，关闭对话框。

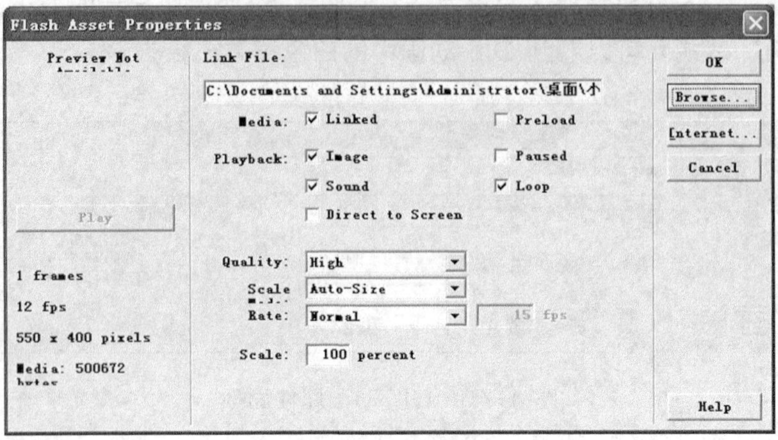

图 4-41　Flash 动画属性对话框

（3）运行程序，调整 Flash 画面的尺寸。

（4）执行“文件→保存”命令，保存所有操作。

【知识拓展】

插入 Flash 动画后，可以通过 Flash 动画属性面板和 Flash 动画属性对话框设置 Flash 动画的有关属性。

选中 Flash 动画图标，打开其属性面板，如图 4-42 所示。打开“显示”选项卡，可以看到“模式”下拉列表默认设置为“不透明”，这使得所显示的 Flash 动画有白色。现选择“透明”模式，可以看到 Flash 动画中的背景已经去除。

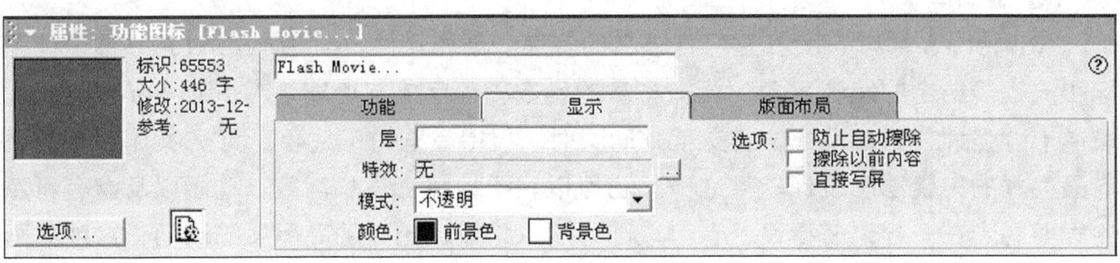

图 4-42　Flash 图标属性面板

4.3　运动效果设计

动画在课件中常常用来表现一些动态的过程。它可以是一个实验的模拟展示，也可以是一个数学公式的推导过程，还可以用来辅助教师的讲解。在 Authorware 课件中，可以用移动图标将各种显示对象从一个位置移动到另一个位置，从而产生动画效果。所能产生的运动有 5 种类型：指向固定点、指向固定直线上的某个点、指向固定区域的某点、指向固定路径的终点、指向固定路径的任意点。这些动画都是平行移动的，不能缩放、旋转和扭曲。

与专门的动画软件相比，Authorware 的内部动画无法创作出更加丰富的动画效果，其主要作用是在编辑合成时，对显示对象做一些必要的运动控制。

4.3.1 指向固定点动画

【学习目标】

掌握在 Authorware 中进行“指向固定点”的移动方式。

[动手案例]

例题 4-7 “小猴爬树”。

【基础知识】

在 Authorware 课件中，可以用移动图标将各种显示对象从一个位置移动到另一个位置，从而产生动画效果。显示对象可以来源于显示图标、交互图标和计算图标。所能产生的运动有 5 种类型：指向固定点、指向固定直线上的某个点、指向固定区域的某个点、指向固定路径的终点、指向固定路径的任意点。这些动画都是平行移动的，不能缩放、旋转和扭曲。

值得注意的是一旦对某个对象设置了移动方式，则该移动方式将应用于此对象所在图标中的所有对象。如果要移动单个对象，只能让这个对象在图标中没有其他对象。

利用运动图标使物体产生运动的具体操作如下。

（1）在流程线上放置一个图标（显示、交互或计算图标），将欲移动的物体放在这个图标中。

（2）在流程线上欲移动的物体所在图标下方放置一个运动图标。

（3）单击运动图标，将出现一个运动图标的“属性：移动图标”对话框，对运动图标进行参数设置，确定物体的各种运动方式，如图 4-43 所示。

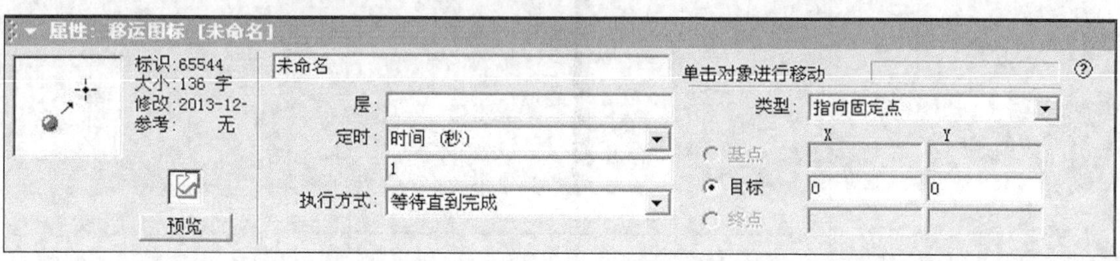

图 4-43 “属性：移动图标”对话框

（4）单击屏幕上的某个对象，将它指定为移动对象，并以指向固定点、指向固定直线上的某个点、指向固定区域的某个点、指向固定路径的终点、指向固定路径的任意点的任意一种方式移动它。

（5）在选择设置对话框中设置有关参数。

【操作步骤】

“小猴爬树”” 的流程如图 4-44 所示。

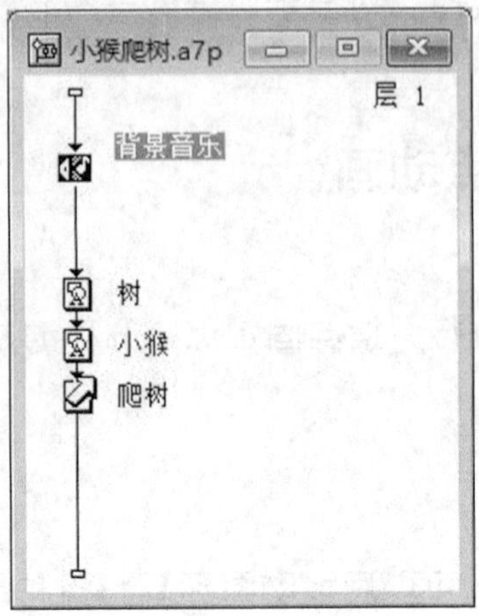

图 4-44　流程图

（1）从图标箱拖入“声音图标”并命名为“背景音乐”，并导入“小猴运动会.MP3”声音文件，在其“属性：声音图标”对话框中的“计时”选项卡中的“执行方式”的下拉列表中选择“同时”。

（2）从图标箱拖入“显示图标”并命名为“树”。双击“树”图标。在“演示窗口”中导入图像“树”，并调整大小，如图 4-45 所示。

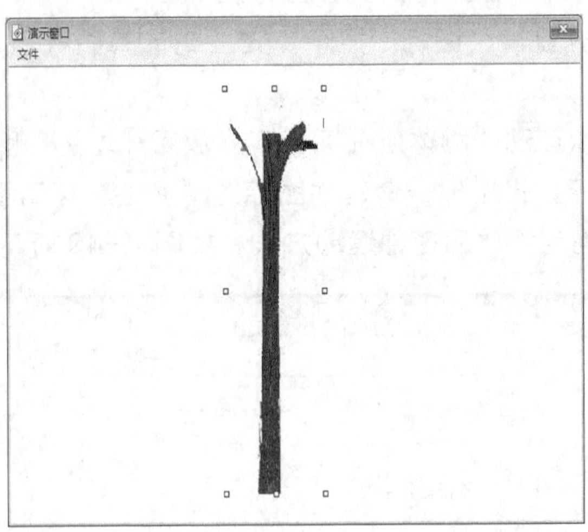

图 4-45　树

（3）在“树”图标下的流程线上单击鼠标，显示插入标志☞，再从图标箱拖入“显示图标”并命名为“小猴”。双击“小猴”图标。在“演示窗口”中导入图像“小猴”，并调整“小猴”的大小。

（4）在演示窗口中调整“小猴”大小，并将“小猴”移动到“树”的下方。

（5）单击“小猴”图标，在其属性中的“显示”选项卡的“模式”下拉列表中选择“透明”。

（6）从图标箱拖入“移动图标”并命名为“爬树”。在其“属性：移动图标”对话框的“类型”下拉列表中选择“指向固定点”，在“定时”下面的文本框内输入 55（歌曲演奏的时间约为 55 秒），如图 4-46 所示。

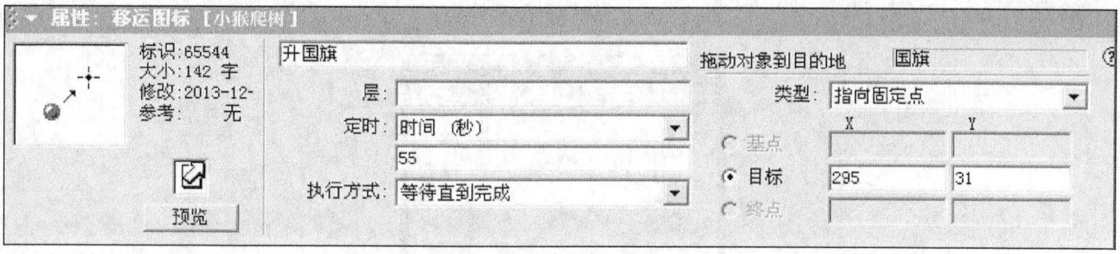

图 4-46 “属性：移动图标”对话框

（7）双击“小猴”图标，在演示窗口中，将“小猴”从“树”下方拖动到“树”的顶端。

（8）单击工具栏的“运行”按钮，“小猴”在歌声中从树下爬到“树”的顶端。

（9）执行“文件→保存”命令，保存所有操作。

4.3.2 指向固定直线上的某点动画

【学习目标】

掌握在 Authorware 中进行“指向固定直线上的某点”的移动方式。

[动手案例]

例题 4-8 “定点降落”。

在“定点降落”这个例题中主要介绍使用移动图标中的“指向固定直线上的某点”，如图 4-47 所示。

图 4-47 定点降落运行画面

【基础知识】

“指向固定直线上的某点”的移动，是使对象以直线方式运动到指定线段上的某一个位置，当移动图标设置为直接到线段上某一点移动方式后，移动的终点是预先指定线段的某个位置。此位置可以在程序之初定义，也可根据变量值在运行过程中设置。

【操作步骤】

流程如图 4-48 所示。

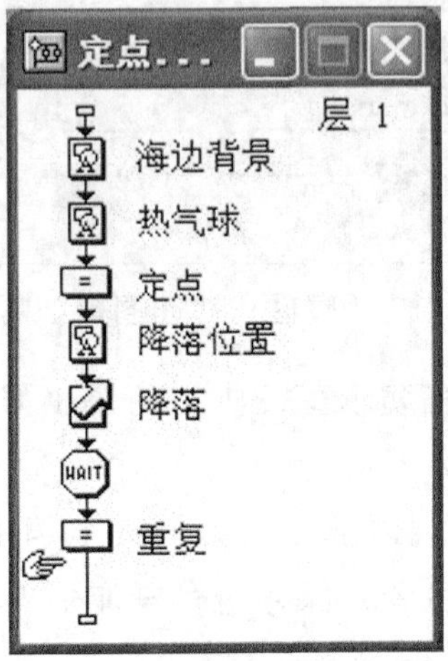

图 4-48　定点降落程序流程图

（1）从图标箱拖入两个显示图标，分别命名为“海边背景”以及“热气球”，并分别导入“海边背景”和“热气球”图片，调整图片的大小与位置，如图 4-49 所示。

图 4-49　海边背景与定位点

（2）在“热气球”图标之下建立“定点”的计算图标，双击该图标，打开计算机图标编辑窗口，在窗口中输入定位点赋值的语句：k:=Random(1,8,1)。

（3）在计算图标之下建立一个名为“降落位置”的显示图标，输入显示文本“降落位置:{ k } 号目标”。

（4）在“降落位置”图标下方放置一个运动图标，并命名为“降落”，将运动方式修改为“指向固定直线上的某点”，确认执行方式为“等待直到完成”，将远端范围设置为“在终点停止”。

（5）选中“基点”选项，在演示窗口单击热气球，确定起始点，Authorware 会自动选中“终点”选项，将框中 X 默认值 100 修改为 8，这时拖动热气球到演示窗口右侧，确定终点。再选中“目标”选项，在框中填入用自定义变量 k 表示的定位点 X 值，为 k 输入初始值 0（或 1），如图 4-50 所示。

图 4-50　确定定位直线

（6）在显示图标之下建立一个等待图标，设置显示按钮选项，如图 4-51 所示。

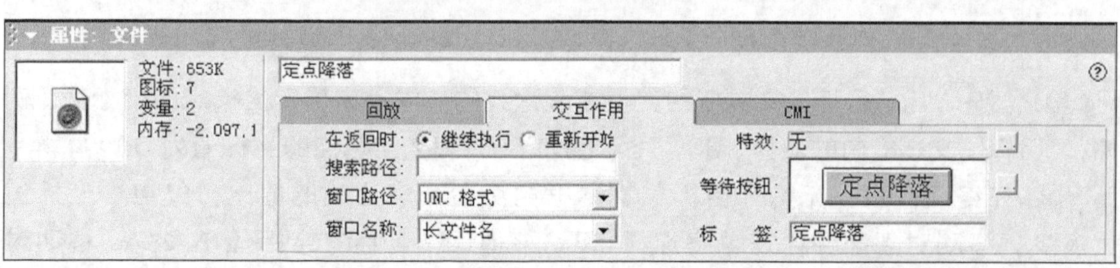

图 4-51　设置等待按钮

（7）最后再建立一个计算图标，命名为“重复”。双击打开计算图标窗口，在窗口中输入：GoTo(IconID@“热气球”)。

（8）执行“文件→保存”命令，保存所有操作。

【知识拓展】

1．移动图标

在移动图标的“属性：移动图标”对话框中选择“指向固定直线上的某点”选项与选择“指向固定点”选项的对话框是有一定的区别。

在移动图标的“属性：移动图标”对话框的“类型”下拉列表中选择“指向固定直线上的某点”选项时，如图 4-52 所示。

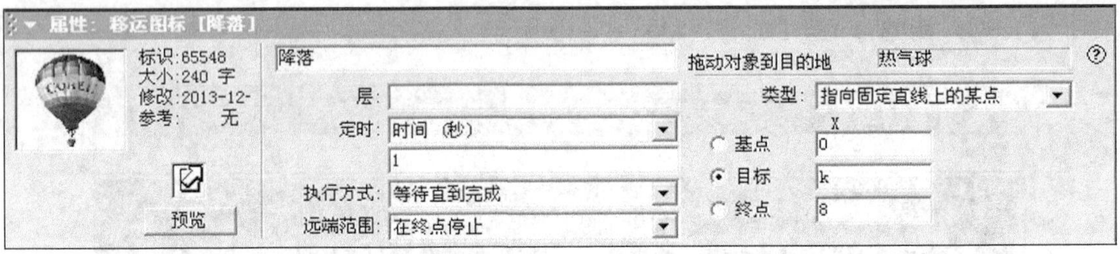

图 4-52 “指向固定直线上的某点”属性

此对话框与选择“指向固定点”有两点不同之处。

（1）“执行方式”下拉列表中除了有“等待直到完成”和“同时”两项外，还多了“永久”一项，如图 4-53 所示。当选择该项后，在退出该图标时，Authorware 会检查对话框右侧的“目标”文本框内的变量和表达式的值是否发生变化。若发生变化，那么移动对象就会根据新的值移动到相应的新位置处，直到退出程序运行为止。如果“目标”文本框内没有输入变量或表达式，则选择“指向固定直线上的某点”选项与选择“指向固定点”，两者基本上没有什么区别。

（2）在“执行方式”下方还多了“远端范围”选项，单击其下拉列表，打开如图 4-54 所示的下拉列表，其中 3 个选项的含义如下。

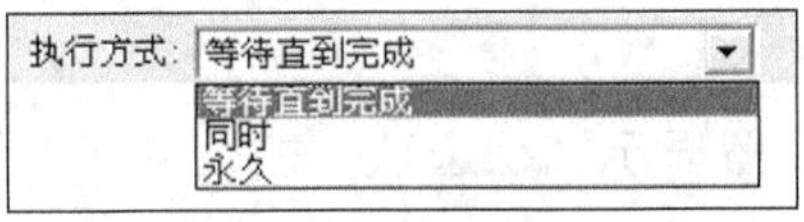

图 4-53 执行方式下拉列表

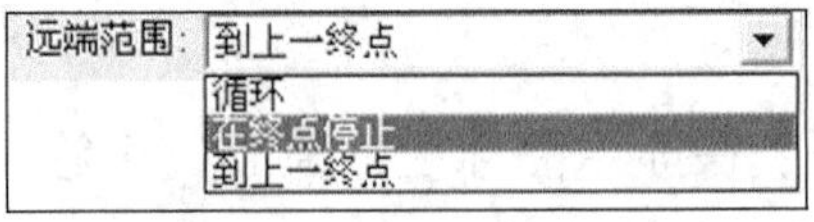

图 4-54 远端范围下拉列表

① 循环：用“目标”文本框的变量或表达式的值求差来确定坐标点的坐标值。例如，“目标”文本框内的值为 100，终点值为 60，那么坐标点的坐标值为 60。

② 在终点停止：无论“目标”文本框内变量或表达式的值比“终点”坐标值大多少，移动对象都会停在“终点”；无论该值比“基点”坐标值小多少，移动对象都会停在“基点”处。

③ 到上一个终点：以“基点”和“终点”的值作为参考点，可以认为坐标轴无限长，用“目标”文本框内变量和表达式的值作为直线坐标点的值来确定坐标，这样会使对象移出屏幕。

2．使用变量和函数

（1）在计算图标中使用变量、函数、表达式和语句

在程序“定点降落.a7p”中有一个计算图标“定点”。双击该计算图标，打开其计算窗口，如图 4-55 所示。可以看到这里使用了系统函数 Random，它的作用是取 1 至 8 之间的任意数。

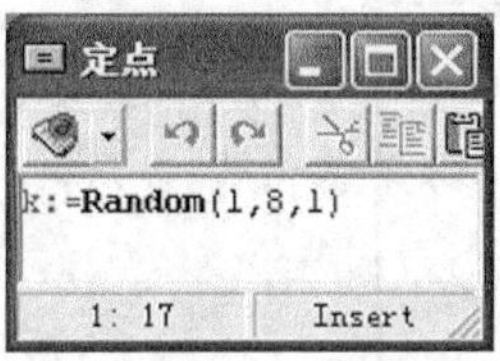

图 4-55　计算窗口

在计算图标的计算窗口中，可以使用变量、函数和表达式，也可以使用语句，并且是语句的唯一方式。例如，在例题中的计算图标“定点”中所书写的 k:=Random(1,8,1)，就是一条赋值语句。在计算图标中使用变量、函数、表达式和语句，是编写 Authorware 程序的重要手段。

（2）在附加计算窗口中使用变量、函数、表达式和语句

除了计算图标以外，在任何一种 Authorware 图标上都可以附加一个计算窗口，这种附加计算窗口与计算图标的计算窗口有着相同的作用，是使用变量、函数、表达式和语句的更加简捷的方式。为图标附加计算窗口的方法如下。

选中一个图标后，执行“修改→图标→计算”命令，或按鼠标右键，打开该图标的快捷菜单，如图 4-56 所示，在菜单中选择“计算”菜单，在计算窗口中给出需要的程序代码，关闭计算窗口后，所选图标左上方出现等号。

当程序执行到具有附加计算窗口的图标时，先执行附加计算窗口中的内容，再执行图标的内容。当变量、函数、表达式和语句与某个图标关系紧密时，通常将其放在附加计算图标中，而当变量、函数、表达式和语句相对独立时，则通常将其放在计算图标中。

（3）在图标的属性中使用变量、函数、表达式

在程序“定点降落.a7p”中，有一个“降落”的移动图标，双击打开其“属性：移动图标”对话框，如图 4-52 所示。在该“属性：移动图标”对话框的“目标”文本框中就使用了一个变量 k。它的作用是热气球降落的目标点以上面“定点”计算图标中变量 k 的值来确定。

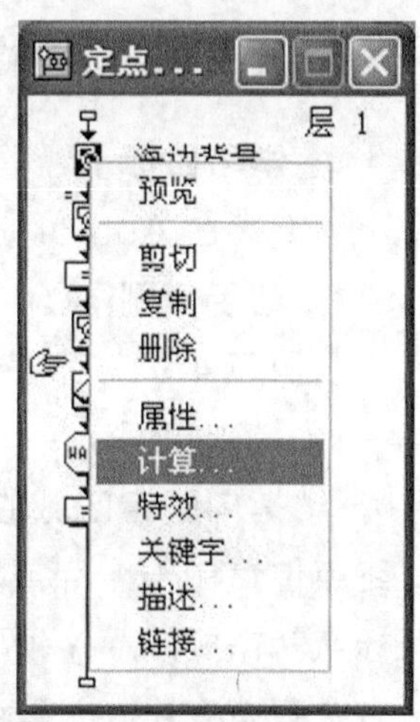

图 4-56　图标的右键菜单

在图标属性中可以使用变量、函数或表达式，但不能使用语句。在图标中使用变量、函数或表达式，可以提高程序的灵活性和可能性。

（4）在文本中嵌入变量、函数和表达式

在显示图标与交互图标中都可以创建文本。在这些文本中可以嵌入变量、函数和表达式。程序运行后，就可以显示出变

量、函数和表达式的当前值。

在程序“定点降落.a7p”中，有一个“降落位置”的显示图标，双击打开该显示图标，可以看到其中的文本，选择工具箱中的文本工具A后，选中文本内容，可以看到文本中出现了花括号，括号内就是在文本中嵌入的变量，如图 4-57 所示。

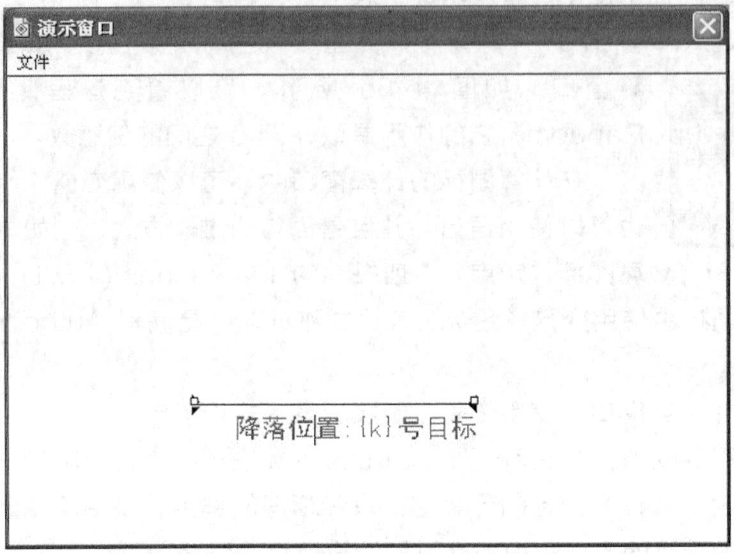

图 4-57　在文本中嵌入变量

在文本中嵌入变量、函数或表达式时，必须将其包含在花括号中，否则将被视为文本内容。如果变量或者函数是通过变量面板或函数面板粘贴进文本中的，系统会自动为其加上花括号，如果是手工输入，则必须自行加上花括号。

在文本中嵌入变量、函数或表达式，并将其值显示出来，可以随时了解程序运行中发生的变化，这无疑增加了课件的表现力，以及课件与用户之间的交互作用。

4.3.3　指向固定区域的某点动画

【学习目标】

掌握在 Authorware 中进行“指向固定区域的某点”的移动方式。

【动手案例】

例题 4-9　“跟随鼠标移动的小人”。

【基础知识】

“指向固定区域的某点”是 Authorware 提供的第 3 种移动方式，它将移动对象的终点位置由一个点或是一条直线扩展到一个二维平面。在一个二维平面中确定一个坐标点就需要 X、Y 两个坐标。所以，在“指向固定区域”移动方式中终点位置的定位方式有些变化，即基点、目标、终点 3 个单选按钮后的文本框由原来的一个变成两个，分别用来确定 X、Y 两个坐标，如图 4-58 所示。

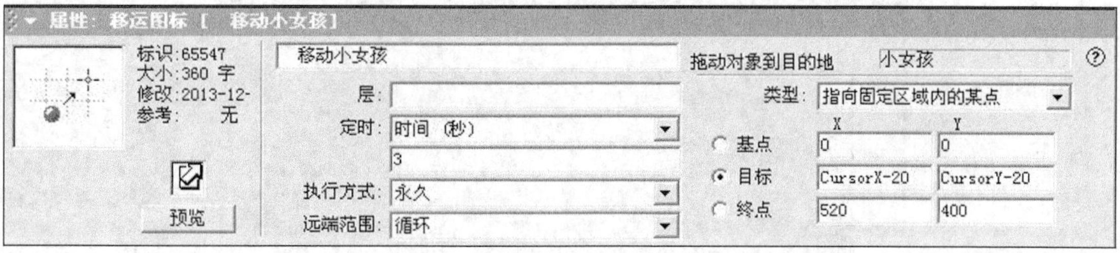

图 4-58 “指向固定区域的某点”的属性

【操作步骤】

流程如图 4-59 所示。

（1）新建一个文件，在文件属性中，去掉“显示菜单栏”复选项。

（2）执行“插入→媒体→Animated GIF”命令 3 次，插入 3 个 GIF 动画文件，分别命名为“小女孩”“圣诞老人”“小人”，并都在其各自的属性“显示”选项卡的“模式”下拉列表中选择“透明”。运行程序，在演示窗口中调整好“小女孩”“圣诞老人”“小人”的位置，如图 4-60 所示。

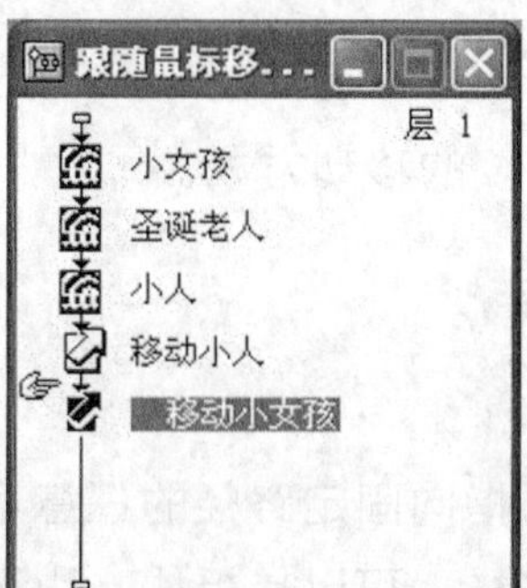

图 4-59 跟随鼠标移动程序流程图

图 4-60 调整动画位置

（3）从图标箱中拖一个移动图标到流程线上，将其命名为“移动小人”。双击“移动小人”图标，打开演示窗口。在其“属性：移动图标”对话框的类型下拉列表中选择“指向固定区域的某点”，在“定时”下面的文本框内输入 3，在“执行方式”下拉列表中选择“永久”，在“远端范围”下拉列表中选择“循环”。

（4）单击“基点”选项，将“小人”拖到演示窗口的左上角，单击“终点”选项，将“小人”拖到演示窗口的右下角，确定“小人”移动的矩形区域，如图 4-61 所示。

（5）在“终点”选项文本框中输入 X、Y 坐标值 500 和 380，在“目标”中输入变量：CursorX、CursorY，系统变量 CursorX、CursorY 分别存储了当前鼠标在演示窗口中的坐标。

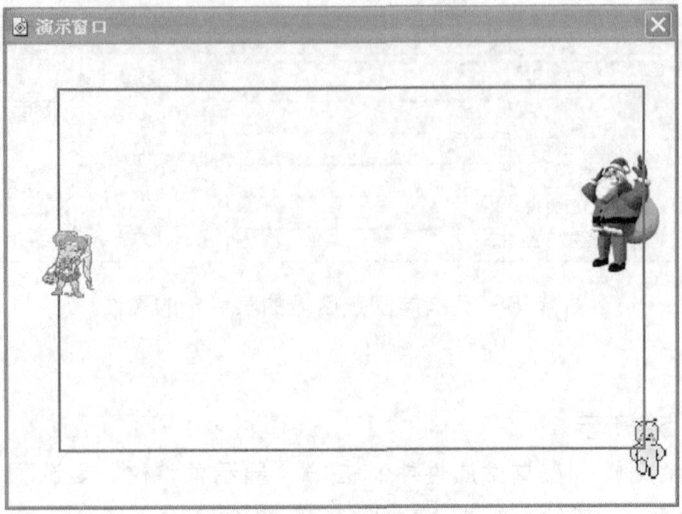

图 4-61 确定移动矩形区域

（6）用同样的方法，设定小女孩的移动方式。只不过在“目标”中输入变量：CursorX-20、CursorY-20，在“终点”坐标值 520 和 400。

（7）执行“文件→保存”命令，保存所有操作。

4.3.4 指向固定路径的任意点动画

【学习目标】

掌握在 Authorware 中进行“指向固定路径的任意点”的移动方式。

【动手案例】

例题 4-10 “蝴蝶在花丛中飞舞”。

【基础知识】

前面我们所学的移动方式中的移动轨迹为直线，而“指向固定路径的任意某点”和“指向固定路径的终点”的移动方式的移动轨迹形式多样，可以是折线，也可以是曲线，当然也可以是直线，可以是封闭的，也可以不封闭。

【操作步骤】

流程如图 4-62 所示。

（1）新建一个文件，在文件属性中，去掉“显示菜单栏”复选项。

（2）从图标箱中拖一个显示图标到流程线上，将其命名为“花丛”，执行“插入→图像”命令，导入“花丛”图像，并调整大小，使其充满演示窗口。

（3）执行“插入→媒体→Animated GIF”命令，插入“蝴蝶.GIF”动画文件，将其命名为“蝴蝶”，并在其属性“显示”选项卡的“模式”下拉列表中选择“透明”。运行程序，在演示窗口中调整好“蝴蝶”的位置，如图 4-63 所示。

（4）在“花丛”图标之下建立“位置”的计算图标，双击该图标，打开计算机图标编辑窗口，在窗口中输入定位点赋值的语句：k:=Random(1,100,1)。

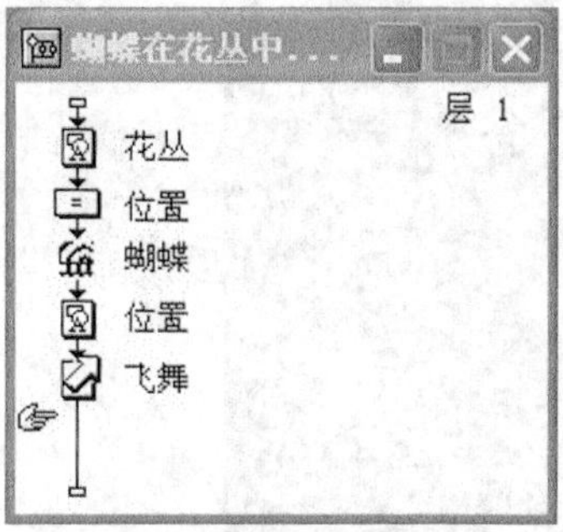

图 4-62　蝴蝶在花丛中飞舞流程图

图 4-63　调整蝴蝶的位置

（5）在“蝴蝶”动画图标之下建立一个命名为“位置”的显示图标，输入显示文本“位置:{k}号”。

（6）从图标箱中拖一个移动图标到流程线上，将其命名为“飞舞”。双击“飞舞”图标，打开演示窗口。在其“属性：移动图标”对话框的类型下拉列表中选择“指向固定路径的任意点”，在“定时”下面的文本框内输入 10，在“执行方式”下拉列表中选择“永久”，在“远端范围”下拉列表中选择“在终点停止”。再选中“目标”选项，在框中填入用自定义变量 k 表示的定位点 X 值，如图 4-64 所示。

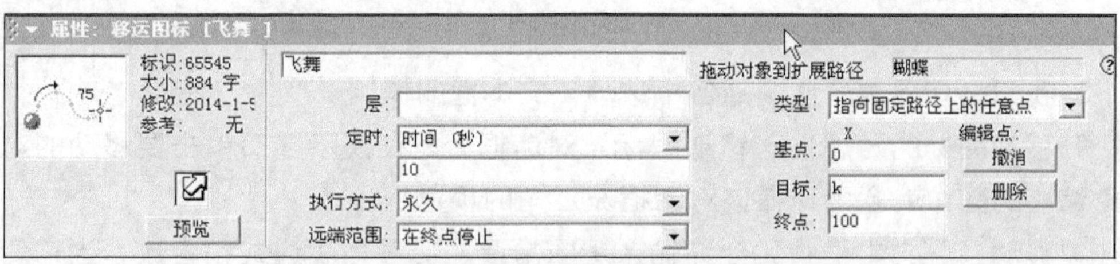

图 4-64　“指向固定路径的任意某点”属性

（7）单击“基点”选项，单击演示窗口中的“蝴蝶”，单击“终点”选项，拖动“蝴蝶”，拖曳拉出一条折线路径，如图 4-65 所示。

（8）执行“文件→保存”命令，保存所有操作。

【知识拓展】

1.“指向固定路径的终点”移动方式

（1）“指向固定路径的终点”移动方式，能够使对象由原位置沿曲线路径移动到终点

（2）“指向固定路径的终点”的“属性：移动图标”对话框

当流程图上存在一个“显示图标”与一个“移动图标”时，双击“移动图标”，就可以打开其“属性：移动图标”对话框，在该“属性：移动图标”对话框的“类型”下拉列表中选择“指向固定路径的终点”选项，如图 4-66 所示。

图 4-65 确定定位曲线

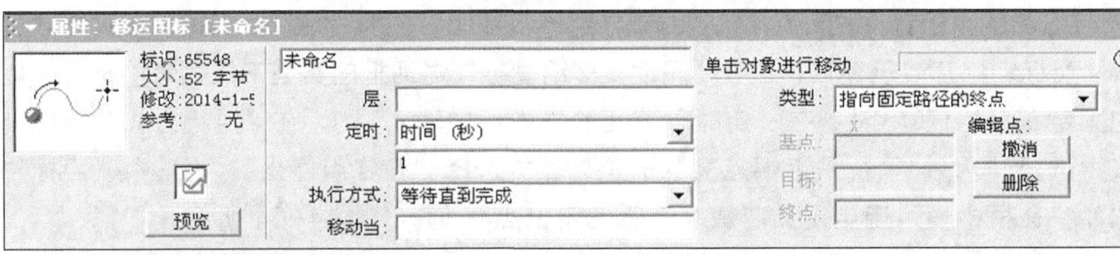

图 4-66 “指向固定路径的终点”的属性

下面我们来介绍该属性中的各个选项和文本框的作用。

打开移动图标的“属性：移动图标”对话框后，在演示窗口单击要移动的对象，此对象缩小的图像就会出现在该对话框左上角的预览框中。

在“移动当”文本框中，允许输入逻辑常量、变量、表达式和函数，当它们的值为真时，对象才会移动，反之，对象就不移动。如果在该文本框中没有输入任何内容，则第一次执行移动图标时，可以使对象移动一次。

在“编辑点”区域中有两个按钮：“撤销”和“删除”。“撤销”按钮用来恢复刚刚被删除的控点，而“删除”按钮则可以删除路径上的控点。这两个按钮用来对路径进行修改。

（3）建立路径

在演示窗口中单击要移动的对象，那么在对象上就会出现一个小黑三角，它表示对象移动的起点，设置了起点位置后，可以在演示窗口中拖动对象，当移动到转折点时释放鼠标，确定一个控点，按照同样的方法，连续操作，拖曳出所需的路径，直到全部完成，如图 4-67 所示。

建立一个路径后，经常要对其进行修改与编辑，只需用鼠标拖曳各转折点的小三角，就可以改变转折点的位置的路径的形状，在两个转折点的路径上单击还可以产生新的小三角，使该点变成新的转折点，即控点。

双击路径上的小三角可以使小三角变成小圆圈，与此控点相邻的路径也因此由直线变成曲线，如图 4-68 所示。

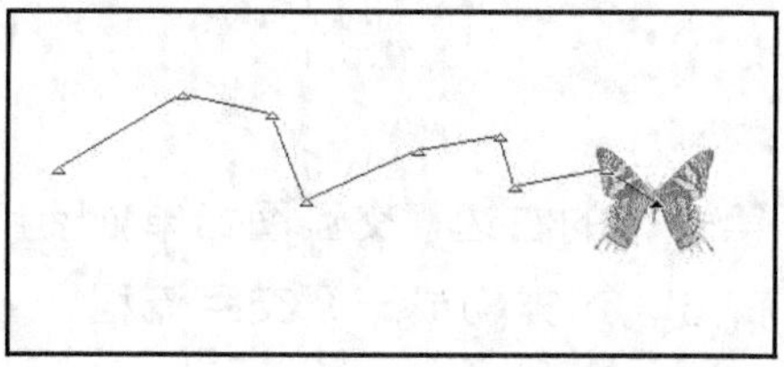

图 4-67　制作一条路径

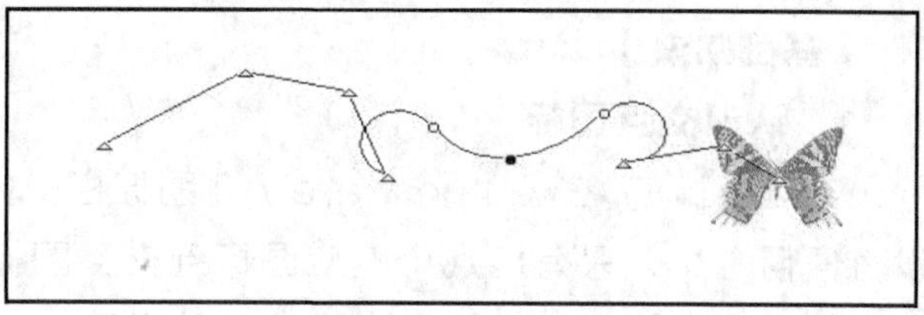

图 4-68　双击控点的路径

同样道理，在路径上双击，可以产生一个新的小圆圈，与它相连的路径也会由直线变成曲线。如再次双击小圆圈，又可以将其变成小三角，与之相连的路径也由曲线变成直线。

2.“指向固定路径的任意某点”移动方式

像前几种移动方式一样，只需在移动图标“属性：移动图标”对话框的类型下拉列表框中选中“指向固定路径的任意点”选项，即可对其进行设置，如图 4-65 所示。

选择“指向固定路径的任意点”后，在“远端范围”的下拉列表框中有“循环”和“在终点停止”两个选项。

在“编辑点”区域处也同样有两个按钮，即“撤销”和“删除”，它们的作用与“指向固定路径的终点”中的作用相同。在这两个按钮左边有 3 个文本框，在这 3 个文本框中可以输入数值常量、数值型变量、函数、表达式。“基点”文本框中输入的是起点坐标，“终点”文本框中输入的是终点坐标，而在“目标”文本框中输入的是对象所在位置的坐标或对象将要到达位置的坐标值。

4.4　交互控制

一个多媒体课件，如果仅向用户提供文本、图形、动画、视频图像和声音的组合，那只不过像制作了一个电视广告。不论这个电视广告的好坏，它都只是一个被动的、单向的传播。一个好的课件，要求程序在运行的过程中，与用户交互，让用户参与程序的运行，对程序的流向有一定的选择权，使程序在用户可理解、可控制的情况下顺利运行，这就是人们常说的“人机交互”。交互性的强弱是多媒体课件的很重要的标志。交互性强的课件，就不再是做演示，而是根据用户的要求做出各种不同的响应，从而调动用户的积极性，达到最佳的教学效果。本节通过实例讲解 Authorware 7.0 的强大人机交互功能。

4.4.1 认识交互图标

【学习目标】

掌握交互图标的功能、类型及交互图标属性的设置。

【基础知识】

1. 认识交互图标

交互图标 在 Authorware 7.0 图标栏中位于第一行的右边。交互图标单独使用没有任何意义，只有拖几个响应图标到交互图标的右方，这样构成一个交互流程，才能实现其强大的交互功能，如图 4-69 所示。

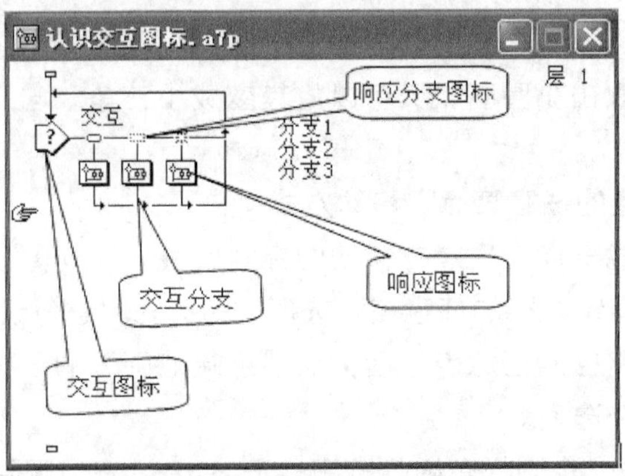

图 4-69 交互分支结构

2. 交互图标的功能

（1）显示功能

交互图标本身具有显示图标的功能，双击交互图标后，可以将程序运行交互时需要显示的文字或图片导入其中，另一方面还可以显示所附属的响应类型的一些信息，如按钮或文本输入等。

（2）判断功能

当执行到交互图标时，程序会根据用户做出的响应来判断下一步应该去执行附属的哪一条分支路径。

（3）等待功能

程序执行到交互图标时，会出现暂停，等待用户做出响应，只有当交互中进行的所有选择正确后，才会自动进入下面的内容。

（4）擦除功能

当程序执行完交互路径后，决定是否将该路径中的显示内容擦除。

3. 交互类型

Authorware 7.0 提供了 11 种交互响应类型，当把一响应图标拖到交互图标右边时，便会自动弹出交互类型对话框，如图 4-70 所示。

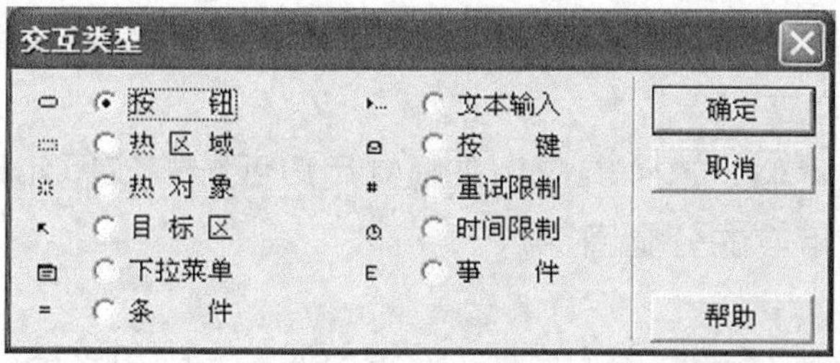

图 4-70 交互类型对话框

（1）按钮响应

按钮在软件中应用非常普遍，选择这种响应，在程序运行时，就会在演示窗口中显示按钮图标，一个按钮就像一个命令开关，单击按钮就执行相应任务。

（2）热区域响应

所谓热区，就是在演示窗口中创建的矩形活动区域，程序运行时区域矩形框不可见，如果单击、双击或将光标移动到此区域，就会激活该响应并完成分支图标的功能。

（3）热对象响应

热对象就是一些如文本、图像的可视对象，当用户单击、双击或将光标移动到这些对象上时就被激活，并执行分支图标的功能。这种响应与热区响应相似，只不过是用可视的二维对象表示响应区域。

（4）目标区响应

目标区域响应是让用户拖动一个对象到指定的区域，若拖放的对象或位置符合要求，对象就停留在指定区域，若不符合要求，将返回原位置，一般用于拼图、搭积木游戏软件。

（5）下拉菜单响应

这是一种常见的响应类型，程序运行后，在演示窗口左上角会出现一个标准的 Windows 菜单栏，当用户单击其中的主菜单项，并打开下拉菜单，再选择其中一个子菜单项，就可以执行某项操作。

（6）条件响应

选定这种响应后，要求设计者设定一个条件，当此条件被满足后执行对应的响应分支。

（7）文本输入响应

选定文本输入响应后，在交互演示窗口中会出现一个文本输入区，要求用户输入文本来匹配，并将输入的文本作为字符串自动保存在系统变量 EntryText 中，通常用于密码、用户名等的输入。

（8）按键响应

选定按键响应后，当用户按下指定的键位后执行该键所对应的响应分支。

（9）重试限制响应

用该类型的响应来限制用户响应的次数。一个典型的例子就是：在输入密码时，可限制用户输入密码的次数。

（10）时间限制响应

与重试限制响应类似，这种响应用来限制用户匹配响应所允许的时间，如超过预定时间，就自动执行相应的分支图标。

（11）事件响应

所谓事件，就是在程序运行过程中发生的某件事，它引起按钮等 ActiveX 控件产生某个程序事件。当用户触发某个事件（比如单击鼠标、拖动对象等），并与 Authorware 的事件响应分支匹配后，就可以实现程序设定的功能。

4. 交互图标属性

在程序中使用交互图标时设置交互图标的属性是必不可少的操作之一。鼠标右击流程线上的交互图标，单击弹出的快捷菜单中的“属性”选项（或者按住 Ctrl 键不放，双击交互图标），可以打开“属性：交互图标”对话框，如图 4-71 所示。

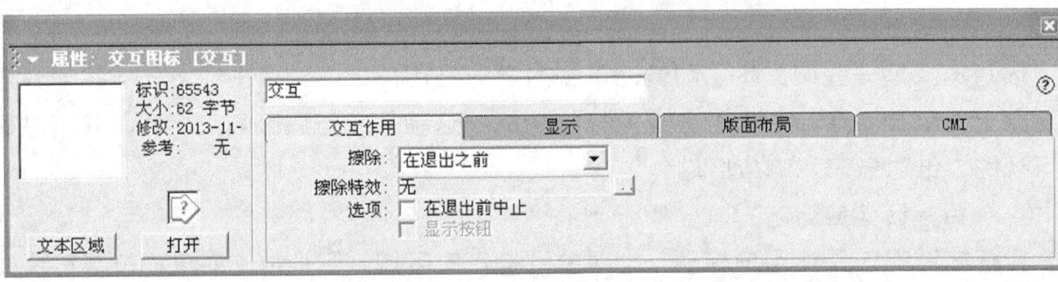

图 4-71 “属性：交互图标”对话框

该对话框中有 4 个选项卡，分别是“交互作用”“显示”“版面布局”和“CMI”。

（1）“交互作用”选项卡

最上面的文本框中显示的是交互图标的名称，如果没有为交互图标命名，则系统默认其名称为“未命名”。在该选项卡中可以为图标设置以下功能。

擦除：询问是否擦除交互图标显示的文字、图形或图像等，包含 3 个选项。

在下次输入之后：选择该项后，当其他任何一个交互图标被激活时，便擦除原交互图标的显示内容。

在退出之前：交互图标中显示的内容一直保留到退出交互时才被擦除。

不擦除：系统会保留交互图标显示内容，只有用擦除图标才能擦除其中的内容。

擦除特效：该项用来设置擦除显示内容时的擦除模式。单击该框右侧的 按钮，即可打开“擦除模式”对话框，如图 4-72 所示。

选项：在此选项中有两个复选框，分别是“在退出前中止”和“显示按钮”。若选择其中的“在退出前中止”选项，那么当程序执行完该交互图标时，程序暂停。单击鼠标或按任意键后，程序正式退出交互图标，继续往下执行。只有选中该项后，下面的“显示按钮”复选框才被激活，若勾选“显示按钮”复选框，则在运行退出交互后的暂停期间，演示窗口中会显示一个“继续”按钮，等待用户单击后再继续往下执行。

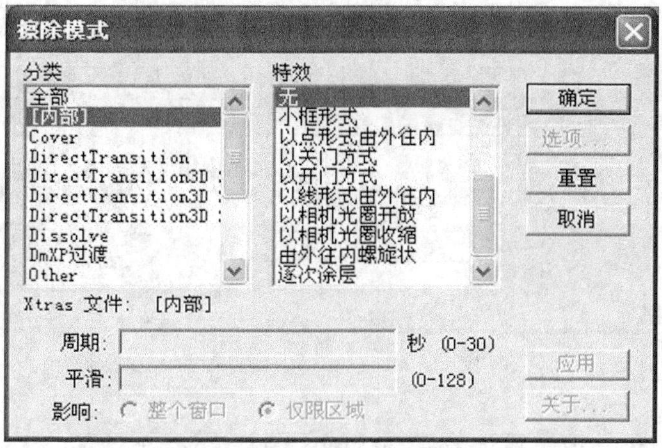

图 4-72 “擦除模式”对话框

（2）“显示”选项卡，如图 4-73 所示

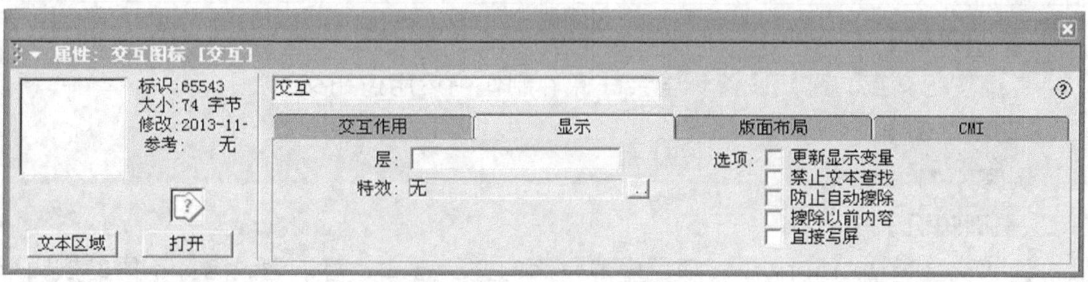

图 4-73 “显示”选项卡

该选项卡主要用于设置交互图标对象的显示层次、显示特效以及显示时间等属性。该对话框与显示图标属性对话框的“显示”选项卡完全一样，其中各项的含义及用法参见前面的相关内容。

（3）“版面布局”选项卡，如图 4-74 所示

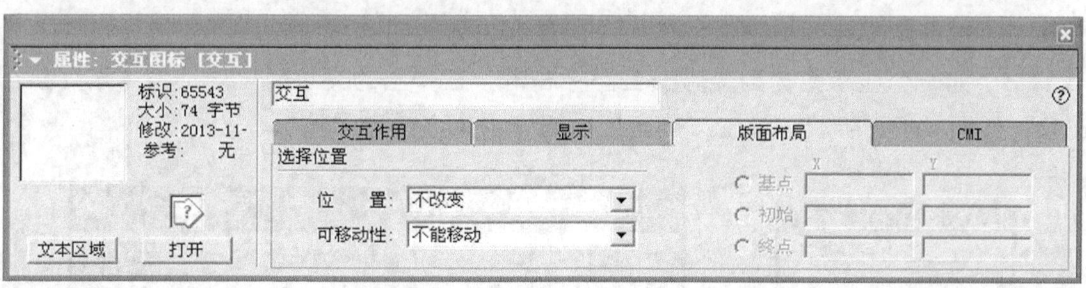

图 4-74 “版面布局”选项卡

该选项卡用于设置交互图标中的内容在播放时所出现的位置和在指定范围内的移动属性。

（4）“CMI”选项卡，如图 4-75 所示

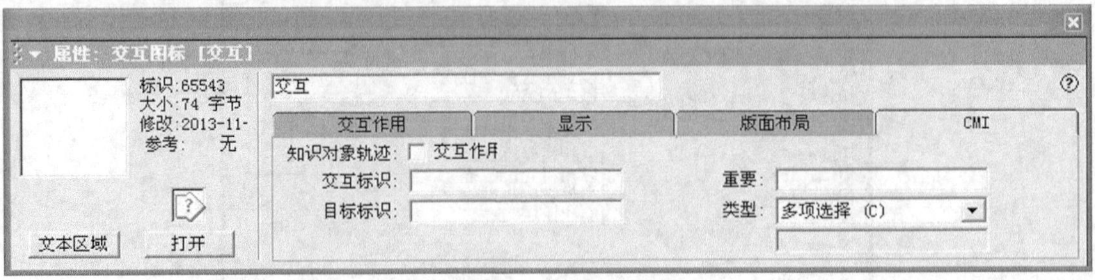

图 4-75 “CMI”选项卡

该选项卡是有关计算机管理教学系统的，简称 CMI 系统。

4.4.2 按钮交互

【学习目标】

掌握按钮交互的属性设置，学会在课件制作中运用按钮交互。

【动手案例】

例题 4-11 变脸。

【基础知识】

按钮交互是 Authorware 项目中最常用的交互方式，可以通过选择不同的按钮形式，执行不同的动作，得到预设的结果。通常情况下，按钮的形状默认为长方形三维状态，此外也有圆形的单选按钮和方形的复选按钮，并且可以设置它的弹起、按下和鼠标经过 3 种状态，还可以为按钮添加声音效果。

【操作步骤】

流程如图 4-76 所示。

（1）启动 Authorware，创建一个新文件，给该文件命名为“变脸”并保存。

（2）拖一个交互图标到流程线上，将其命名为“变脸”。

（3）拖一个显示图标到变脸交互图标右侧，在弹出的交互类型对话框中选择按钮选项，如图 4-77 所示，单击“确定”按钮，将其命名为“笑”。

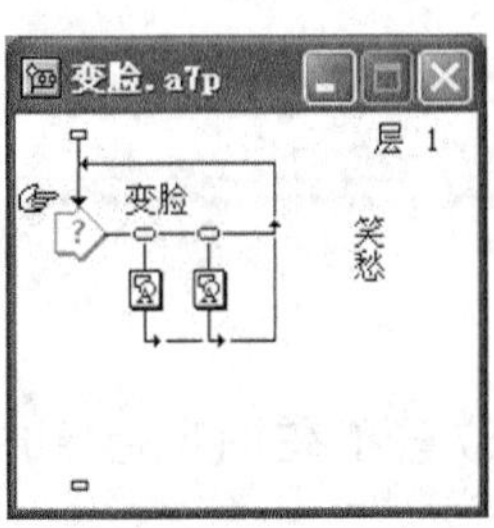

图 4-76 变脸流程图

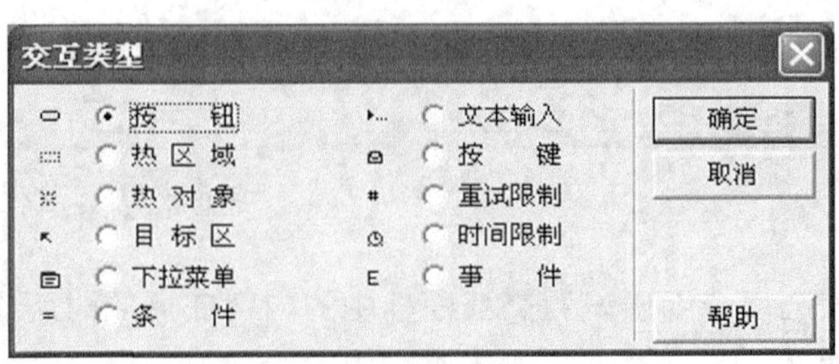

图 4-77 选择“按钮”交互

（4）双击“笑”图标，在演示窗口中插入一个笑脸图形，调整好其大小和位置。

（5）拖一个显示图标到变脸图标右侧，将其命名为“愁”。

（6）双击“愁”图标，在演示窗口中插入一个愁脸图形，调整好其大小和位置。

（7）双击变脸图标，在演示窗口中调整好两个按钮的大小和位置。

程序运行时，通过单击两个按钮来显示笑脸和愁脸图形。

【知识拓展】

在流程线上拖放一个“交互图标”，然后拖放一个其他类型的图标到该图标右侧，此时便会自动弹出“交互类型”对话框，单击其中的“按钮”单选按钮，则该响应分支的交互方式为按钮类型。

双击“按钮”交互分支图标，即可以打开它的“属性：交互图标”对话框，该对话框有两个选项卡，“按钮”选项卡可以设置按钮的大小、位置、快捷键、选项和鼠标指针的样式，如图 4-78 所示。

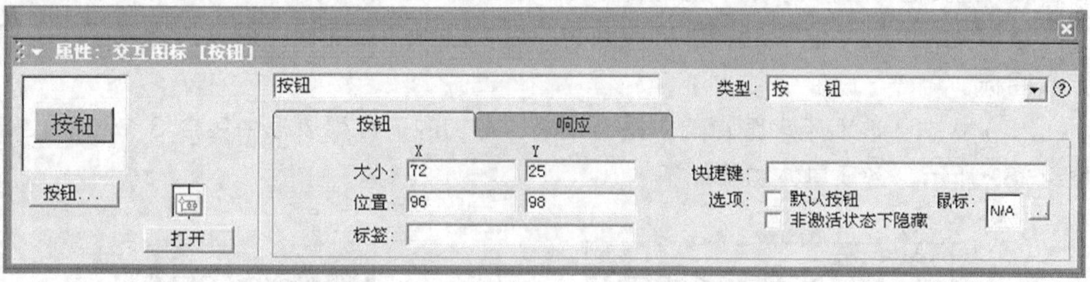

图 4-78 “属性：交互图标”对话框

另一个是“响应”选项卡，如图 4-79 所示，就是“属性：交互图标”对话框的“响应”选项卡，该选项卡中各项的具体含义如下。

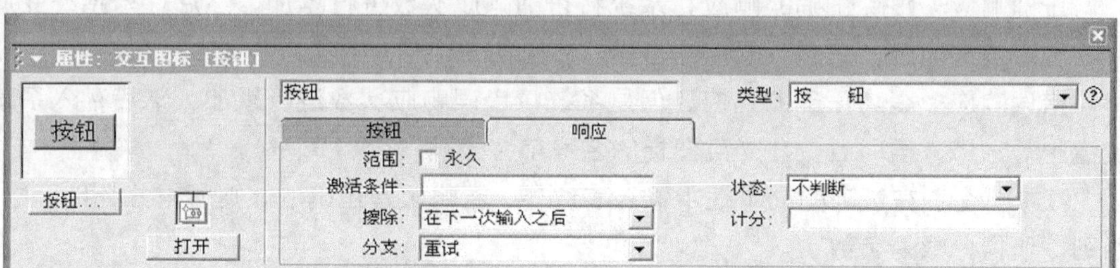

图 4-79 “响应”选项卡

（1）范围：如果想使按钮无论是否离开交互循环，都处于激活状态，则可选中该项中的“永久”复选框，否则一旦退出交互循环，就不能再对这个按钮进行控制了。

（2）激活条件：在该文本框中可以输入变量或表达式来设置按钮激活的条件。

（3）擦除：该选项内列出了退出按钮响应分支时擦除的动作效果，其下拉列表中包含 4 项，如图 4-80 所示。各项的具体含义如下。

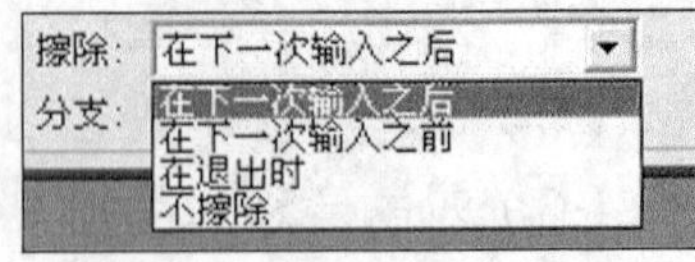

图 4-80 “擦除”选项列表

在下一次输入之后：当用户做出其他响应动作激活其他交互时，便自动擦除本交互响应图标的显示内容。

在下一次输入之前：在执行下一次响应前擦除本交互响应图标的显示内容。

在退出时：本交互响应图标显示内容将保留到退出交互时擦除。

不擦除：不擦除交互响应图标的显示内容。

（4）分支：该项用于指定程序的流向。单击其下拉按钮，出现 3 个选项，如图 4-81 所示。各项具体功能如下。

重试：选中该项后，当程序执行完该响应分支后，会返回到交互图标处，等待下一次响应。

继续：选中该项后，当程序执行完该响应分支后，继续查看下面的响应分支。如果有符合条件的其他响应，即执行，直到右侧没有符合条件的其他响应时，才返回交互图标处。

退出交互：选中该项后，执行完该响应后会退出交互图标，继续执行流程线上的后续图标。

（5）状态：该项用来跟踪响应是否正确。在它的下拉列表框中包含 3 个选项，如图 4-82 所示。各项具体功能如下。

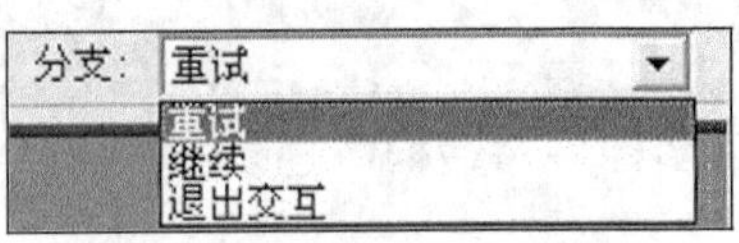

图 4-81 “分支”选项列表

图 4-82 “状态”选项列表

不判断：该项为“状态”的默认选项，作用是不跟踪响应的执行情况。

正确响应：跟踪正确的响应，系统将正确响应次数进行累加，然后存入系统变量中。选择该选项后，在交互图标的名称前会出现一个“+”号。

错误响应：跟踪正确的响应，但是系统将错误响应次数进行累加，然后存入系统变量中。选择该选项后，在交互图标的名称前会出现一个“-”号。

（6）计分：在该项的文本框中输入表达式，若响应是正确的，则所得分数是正数，否则，所得分数是负数。

4.4.3 热区交互

【学习目标】

掌握热区交互的属性设置，学会在课件制作中运用热区交互。

【动手案例】

例题 4-12 放大图片。

【基础知识】

流程如图 4-83 所示。

“热区域”是演示窗口中的一个矩形区域，单击此区域可以进行交互。“热区域”的矩形框在程序运行时是看不见的，因此不会破坏背景的完整性。

【操作步骤】

（1）启动 Authorware，创建一个新文件，给该文件命名为“放大图片”并保存。

（2）拖一个显示图标到流程线上，将其命名为“略图”。双击“略图”图标，打开其演示窗口，分别导入“鸡”“鸭”“牛”“羊”四幅图片，并将它们缩小到适当大小，调整好相对位置。

（3）拖一个交互图标到流程线上，将其命名为“热区域交互”。

（4）拖一个显示图标到“热区域交互”图标的右侧，在弹出的“交互类型”对话框中选择“热区域”选项，如图 4-84 所示，单击“确定”按钮，将其命名为“鸡”。

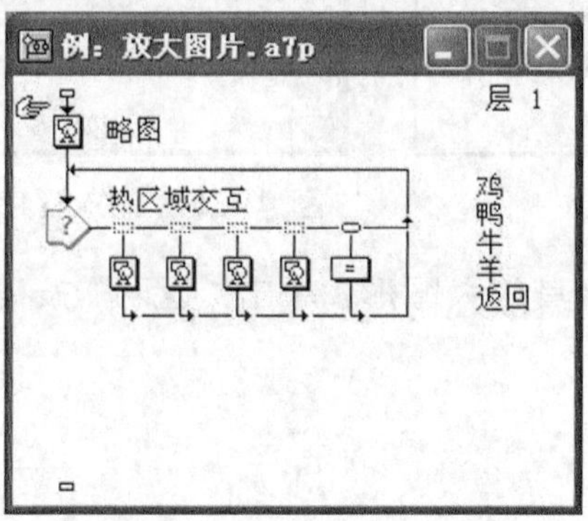

图 4-83　放大图片流程图

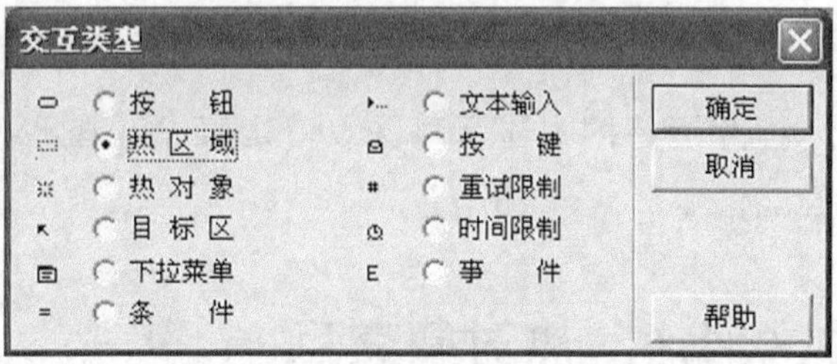

图 4-84　选择“热区域”交互

（5）双击“鸡”图标所对应的交互响应分支图标，在“属性：交互图标”面板的“热区域”选项卡中，单击“鼠标”后的 按钮，打开“鼠标指针”对话框，选择手型指针，单击“确定”按钮。

（6）双击“鸡”显示图标，打开其演示窗口，导入鸡的图片，调整大小为满屏（下方留一定距离用于显示“返回”按钮）。

（7）拖 3 个显示图标到交互图标的右侧，分别命名为“鸭”“牛”“羊”。分别双击“鸭”“牛”“羊”显示图标，打开演示窗口，在每个显示图标的演示窗口中导入其相应的图片，调整大小为满屏（下方留一定距离用于显示“返回”按钮）。

（8）双击“略图”显示图标，按住 Shift 键不放，双击“热区域交互”图标，在演示窗口中出现 4 个热区域的虚线矩形框。分别调整虚线矩形框的大小和位置，使其与相应的图片重合，确定响应的区域，如图 4-85 所示。

（9）拖一个“计算”图标到“热区域交互”图标的右侧，将其命名为“返回”。双击“返回”图标的交互按钮，在“属性：交互图标”的“类型”下拉列表中选择“按钮”。双击“热区域交互”图标，在演示窗口中调整按钮大小，将其拖到右下角。

（10）双击“返回”图标，打开“返回”窗口，输入程序：GoTo(IconID@“略图”)，如图 4-86 所示。

图 4-85　调整热区域的大小和位置

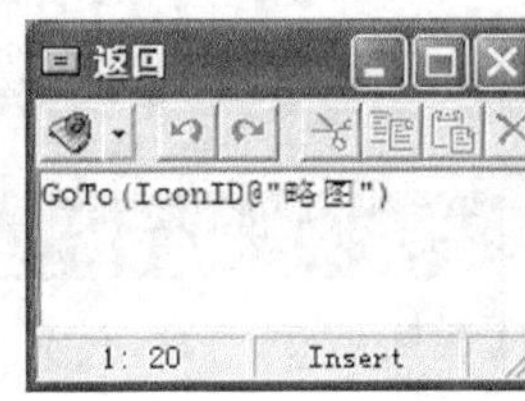

图 4-86　输入程序

程序运行时，显示略图，单击某个小图形，显示其放大图形。单击“返回”按钮，返回略图。

4.4.4　热对象交互

【学习目标】

掌握热对象交互的属性设置，学会在课件制作中运用热对象交互。

【动手案例】

例题 4-13　用“热对象”交互制作上例的放大图片。

【基础知识】

“热区域”的交互区域只能是矩形区域。如果交互的位置需不断变化，可使用“热对象”交互。“热对象”是在演示窗口中任意形状的显示或运动的对象，只要单击所设置的“热对象”，不管它在什么位置，都可以实现交互，比“热区域”交互更加灵活、方便。

【操作步骤】

流程如图 4-87 所示。

（1）启动 Authorware，创建一个新文件，将该文件命名为“放大图片二”并保存。

（2）拖 4 个显示图标到流程线上，分别命名为“鸡略图”“鸭略图”“牛略图”“羊略图”，并导入各自相应的图片。运用 Shift 键的配合，将各显示图标中图片的位置、大小调整为上例“略图”显示图标中的式样。

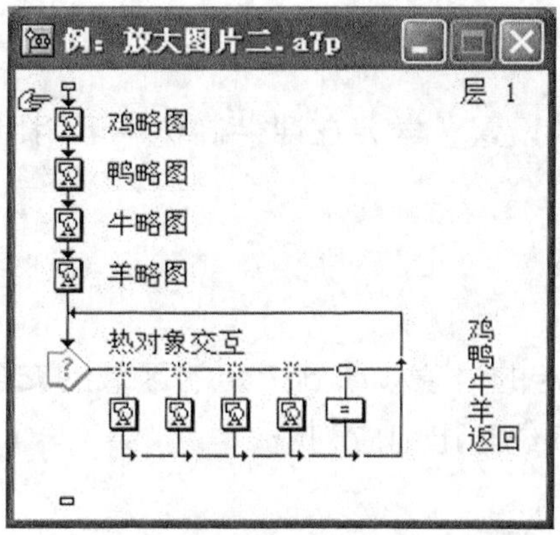

图 4-87 流程图

（3）拖一个交互图标到流程线上，将其命名为“热对象交互”。

（4）拖一个显示图标到“热对象交互”图标的右侧，在弹出的“交互类型”对话框中选择“热对象”选项，单击“确定”按钮，将其命名为“鸡”。

（5）运行一下程序，使演示窗口显示出 4 个缩略图。双击“鸡”图标所对应的交互响应分支图标，打开“属性：交互图标”面板，单击演示窗口中鸡的缩略图片，将其“热对象”设为“鸡略图”。单击“鼠标”后的 按钮，打开“鼠标指针”对话框，选择手型指针，单击“确定”按钮，如图 4-88 所示。

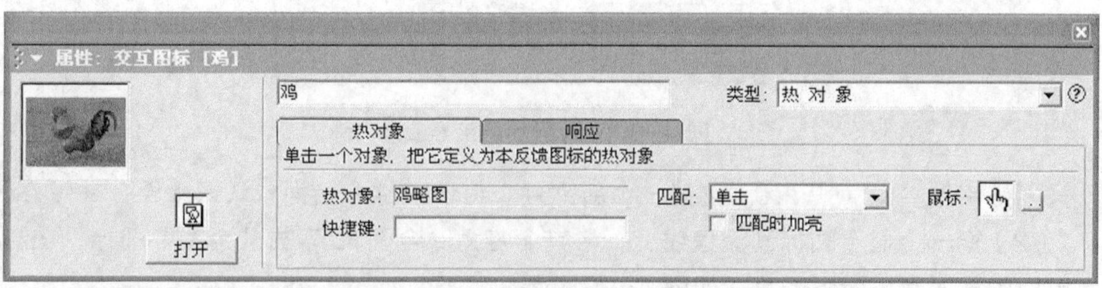

图 4-88 设置“热对象”属性

（6）双击“鸡”显示图标，打开其演示窗口，导入鸡的图片，调整大小为满屏（下方留一定距离用于显示“返回”按钮）。

（7）重复上（4）、（5）、（6）步骤，分别设置好“鸭”“牛”“羊”的“热对象”属性及其显示窗口中相应图片的大小。

（8）拖一个“计算”图标到“热对象交互”图标的右侧，将其命名为“返回”。双击“返回”图标的交互按钮，在“属性：交互图标”的“类型”下拉列表中选择“按钮”。双击“热对象交互”图标，在演示窗口中调整按钮大小，将其拖到右下角。

（9）双击“返回”图标，打开“返回”窗口，输入程序：GoTo(IconID@“鸡略图”)。

4.4.5 目标区交互

【学习目标】

掌握目标区交互的属性设置，学会在课件制作中运用目标区交互。

【动手案例】

例题 4-14 认识水果。

【基础知识】

“目标区”交互是将指定的对象移动到指定的区域的交互，当用户把对象拖放到某个正确或错误的位置后，系统给出相应判断。

【操作步骤】

流程如图 4-89 所示。

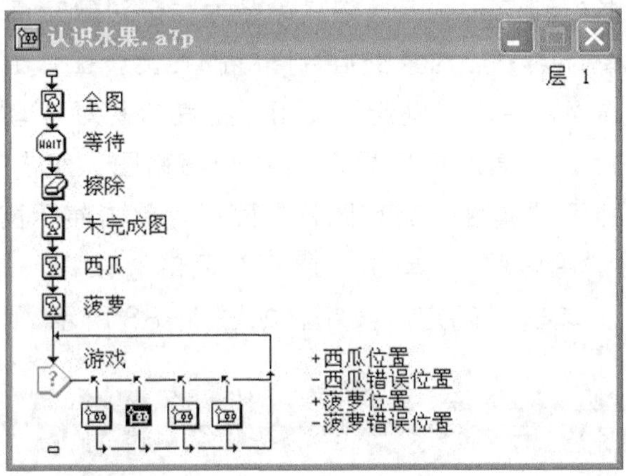

图 4-89 认识水果流程图

（1）启动 Authorware，创建一个新文件，将该文件命名为“认识水果”并保存。

（2）拖一个显示图标到流程线上，将其命名为“全图”。双击“全图”图标，在演示窗口中导入水果全图图片，如图 4-90 所示。

图 4-90 认识水果全图

（3）拖一个等待图标到流程线上，将其命名为“等待”。在“属性：等待图标”面板的“时限”文本框中输入 3，去掉“任意键”和“显示按钮”复选项。

（4）拖一个擦除图标到流程线上，将其命名为“擦除”。双击“擦除”图标，打开演示窗口，单击全图，将全图擦除。

（5）拖一个显示图标到流程线上，将其命名为“未完成图”，双击“未完成图”图标，导入水果 1 未完成图图片。

（6）选中未完成图显示图标，执行菜单栏中的“修改→图标→计算”菜单命令，在弹出的对话框中输入“Movable@＂未完成图＂:=FALSE”。其作用是在程序运行时，防止用鼠标拖动未完成图。

（7）拖两个显示图标到流程线上，将其分别命名为“西瓜”和“菠萝”，导入各自图片，并将它们放在未完成图片的右侧，调整好位置，如图 4-91 所示。

图 4-91　图形的位置

（8）拖一个交互图标到流程线上，将其命名为“游戏”。

（9）拖 3 个群组图标到“游戏”图标右侧，在弹出的“交互类型”对话框中选择“目标区域”，将其分别命名为“西瓜位置”“菠萝位置”和“错误位置”。

（10）双击“西瓜位置”群组图标，打开层 2，拖一个显示图标到流程线上，将其命名为“正确”，在其中创建文本对象“做对了，你真棒！”。将“正确”显示图标复制一个到“菠萝位置”群组图标中，关闭层 2。

（11）单击“运行”按钮，当程序暂停时，在演示窗口中将“西瓜位置”目标区移到未完成图的西瓜文字位置，调整好大小。将西瓜拖到目标区域中。

（12）在“属性：交互图标”面板“目标区”选项卡的“放下”下拉列表中选择“在中心定位”，如图 4-92 所示。在“响应”选项卡的“状态”下拉列表中选择“正确响应”，如图 4-93 所示。

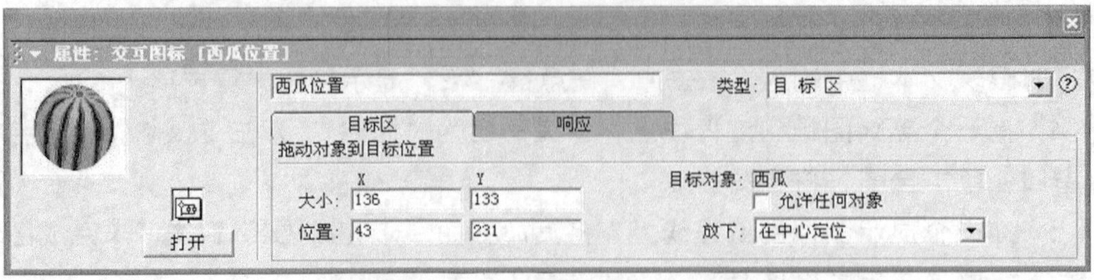

图 4-92　设置“响应”属性

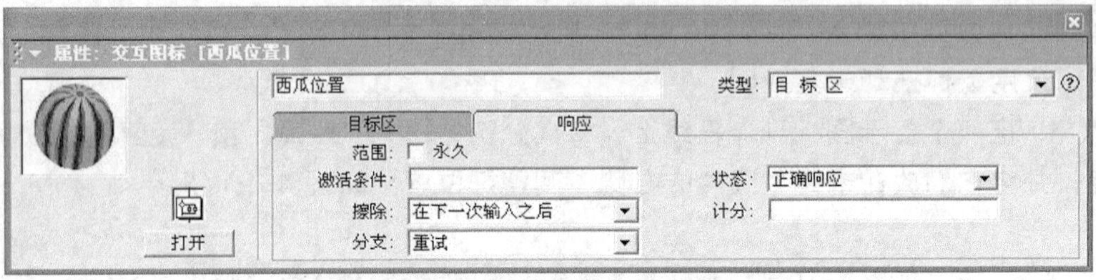

图 4-93　设置“目标区”属性

（13）重复以上（11）、（12）两个步骤，设置好菠萝正确目标区。

（14）双击“错误位置”群组图标，打开层 2，拖一个显示图标到流程线上，将其命名为“错误”，在其中创建文本对象“做错了，真遗憾！”，关闭层 2。

（15）单击“运行”按钮，当程序暂停时，在演示窗口中单击西瓜图片，将“错误位置”目标区调整为整个演示窗口。

（16）在“属性：交互图标”面板“目标区”选项卡的“放下”下拉列表中选择“返回”，选择“允许任何对象”复选框，如图 4-94 所示。在“响应”选项卡下的“状态”下拉列表框中选择“错误响应”，如图 4-95 所示。

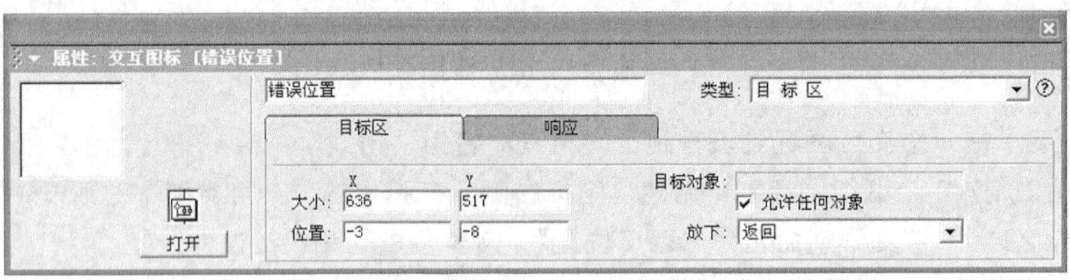

图 4-94　设置“目标区”属性

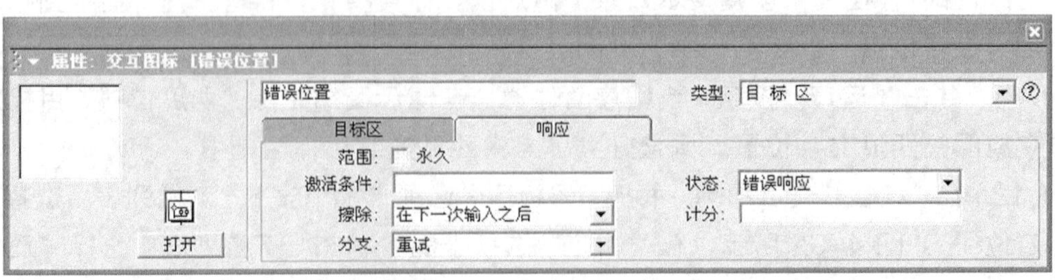

图 4-95　设置“响应”属性

运行程序时，首先显示全图，然后擦除全图，显示未完成图。用鼠标拖动西瓜和菠萝图片到相应的位置上，位置正确，则停在目标区中间，位置不正确，则返回原来位置。

4.4.6 下拉菜单交互

【学习目标】

掌握下拉菜单交互的属性设置，学会在课件制作中运用下拉菜单交互。

【动手案例】

例题 4-15 建立两个下拉式菜单。

【基础知识】

“下拉菜单”交互可以为演示窗口的菜单增加新的菜单组和菜单项，通过菜单栏的下拉式菜单进行交互，激活响应图标。

【操作步骤】

流程如图 4-96 所示。

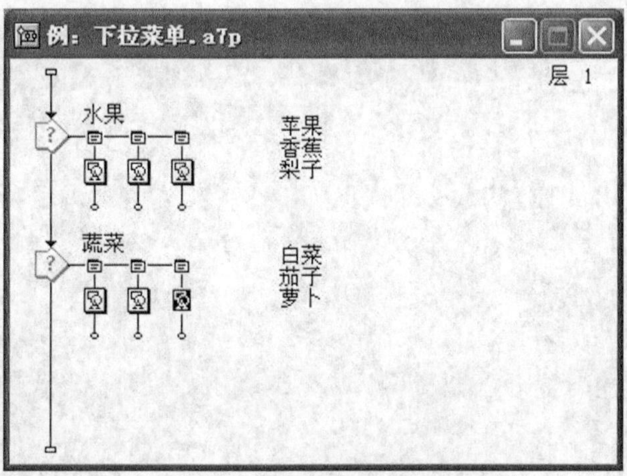

图 4-96 下拉菜单流程图

（1）启动 Authorware，创建一个新文件，将该文件命名为“下拉菜单”并保存。

（2）拖两个“交互”设计图标到流程线上，将其分别命名为“水果”和“蔬菜”。

（3）拖一个显示图标到“水果”交互图标的右侧，在弹出的“交互类型”对话框中选择“下拉菜单”选项，将其命名为“苹果”，打开演示窗口，导入一幅苹果图片。

（4）双击“苹果”图标所对应的交互响应分支图标，在“属性：交互图标”面板的“响应”选项卡中选择“范围：永久”复选框，在分支下拉列表框中选择“返回”，如图 4-97 所示。

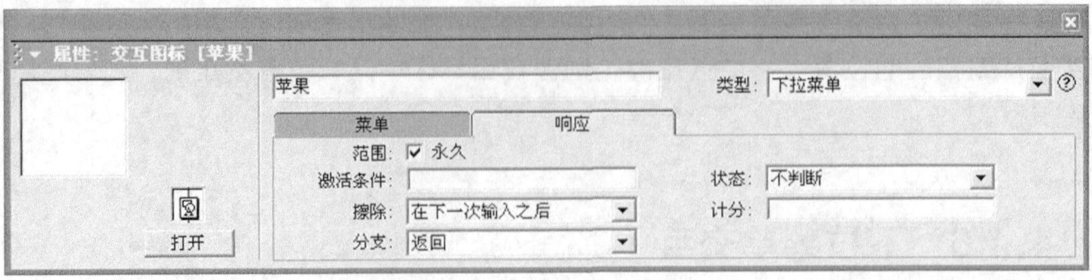

图 4-97 设置“响应”属性

（5）拖两个显示图标到“水果”图标右侧，将其命名为“香蕉”和“梨子”，分别导入相应图片。

（6）使用同样的方法拖 3 个显示图标到“蔬菜”交互图标右侧，将其分别命名为“白菜”“茄子”和“萝卜”，设置好其属性，并导入相应的图片。

程序运行时，演示窗口的菜单栏出现“水果”和“蔬菜”，通过其下拉菜单可显示不同的图片，如图 4-98 所示。

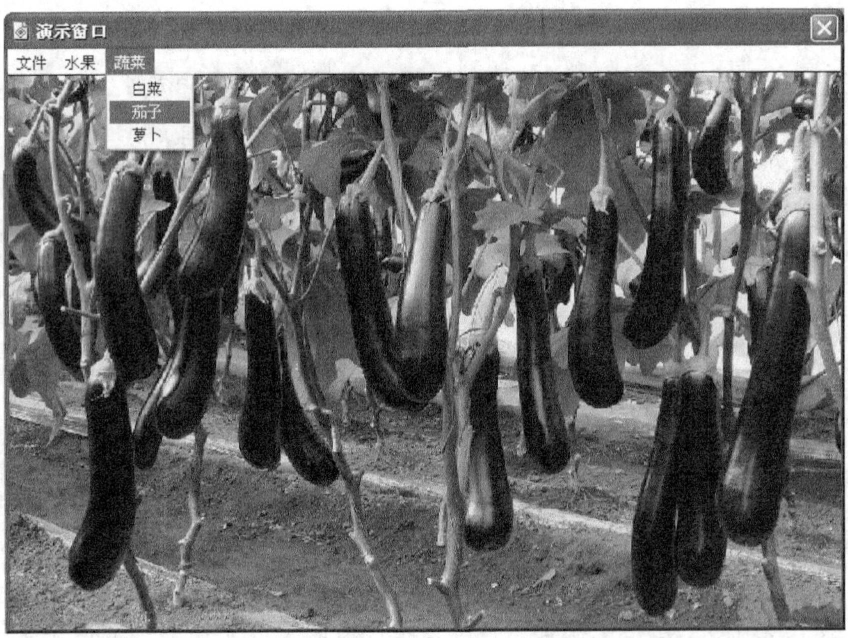

图 4-98 下拉菜单的演示窗口

4.4.7 条件交互

【学习目标】

掌握条件交互的属性设置，学会在课件制作中运用条件交互。

【动手案例】

例题 4-16 当单击鼠标后演示窗口画面会自动消失。

【基础知识】

"条件"交互当条件满足时才进行，一般不是由用户来选择，而是根据所设定的条件是否满足来进行交互的。这些条件通常由函数或表达式的值为 TRUE（真），还是 FALSE（假）来确定。值为 TRUE 时表示条件满足，则进行交互，值为 FALSE 时表示条件不满足，则不进行交互。

【操作步骤】

流程如图 4-99 所示。

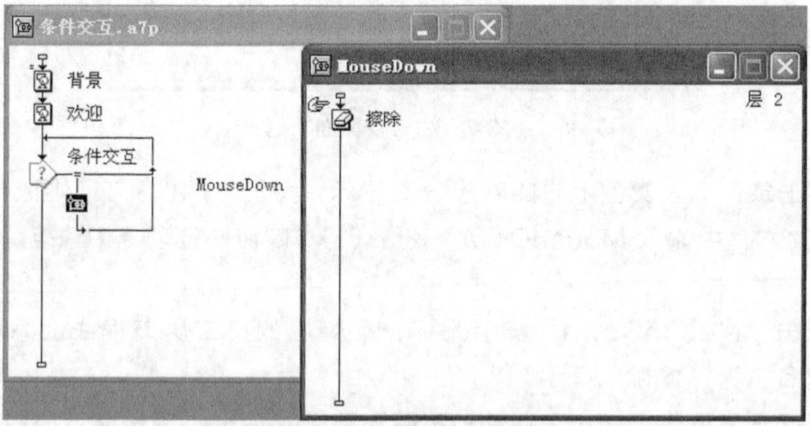

图 4-99　条件交互流程图

（1）启动 Authorware，创建一个新文件，将该文件命名为"条件交互"并保存。

（2）拖一个显示图标到流程线上，将其命名为"背景"，并在其中导入一幅图片。

（3）选中背景显示图标，执行菜单栏中的"修改→图标→计算"菜单命令，在弹出的对话框中输入"Movable@ "背景 ":=FALSE"，如图 4-100 所示。其作用是在程序运行时，防止用鼠标拖动背景图。

图 4-100　输入程序

（4）拖一个显示图标到流程线上，将其命名为"欢迎"，并在其中输入文字"欢迎使用我的课件"，调整好文字的大小和位置。

（5）在流程线上"欢迎"显示图标的下方添加一个交互图标，并将其命名为"条件交互"。

（6）拖一个群组图标到交互图标的右边，将其命名为“MouseDown”。在弹出的“交互类型”对话框中选择条件响应“条件”按钮，单击“确定”按钮结束，如图 4-101 所示。

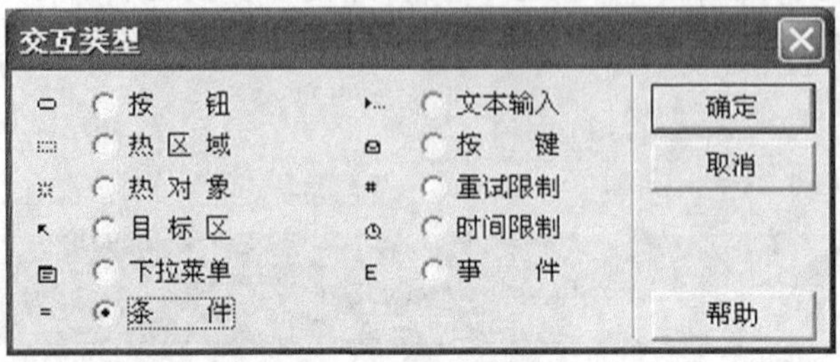

图 4-101　选择“条件”交互

（7）双击条件响应类型上方的响应分支图标，弹出“属性：交互图标”对话框。在“条件”文本框中输入 MouseDown 变量。将“响应”选项卡中“范围”后的“永久”选中。

（8）双击“MouseDown”群组图标，在弹出的第二层流程线上添加一个擦除图标并将其命名为“擦除”。

（9）运行一下程序，弹出“属性：擦除图标”对话框，单击演示窗口中“欢迎使用我的课件”，即在展示窗口中选择“欢迎”显示图标对象进行擦除。

单击工具栏上的运行按钮，可以观察程序运行的效果。当单击鼠标后，“欢迎”画面会自动消失。

【知识拓展】

条件中输入的变量、函数或表达式并不一定必须是逻辑类型，也就是它们的值并不仅仅限于逻辑类型 TRUE 或 FALSE 两种值。当变量、函数或表达式的值是其他类型时，Authorware 会根据下列规则来判断是否匹配该条件响应：变量、函数或表达式为数值型的情况，数字“0”等价于 FALSE，其他任何数字等价于 TRUE；变量、函数或表达式为字符型的情况，字符“TRUE”“T”“YES”“ON”等价于“TRUE”，其他任何字符等价于 FALSE。

4.4.8　文本输入交互

【学习目标】

掌握文本输入交互的属性设置，学会在课件制作中运用文本输入交互。

【动手案例】

例题 4-17　两位数加法。

【基础知识】

“文本输入”交互可以用来接收用户输入的文本，通过输入的文本内容进行交互。

程序遇到“文本输入”交互时，会在屏幕上出现一个文本输入框，用户先在文本框中输入文本，程序根据用户输入的文本内容执行相应的响应图标，如果用户在该输入框中输入的内容与预定内容一致，将激活交互分支结构。利用“文本输入”交互可以实现密码验证，随机进行测验等功能。

【操作步骤】

流程如图 4-102 所示。

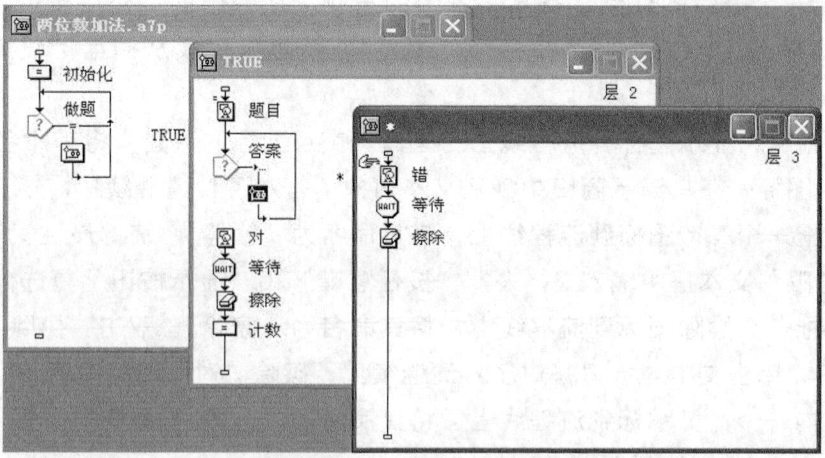

图 4-102　两位数加法流程图

（1）启动 Authorware，创建一个新文件，将该文件命名为“两位数加法”并保存。

（2）拖一个计算图标到流程线上，将其命名为“初始化”。双击“初始化”图标，输入程序“n:=1”。（n 为计数器）

（3）拖一个交互图标到流程线上，将其命名为“做题”。

（4）拖一个群组图标到“做题”图标右侧，在弹出的“交互类型”对话框中选择“条件”选项。双击响应分支图标，在“属性：交互图标”面板“条件”选项卡中的“条件”文本框中输入“TRUE”，在“自动”下拉列表中选择“为真”，如图 4-103 所示。

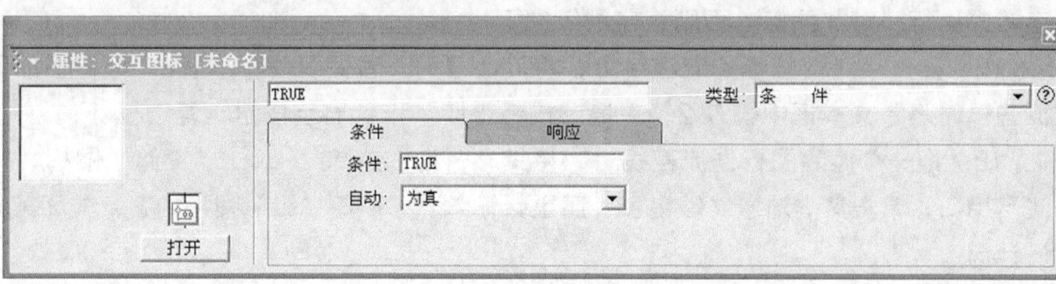

图 4-103　设置“条件”属性

（5）双击“TRUE”图标，打开第 2 层设计窗口。

（6）拖一个显示图标到流程线上，将其命名为“题目”。双击“题目”图标，在演示窗口中创建文本“第{n}题：{a}+{b}=”。其中 n、a、b 为变量名，初值都设为 0。

（7）选中“题目”图标，执行“修改→图标→计算”菜单命令，为“题目”图标建立一个附带的“计算”图标，并在其中输入程序：

```
a:=Random(10,99,1)
b:=Random(10,99,1)
```

随机产生两位数的被加数和加数。

（8）拖一个交互图标到流程线上，将其命名为“答案”。

（9）拖一个群组图标到“答案”图标的右侧，在弹出的“交互类型”对话框中选择“文本输入”选项，将其命名为“*”（*表示可以接收从键盘上输入的任意字符串）。

（10）拖一个显示图标到流程线上“答案”交互图标的下面，将其命名为“对”。双击“对”图标，在其演示窗口中创建文本对象“答对了！请继续！”。

（11）拖一个等待图标到流程线上，将其命名为“暂停”。在“属性：等待图标”面板的“时限”文本框中输入2，去掉“按任意键”和“显示按钮”复选框。

（12）拖一个擦除图标到流程线上，将其命名为“擦除”。双击“擦除”图标，打开演示窗口，单击文本对象“答对了！请继续!”，擦除“对”图标内容。

（13）拖一个计算图标到流程线上，将其命名为“计数”。双击“计数”图标，输入程序“n:=n+1”（计数器累加1）。

（14）双击“*”图标，打开第3层设计窗口。

（15）拖一个显示图标到流程线上，将其命名为“错”。双击“错”图标，在其演示窗口中创建文本对象“答错了！请重新输入!”。

（16）选中“错”图标，执行“修改→图标→计算”菜单命令，为“错”图标建立附带的“计算”图标，输入程序：

```
C:=NumEntry
Test(a+b=c,GoTo(IconID@"对"))
```

第一句是将键盘输入的答案赋给变量 c；第二句是判断答案是否正确，若正确，程序转去执行“对”图标，否则程序继续往下执行。

（17）拖一个等待图标到流程线上，将其命名为“暂停”。在“属性：等待图标”面板的“时限”文本框中输入2，去掉“按任意键”和“显示按钮”复选框。

（18）拖一个擦除图标到流程线上，将其命名为“擦除”。双击“擦除”图标，打开演示窗口，单击文本对象“答错了！请重新输入!”，擦除“错”图标内容。关闭第3层设计窗口。

（19）双击“题目”图标，按住Shift键双击“答案”图标，打开演示窗口。双击文本输入框，打开“属性交互作用文本字段”对话框，在“文本”选项卡中设置文本属性，如图4-104所示。在“交互作用”选项卡中去掉“输入标记”复选框，单击“确定”按钮。

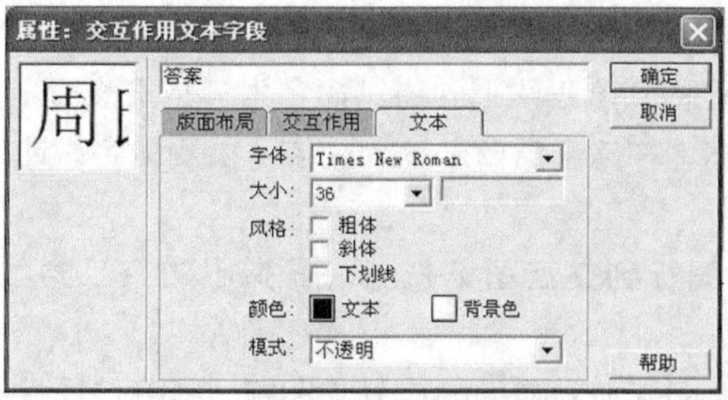

图 4-104　设置文本框属性

（20）调整好文本输入框的大小和位置。

程序运行时，随机出一道两位数加法题，输入答案后按 Enter 键。若答案正确，演示窗口显示“回答正确！请继续！”2 秒钟后，做下一题；若答案错误，则演示窗口显示“回答错误！请重新输入！”，直到答案正确后，再做下一题。

4.4.9　按键交互

【学习目标】

掌握按键交互的属性设置，学会在课件制作中运用按键交互。

【动手案例】

例题 4-18　检测键名。

【基础知识】

“按键”交互是通过键盘上的某一个或几个键进行的交互。程序运行到“按键”交互时，只要用户按下程序中指定的键，程序将进入交互分支结构运行。在多媒体软件产品的演示过程中，按键响应交互是一种非常重要的交互方式，对键盘的响应不仅是继续程序运行的一种手段，而且还可以对键盘输入的内容进行响应。

【操作步骤】

流程如图 4-105 所示。

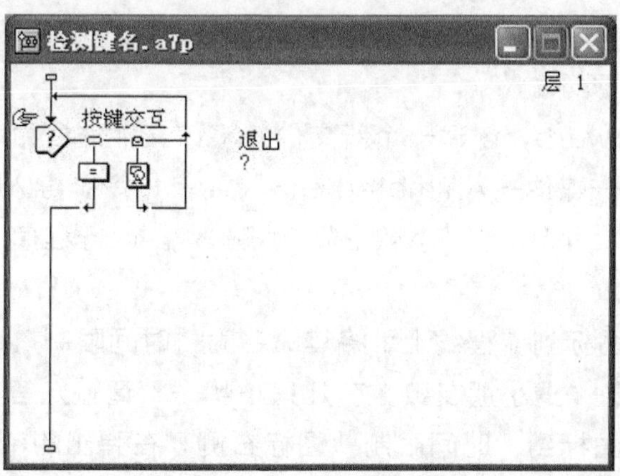

图 4-105　检测键名流程图

（1）启动 Authorware，创建一个新文件，将该文件命名为“检测键名”并保存。

（2）拖一个交互图标到流程线上，将其命名为“按键交互”。

（3）双击交互图标，在演示窗口中输入文字“检测键名，请按键”。调整好文字的大小和位置。

（4）拖一个计算图标到交互图标右侧，在弹出的交互类型中选择“按钮”，将其命名为“退出”。

（5）双击“退出”图标所对应的响应分支图标，打开“属性：交互图标”对话框，将其“响应”选项卡中的“分支”设为“退出交互”。调整好“退出”按钮的位置。

（6）双击“退出”计算图标，在其中输入程序：quit()。

（7）拖一个显示图标到“退出”图标的右侧，将其命名为“？”。

（8）双击“？”图标所对应的响应分支图标，打开“属性：交互图标”对话框，将其“类型”设为“按键”。

（9）双击“？”图标，在演示窗口中输入“{key}”，调整好文字大小和位置。其中，key 为系统字符串变量，它自动保存用户最近一次按键的键名。

运行程序，按下任意键，该键的键名就会同时显示在演示窗口中。

4.4.10 时间限制交互

【学习目标】

掌握时间限制交互的属性设置，学会在课件制作中运用时间限制交互。

【动手案例】

例题 4-19 限时测验，数小鸭。

【基础知识】

“时间限制”交互就是要求用户在限定的时间内做出选择，然后系统根据用户是否在限定的时间内做出了响应来决定程序的执行。使用“时间限制”交互可以限制用户响应交互的时间，如果超时，将提示用户，然后退出交互。

【操作步骤】

流程如图 4-106 所示。

（1）启动 Authorware，创建一个新文件，将该文件命名为“数鸭子”并保存。

（2）执行“插入→媒体→Animated GIF”菜单命令，导入“小鸭”动画文件 3 次，将其分别命名为“小鸭 1”“小鸭 2”“小鸭 3”。运行程序，在演示窗口中调整好 3 只小鸭的位置。

（3）拖一个交互图标到流程线上，将其命名为“时间限制”。双击交互图标，在演示窗口中创建文本对象“请小朋友数数有几只小鸭子？请输入答案：”。

（4）拖一个群组图标到“时间限制”图标右侧，在弹出的“交互类型”对话框中选择“文本输入”，将其命名为“3”（正确答案是 3）。

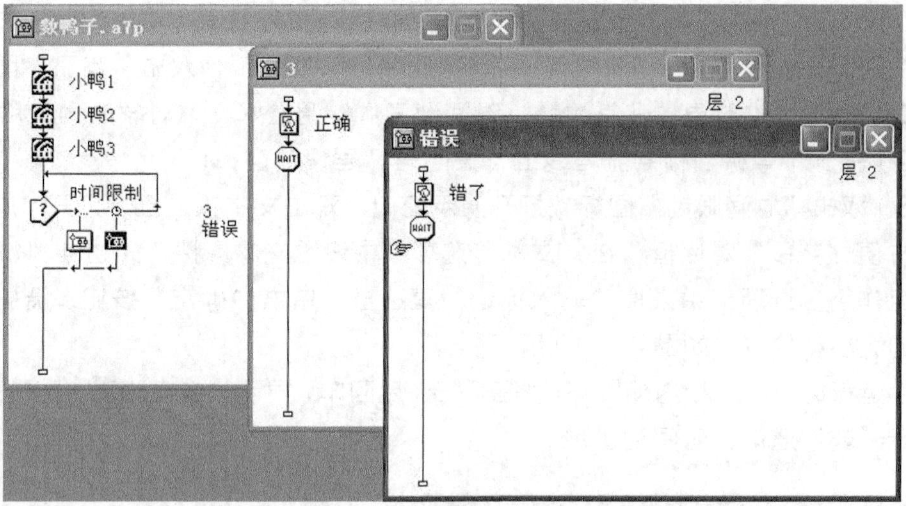

图 4-106　数鸭子流程图

（5）双击“3”图标所对应的分支响应图标，将“属性：交互图标”面板“响应”选项卡的“分支”设置为“退出交互”，如图 4-107 所示。

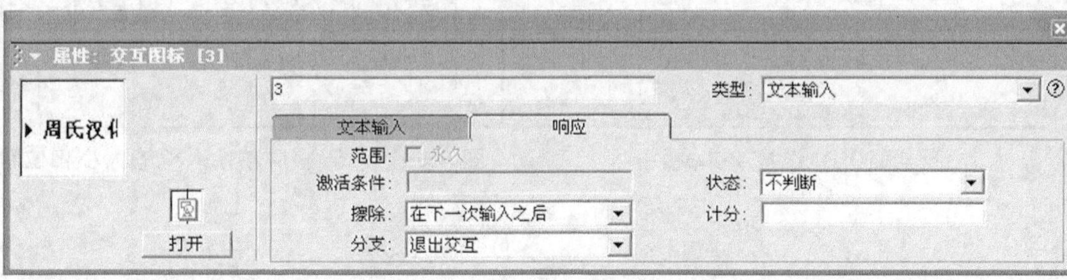

图 4-107　设置“响应”属性

（6）双击“3”群组图标，打开第 2 层设计窗口。

（7）拖一个显示图标到流程线上，将其命名为“正确”，双击“正确”图标，在演示窗口中创建文本对象“你真聪明，回答正确！”，调整好文本对象的大小和位置。

（8）拖一个等待图标到流程线上，关闭第 2 层设计窗口。

（9）拖一个群组图标到“时间限制”图标的右侧，将其命名为“错误”。双击其对应的分支响应图标，在“属性：交互图标”面板的“类型”设置为“时间限制”，在“时间限制”选项卡的“限时”文本框中输入 5，选择“显示剩余时间”复选框，如图 4-108 所示。

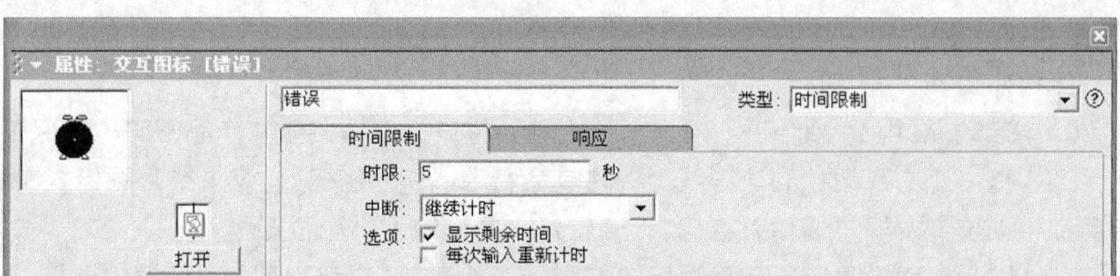

图 4-108　设置“时间限制”属性

（10）双击“错误”群组图标，打开第 2 层设计窗口。

（11）拖一个显示图标到流程线上，将其命名为“错了”，双击“错了”图标，在演示窗口中创建文本对象“非常遗憾，时间到了！”，调整好文本对象的大小和位置。

（12）拖一个等待图标到流程线上，关闭第 2 层设计窗口。

（13）双击“时间限制”图标，打开演示窗口。双击文本输入框，打开“属性：交互作用方便 2 字段”对话框，在“文本”选项卡中设置文本属性，如图 4-109 所示。在“交互作用”选项卡中去掉“输入标记”复选框，单击“确定”按钮。调整好文本输入框的大小和位置，如图 4-110 所示。

程序运行时，在 5 秒内输入正确答案“3”后回车，显示“你真聪明，回答正确！”，否则显示“非常遗憾，时间到了！”。

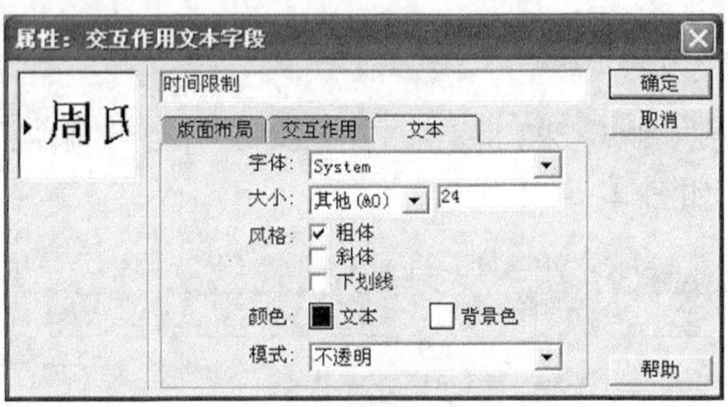

图 4-109　设置文本属性

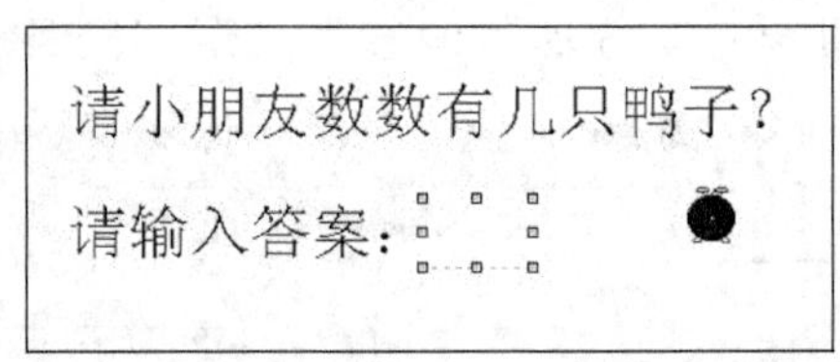

图 4-110　调整文本输入框的大小和位置

4.4.11　重试限制交互

【学习目标】

掌握重试限制交互的属性设置，学会在课件制作中运用重试限制交互。

【动手案例】

例题 4-20　作品密码。

【基础知识】

“重试限制”交互通常用于限制用户尝试次数的场合，一般要与其他类型的交互结合使用。

【操作步骤】

流程如图 4-111 所示。

（1）启动 Authorware，创建一个新文件，将该文件命名为“作品密码”并保存。

（2）拖一个交互图标到流程线上，将其命名为“作品密码”。双击交互图标，在演示窗口中创建文本框“请输入密码”，调整好文本框的大小和位置。

（3）拖一个群组图标到交互图标的右侧，在弹出的“交互类型”对话框中选择“文本输入”，将其命名为“admin”（正确密码是 admin）。

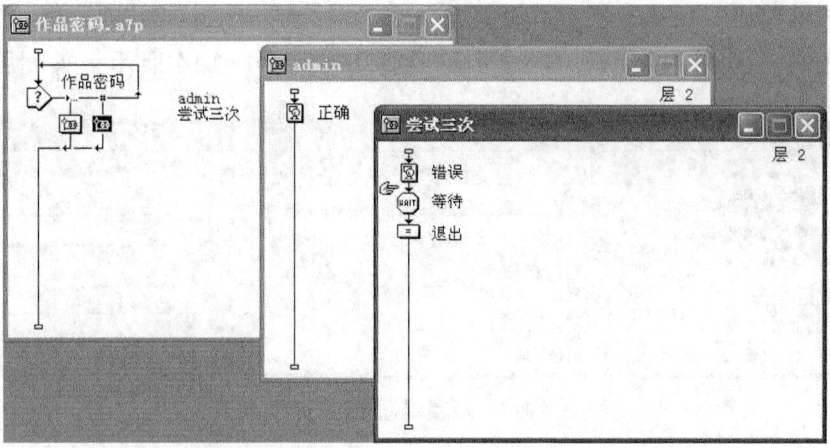

图 4-111　作品密码流程图

（4）双击“admin”图标所对应的分支响应图标，将“属性：交互图标”面板“响应”选项卡的“分支”设置为“退出交互”，如图 4-112 所示。

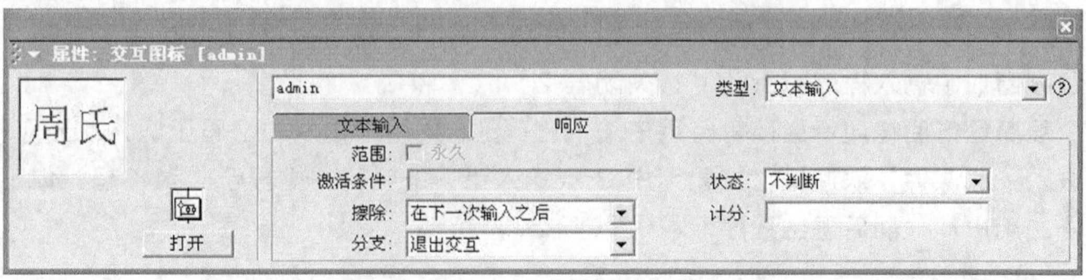

图 4-112　设置“响应”属性

（5）拖一个群组图标到交互图标的右侧，将其命名为“尝试三次”。

（6）双击“尝试三次”图标所对应的分支响应图标，将“属性：交互图标”中的类型设置为“重试限制”，并在“重试限制”选项卡的“最大限制”中输入 3，设置最多输入错误的密码次数为 3 次，如图 4-113 所示。

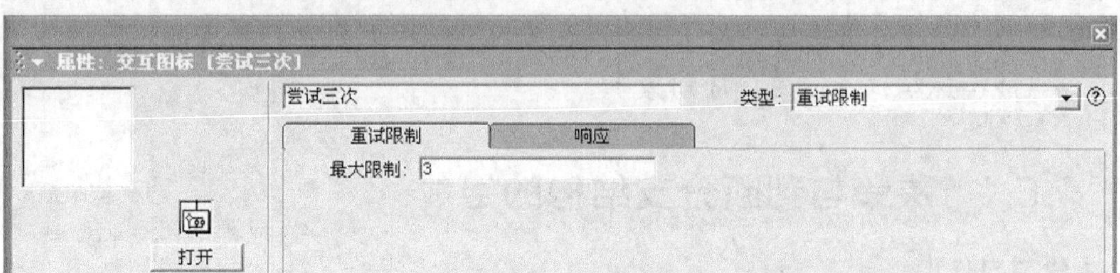

图 4-113　设置“重试限制”属性

（7）双击“admin”群组图标，打开层 2，拖一个显示图标到流程线上，将其命名为“正确”，双击“正确”显示图标，在演示窗口中创建文本框“欢迎进入我的课件”。

（8）右键单击“正确”图标，在弹出的快捷菜单中单击“属性”，在“属性：显示图标”面板的“选项”中勾选“防止自动擦除”，如图 4-114 所示，关闭层 2。

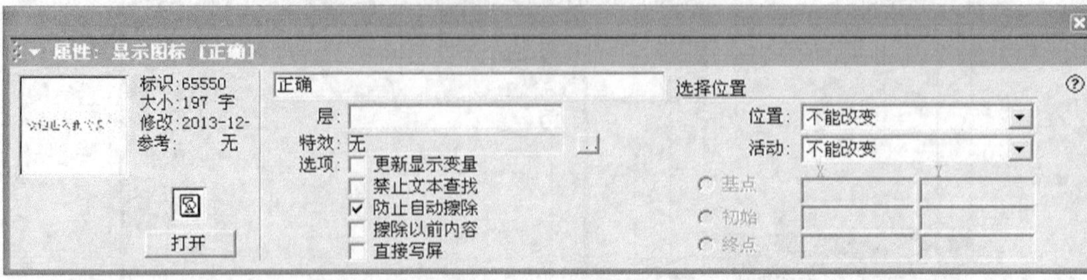

图 4-114 设置“显示图标”属性

（9）双击“尝试三次”群组图标，打开层 2，拖一个显示图标到流程线上，将其命名为“错误”，并在其显示图标中创建文本框“对不起，你不是合法的用户！”。

（10）拖一个等待图标到流程线上，将其命名为“等待”，设其等待时限为 5 秒，去掉“单击鼠标”“显示按钮”复选框。

（11）拖一个计算图标到流程线上，将其命名为“退出”，双击“退出”图标，在其程序窗口中输入程序“quit()”，关闭层 2。

程序运行后在演示窗口等待用户输入密码。如果用户输入的密码正确，则出现“欢迎进入我的课件”欢迎框；如果用户 3 次输入错误的密码，则显示“对不起，你不是合法的用户！”，而后退出程序。

4.5 决策与判断分支结构

Authorware 提供的“判断”图标◇又称为“决策”图标，主要用来实现程序的分支和循环结构。与交互图标实现分支和循环功能的方式有所不同，其使用起来更加灵活方便。它不仅可以完成程序的顺序分支结构（对象按照排列顺序播放）、随机分支结构（由程序随机播放对象）和条件分支结构（根据条件判断需要执行的分支），还可以完成循环结构（反复播放对象）。

4.5.1 决策与判断分支结构的组成

【学习目标】

掌握决策与判断分支结构的功能。

【基础知识】

决策判断分支结构由一个判断图标和属于它的一个或多个分支路径组成，只是各个分支路径上的判断标志符都是相同的。分支图标下的流程称为分支路径，每条路径上都有一个与之相对应的分支标记。其结构如图 4-115 所示。

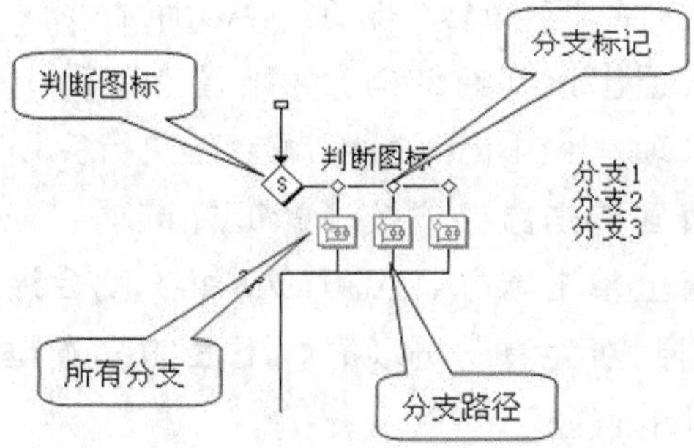

图 4-115　判断分支结构

当程序执行一个决策判断分支结构时，程序将会按照分支判断图标的属性设置，自动执行相应的操作，而不是等到用户交互以后才执行。在系统默认的情况下，决策判断分支结构会自动将所有分支图标按照从左到右的顺序各执行一次，然后退出这个决策分支结构，按照主流程线继续向下执行。至于是不是要擦除分支图标中的信息，则由分支路径的属性来设置。

4.5.2　判断图标属性设置

【学习目标】

掌握决策与判断分支结构中判断图标属性的设置。

【动手案例】

例题 4-21　输入题号选择做题。

【基础知识】

拖一个“判断”图标到流程线上，然后双击该图标，打开“属性：判断图标属性”对话框，如图 4-116 所示。

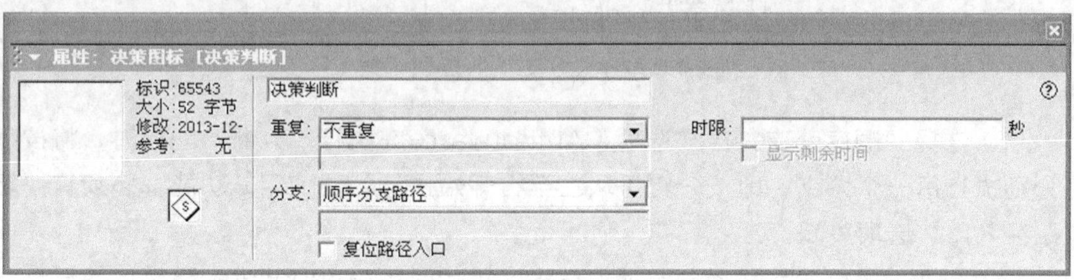

图 4-116　判断图标属性面板

在“时限”文本框中输入某个数值，这个数值就限制了程序执行“判断”图标所需的时间。同“等待”图标一样，单击“显示剩余时间”选中其复选框，程序运行时，在窗口上会显示一个时钟。

打开“重复”下拉列表框，在列表框中显示“判断”图标提供的五种循环方式，如图 4-117 所示。如果选择“不重复”选项，Authorware 执行完“判断”图标中的一条分支路径后就直接退出该判断结构，而不管“判断”图标设置的是何种分支；若选择“所有的路径”选项，Authorware 就会在执行完所有分支路径后才会退出判断结构；如果选择“直到单击鼠标或按任意键”选项，在程序执行“判断”图标时，按下任意键或在屏幕上单击鼠标，Authorware 就会退出判断结构。选择“固定的循环次数”或“直到判断为真”选项时，下面的文本框变为可用，此时就可以进行循环次数及循环条件的设置了。

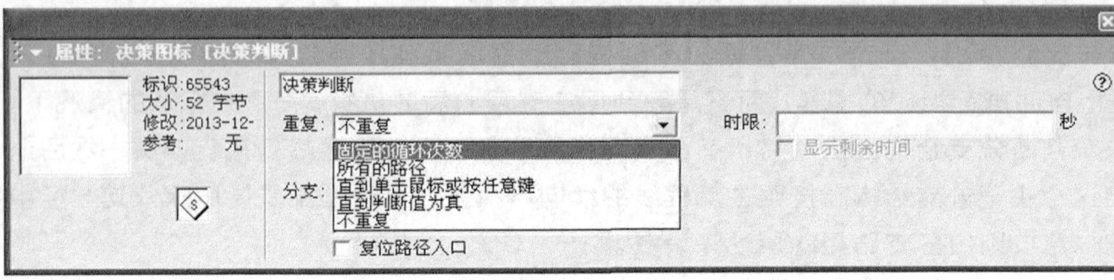

图 4-117 “重复”下拉列表框

打开“分支”下拉列表框，在列表框中有 4 个选项，如图 4-118 所示。这就是“判断”图标具有的 4 种分支路径：“顺序分支路径”“在未执行的路径中随机选择”“随机分支路径”“计算分支路径”。

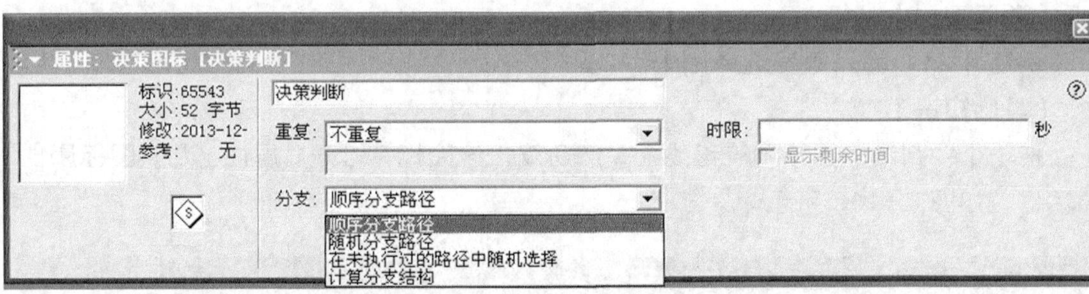

图 4-118 “分支”下拉列表框

（1）选择“顺序分支路径”选项，Authorware 在执行“判断”图标时，将按顺序分别执行每一个分支，即按分支号从左至右开始执行。要使用此功能，必须将“复位路径入口”选项关闭。

（2）选择“随机分支路径”选项，在程序执行时，Authorware 随机选择任一分支来执行，因此不可避免地会将同一分支执行多次，而有些分支从未执行过。

（3）选择“在未执行的路径中随机选择”选项，Authorware 会在从未执行的分支中选择一条来执行，这样就会保证 Authorware 在重复执行同一分支之前，将所有分支执行完毕。选择此项时，同样要注意不能选择“复位路径入口”复选框，否则“复位路径入口”选项也将失去意义。

（4）选择“计算分支路径”选项，可以在下面的文本框中输入变量或表达式，变量或表达式的值决定“判断”图标将执行哪一条分支。例如，变量或表达式的值是 1，Authorware 将执行第一分支，值是 2，将执行第二分支。

同“交互”图标一样，在“判断”结构中也要对判断路径属性进行设置。双击“判断”图标分支上的分支标记，打开“判断路径属性”对话框，如图 4-119 所示。单击“擦除内容”下拉列表框，里面设置了 3 种内容擦除方式。

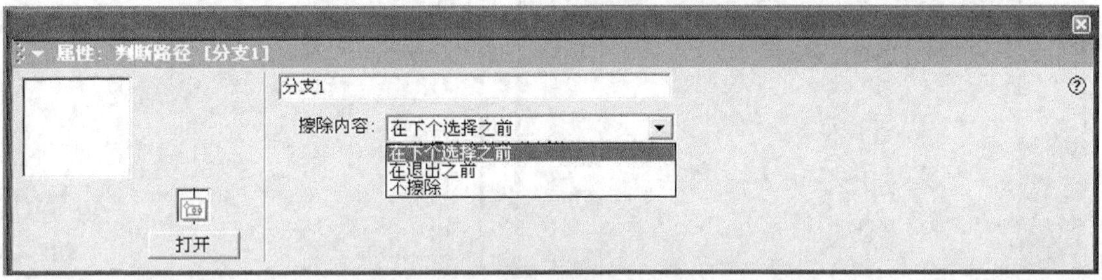

图 4-119 “判断路径属性”对话框

在下个选择之前：选择此选项，程序在执行下一分支前擦除当前内容。

在退出之前：选择此选项，程序在退出“判断”图标时擦除当前内容。

不擦除：选择此选项，当前内容将停留在屏幕上，除非使用“擦除”图标将其擦除。

【操作步骤】

总流程如图 4-120 所示。

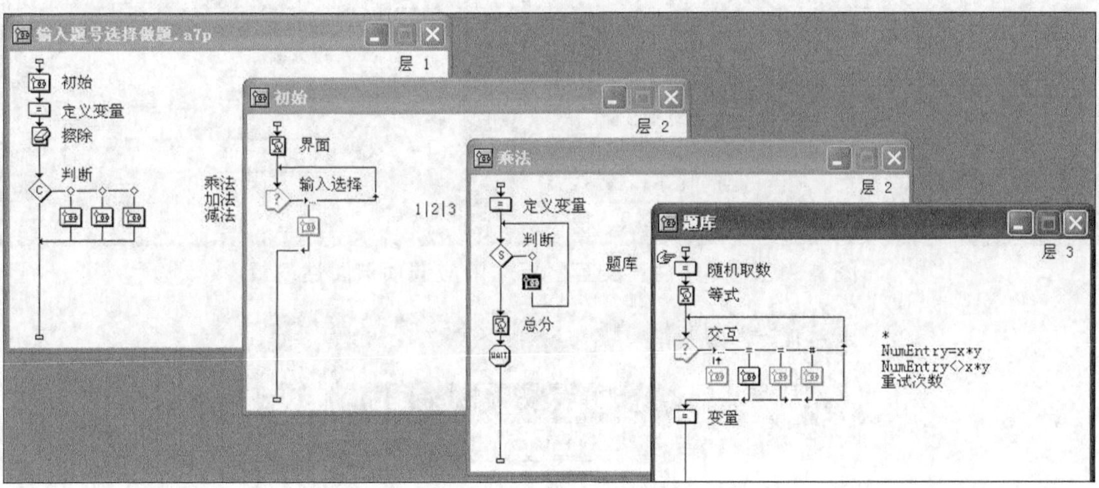

图 4-120 输入题号选择做题流程图

（1）启动 Authorware，创建一个新文件，将该文件命名为“输入题号选择做题”并保存。

（2）拖一个群组图标到流程线上，并将其命名为“初始”。双击该群组图标，打开层 2。在里面拖入一显示图标，并将其命名为“界面”，打开该显示图标，在其中输入文字，如图 4-121 所示。

（3）在“界面”显示图标的下方拖入一交互图标，将其命名为“输入选择”，并在其右侧拖入一群组图标，将其命名为“1|2|3”，选择交互类型为“文本输入”，如图 4-122 所示。

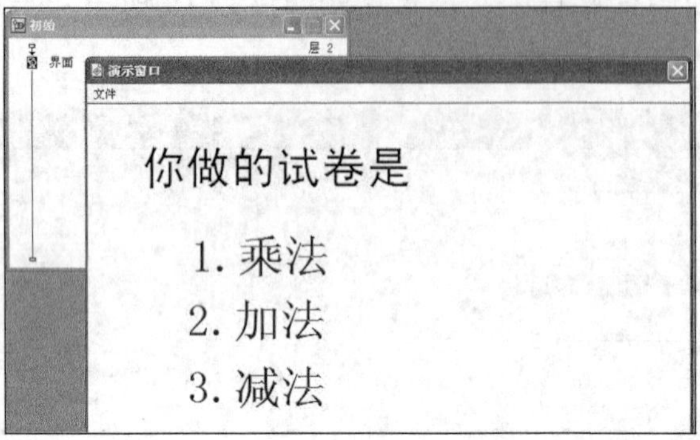

图 4-121 “界面”显示图标中的文字

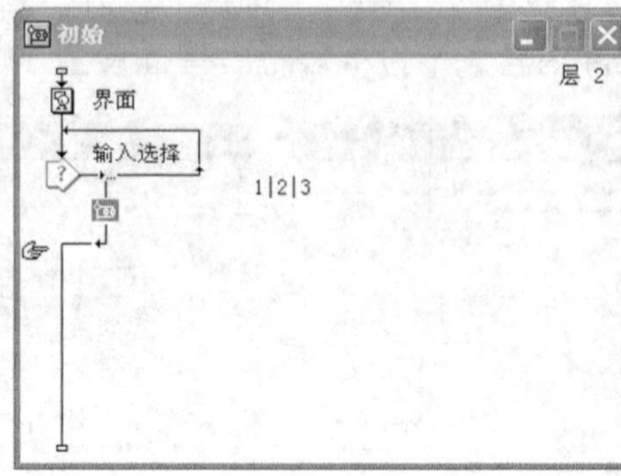

图 4-122 添加文本输入交互群组“1|2|3”

（4）双击分支响应图标，打开“属性：交互图标”对话框，将响应选项卡中的“分支”列表框选项设为“退出交互”，如图 4-123 所示。关闭层 2。

（5）在流程线上拖入一计算图标，将其命名为“定义变量”，打开该计算图标，在其中输入“a:=NumEntry”。在其下方拖入一擦除图标，将其命名为“擦除”，擦除对象为“界面”的显示图标，如图 4-124 所示。

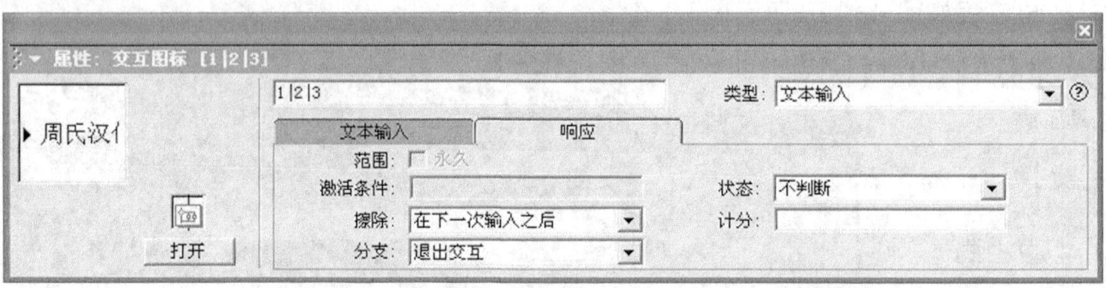

图 4-123 “属性：交互图标”响应选项卡属性设置

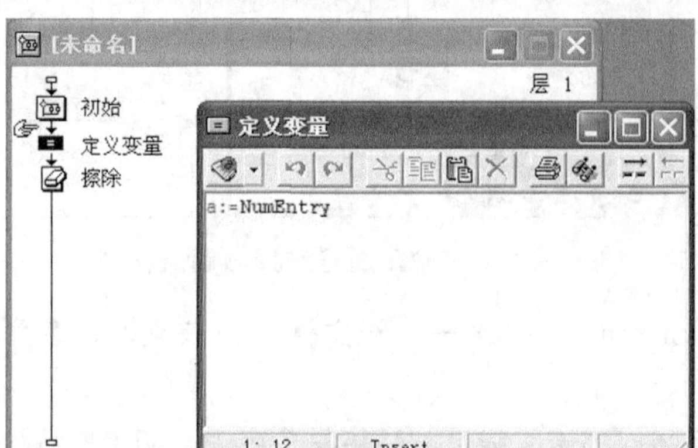

图 4-124 在定义变量计算图标中输入程序

（6）在擦除图标下方拖入一判断图标，将其命名为“判断”，再在其右侧拖入 3 个群组图标，将其分别命名为“乘法”“加法”和“减法”，如图 4-125 所示。

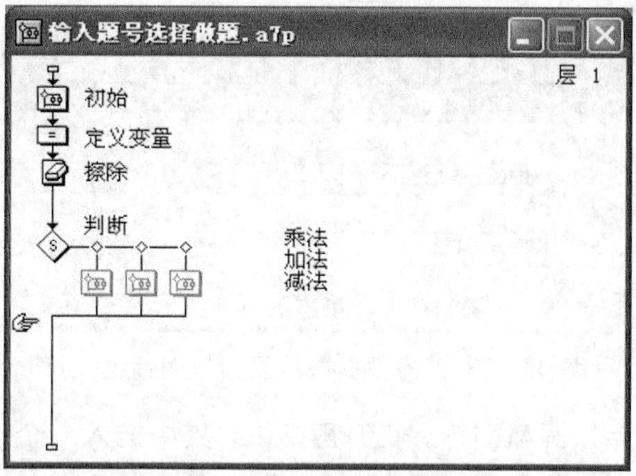

图 4-125　添加判断图标及其判断分支

（7）双击判断图标，打开“属性：决策图标”对话框，设置其“分支”选项为“计算分支结构”，在其下方文本输入框中输入自定义变量“a”，将“重复”选项设置为“不重复”，如图 4-126 所示。

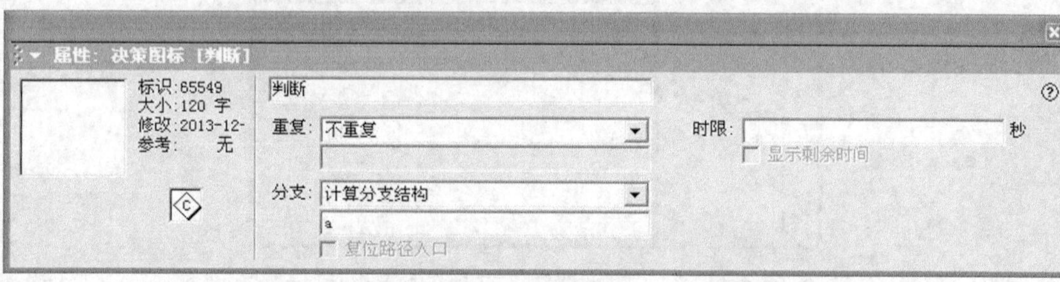

图 4-126　“属性：决策图标”对话框设置

（8）双击“乘法”群组图标，打开层 2，在其中拖入一计算图标，将其命名为“定义变量”。双击打开计算图标，并在其中输入“p:=0”。拖入一判断图标到其下方，将其命名为“判断”，再拖入一群组图标到其右侧，将其命名为“题库”，如图 4-127 所示。

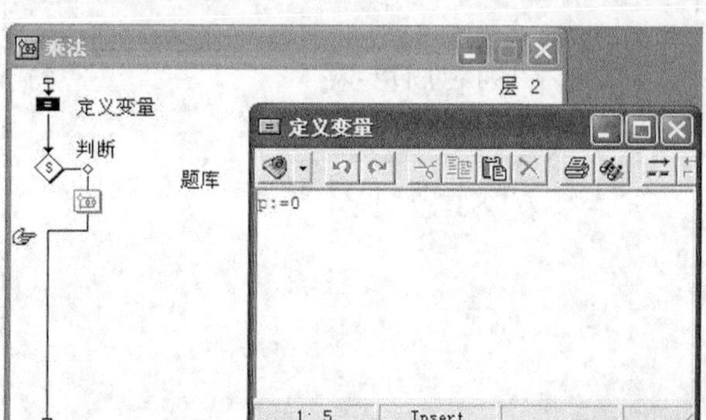

图 4-127　“乘法”群组图标中的内容

（9）双击判断图标，打开“属性：决策图标”对话框，设置判断图标属性。“重复：”为“固定的循环次数”，在下方的文本框中输入数值“10”，“分支：”为“顺序分支路径”，如图 4-128 所示。

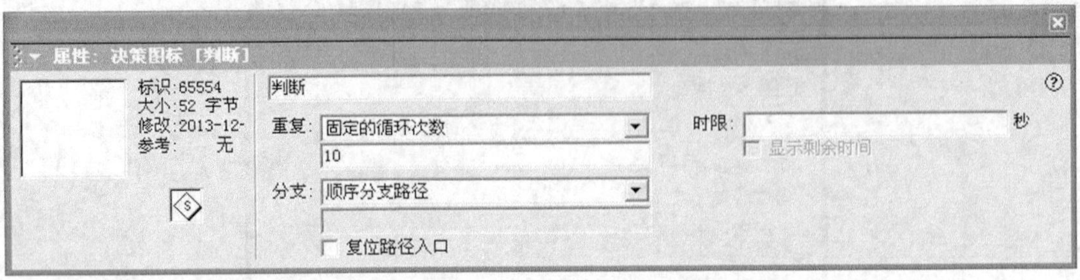

图 4-128 “属性：决策图标”对话框设置

（10）双击“题库”群组图标，打开层 3，向其中拖入一个计算图标，将其命名为“取随机数”，打开计算图标，输入“x:=Random(1,9,1) y:=Random(1,9,1)”，如图 4-129 所示。

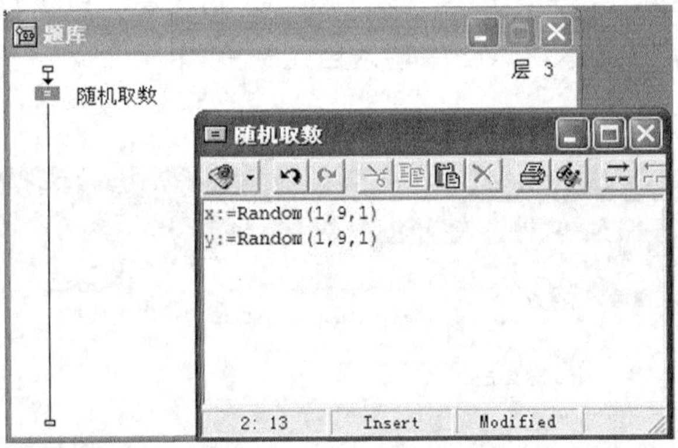

图 4-129 “随机取数”计算图标中的程序

（11）在计算图标下方拖入一个显示图标，将其命名为“等式”，双击打开，在其中输入文字，如图 4-130 所示。

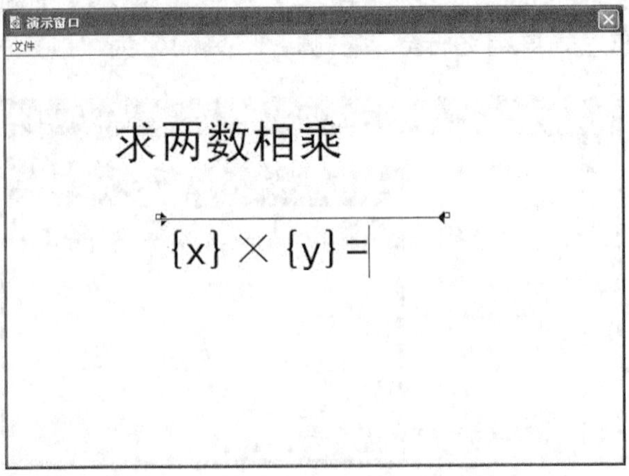

图 4-130 “等式”显示图标中的文本内容

（12）在显示图标的下方拖入一交互图标，将其命名为“交互”，并在其右侧拖入四个群组图标，将其分别命名为“*”“NumEntry=x*y”“NumEntry<>x*y”和“重试次数”。再在交互图标下方拖入一个计算图标，将其命名为“变量”，在其中输入“p:=p+1”，如图 4-131 所示。

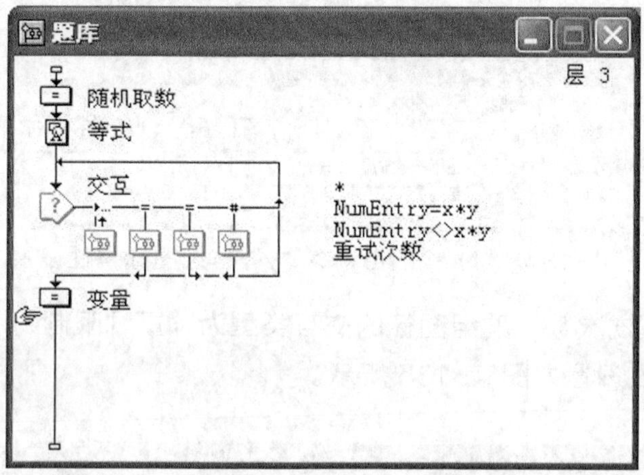

图 4-131　交互结构内容

（13）设置“*”群组图标的交互类型为“文本输入”。其他属性设置如图 4-132 所示。

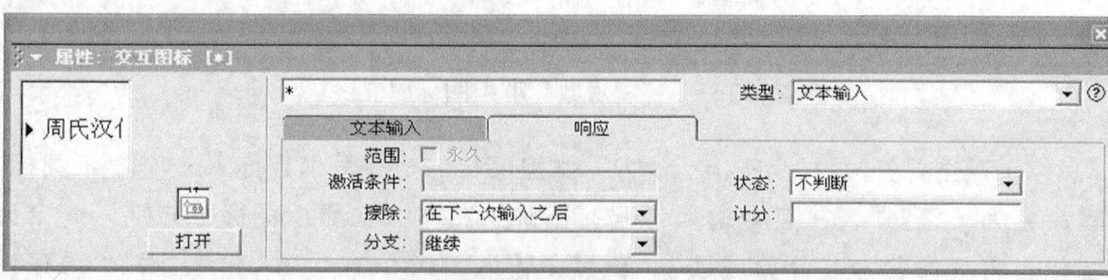

图 4-132　“*”群组图标属性设置

（14）设置“NumEntry=x*y”群组图标的交互类型为“条件”，在“条件文本输入框”中输入“NumEntry=x*y”，“自动”选项为“关”。其他属性设置如图 4-133 所示。

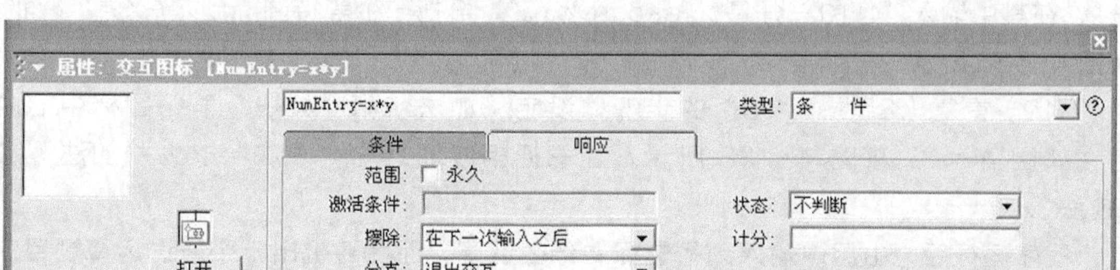

图 4-133　“NumEntry=x*y”群组图标属性设置

（15）设置“NumEntry<>x*y”群组图标的交互类型为“条件”，在“条件文本输入框”中输入“NumEntry<>x*y”，“自动”选项为“关”。其他属性设置如图 4-134 所示。

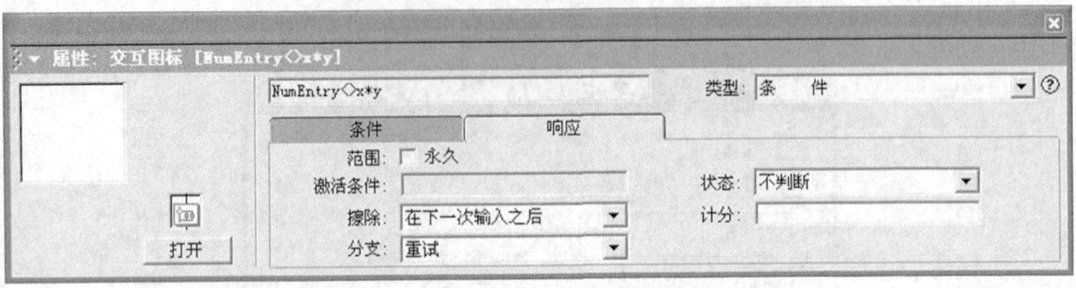

图 4-134 “NumEntry<>x*y”群组图标属性设置

（16）设置“重试次数”群组图标的交互类型为“重试限制”，在“最大限制”中输入“3”。其他属性设置如图 4-135 所示。

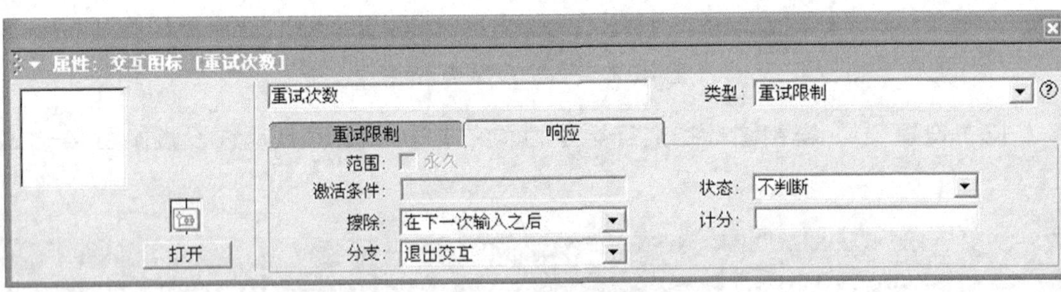

图 4-135 “重试次数”群组图标属性设置

（17）双击打开“NumEntry=x*y”群组图标，打开层 4，拖入一个显示图标，将其命名为“答对”，在其中输入“回答正确”文本。在显示图标下方拖入一个计算图标，将其命名为“计算成绩”，在其中输入“escore:=escore+10”。再在计算图标下方拖入一个等待图标，设置“时限”为 2 秒。在等待图标下方拖入一个擦除图标，将其命名为“擦除”，选择“被擦除对象”为“答对”显示图标。关闭层 4、层 3。

（18）回到“乘法”群组图标，在判断图标下方拖入一个显示图标，将其命名为“总分”，在其中输入“您的总分是：{escore}分。”，再拖一个等待图标到“总分”下面，如图 4-136 所示。关闭层 2。

（19）重复（8）～（18）的步骤，设定“加法”和“减法”群组图标中的内容，如图 4-137 和图 4-138 所示，注意把相应地方的“乘法”改为“加法”和“减法”。

程序运行后，由用户输入题号选择做什么运算，而后随机出十个所选运算题目，用户一 一作答，最后显示出所得分数。

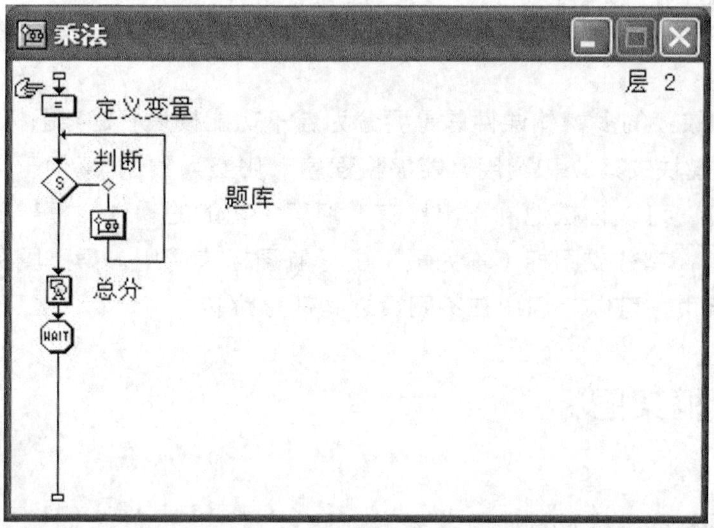

图 4-136 “乘法”群组

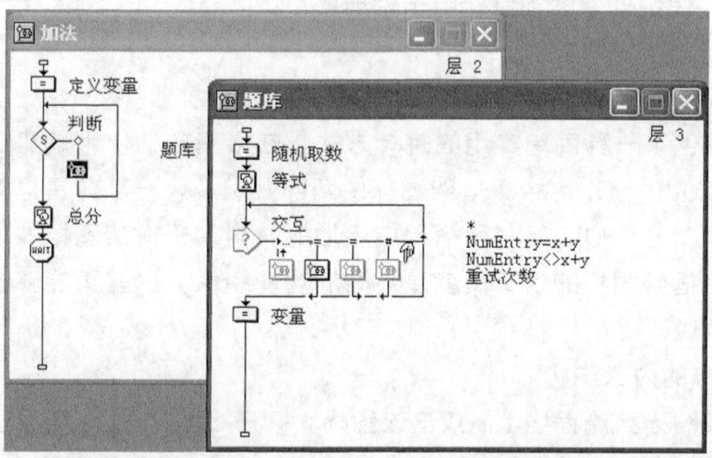

图 4-137 “加法”群组

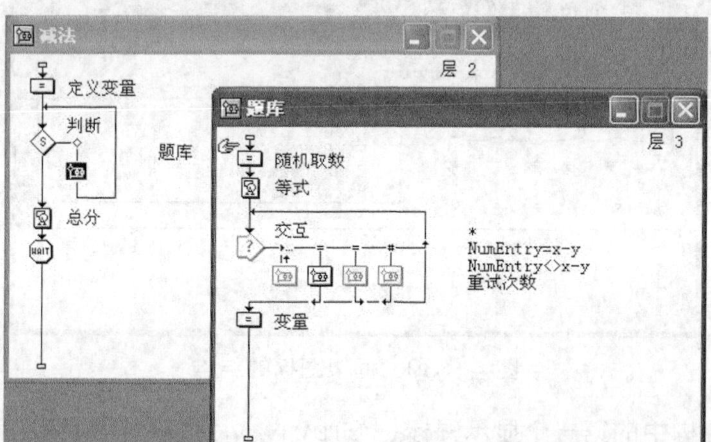

图 4-138 “减法”群组

4.6 框架与导航

通常，一个较大的多媒体课件总是要分为若干功能模块，框架图标和导航图标可分别完成模块的建立和调用，能够将程序“化整为零”，又便于在宏观上对程序的结构进行控制，可以轻松地制作出具有“翻页”功能的软件。框架图标的主要功能是建立框架结构，其分支图标（称为页）由导航图标来调用。导航图标专门用于程序转向或调用框架页，可以让用户在不同页之间任意跳转。

4.6.1 框架图标

【学习目标】

掌握框架图标的结构及其使用方法。

【动手案例】

例题 4-22 使用框架图标制作电子相册。

【基础知识】

1. 框架图标概述

框架图标提供了一种简单实用的跳转方式，它最基本的作用是建立包括分支和结构的内容。在 Authorware 中，框架图标由两部分组成，一部分是框架本身，另一部分则与交互图标有些类似，是一系列用户添加的、附属于框架图标被称为“页”的各种图标。附属于框架图标的各个页就是不同的功能模块，这些页能够被当前任何位置的导航图标所调用。

2. 框架图标的内部结构

拖一个框架图标到流程线上，双击该图标，打开如图 4-139 所示设计窗口中的图标组合，这就是框架图标的默认结构。

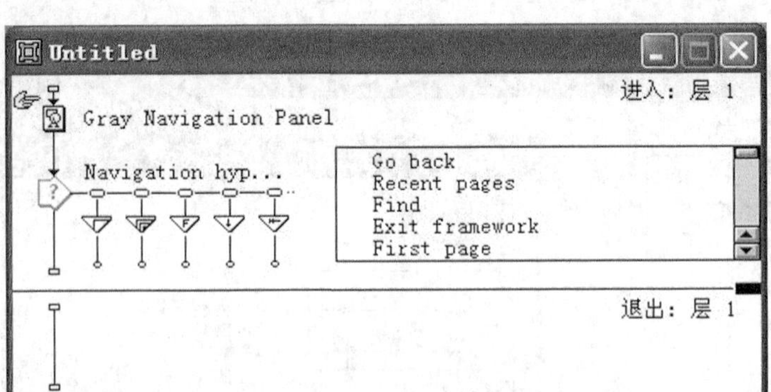

图 4-139 框架图标的结构

框架图标结构中的第一个显示图标（“Gray Navigation Panel”）用来显示具有立体效果的导航按钮面板，使按钮看起来更生动。

“Navigation hyperlinks”交互结构有 8 个按钮响应分支，分别与 8 个导航图标相对应，按钮名称及其功能如图 4-140 所示。每个分支的响应属性均设为：持续响应和返回，也就是说这些按钮始终有效。

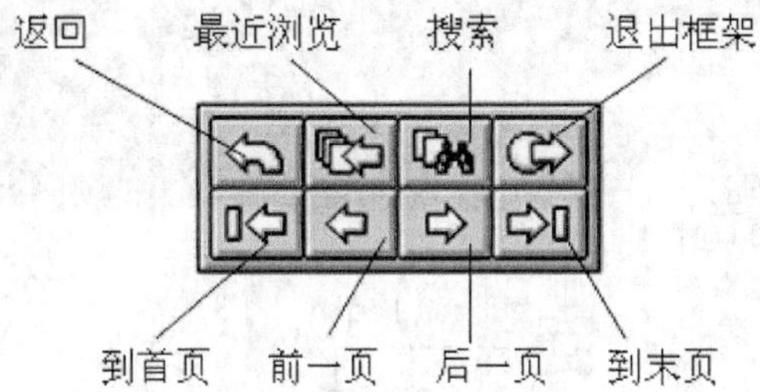

图 4-140 按钮名称

3. 页面特效

页面特效显示的是框架图标下挂页面之间相互跳转时的过渡效果，如果要改变默认的页面过渡效果，可以按住 Ctrl 键（或 Alt 键）双击框架图标，打开“属性：框架图标”对话框，如图 4-141 所示。该属性对话框用来设置“换页”时页与页之间的切换效果，即以不同的方式擦除页面显示内容。

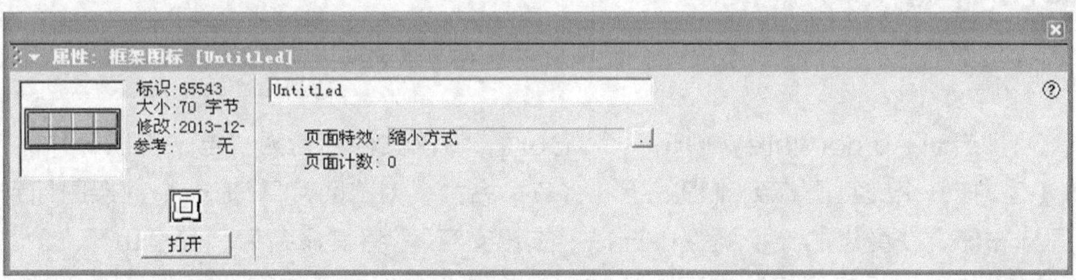

图 4-141 “属性：框架图标”对话框

单击“页特效”右边的按钮，即可打开“页特效方式”对话框，如图 4-142 所示，在其中选择一种过渡效果作为切换页面时的过渡效果。页面过渡效果对话框与其他过渡效果对话框的使用相同，这里就不再讲述了。

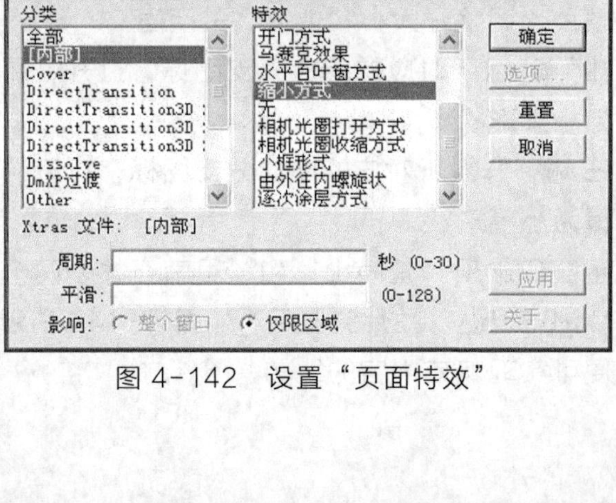

图 4-142 设置“页面特效”

【操作步骤】

流程如图 4-143 所示。

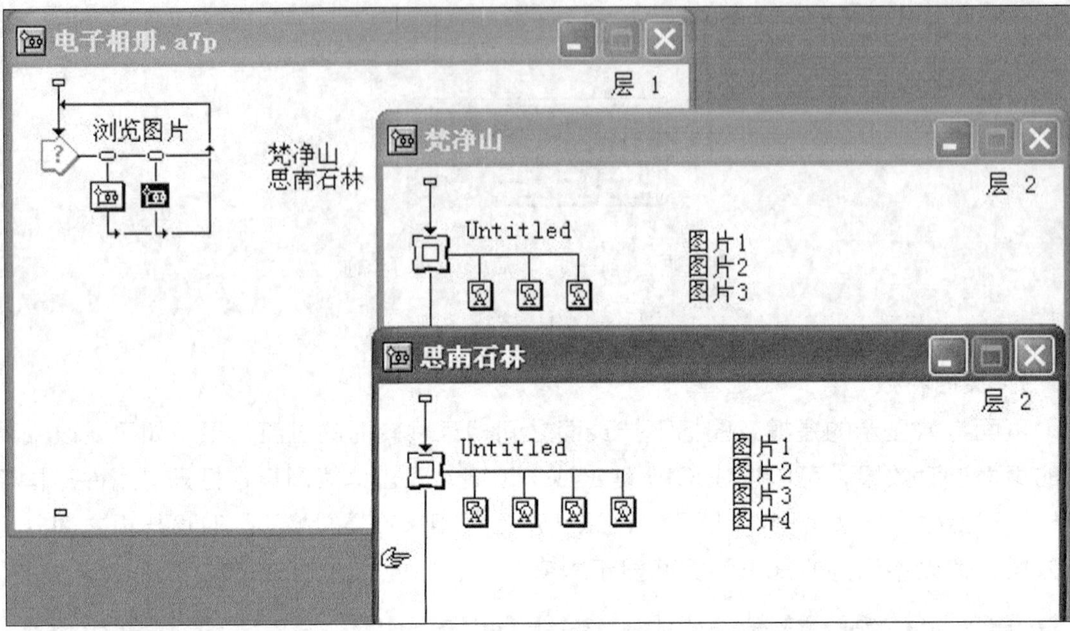

图 4-143　电子相册流程图

（1）启动 Authorware，创建一个新文件，将该文件命名为“电子相册”并保存。

（2）拖一个交互图标到流程线上，将其命名为“浏览图片”，拖一个框架图标到交互图标右侧，在弹出的交换类型中选择“按钮交互”，将其命名为“梵净山”。

（3）拖一个框架图标到交互图标右侧，将其命名为“思南石林”。

（4）双击“梵净山”群组图标，打开层 2，拖 3 个显示图标到其框架图标右侧，将其分别命名为“图片 1”“图片 2”和“图片 3”。

（5）双击“图片 1”显示图标，在演示窗口中导入一张图片，调整好大小和位置。使用同样的方法在“图片 2”和“图片 3”中导入图片。

（6）使用同样的方法在“思南石林”群组图标中的框架图标右侧设置几个显示图标，并分别导入相应图片，调整好大小和位置，关闭层 2。

（7）双击“梵净山”群组所对应的响应分支图标，打开“属性：交互图标”对话框，将鼠标指针设置为小手形状。

（8）双击“思南石林”群组所对应的响应分支图标，打开“属性：交互图标”对话框，将鼠标指针设置为小手形状。

程序运行后，演示窗口出现“梵净山”和“思南石林”两个按钮，单击其中一个按钮即可进入对应图片浏览。进入图片浏览后，如图 4-144 所示，单击演示窗口右上角的各个导航按钮，便可实现响应内容的跳转。

图 4-144 程序运行后的效果

4.6.2 导航图标

【学习目标】

掌握导航图标的使用方法和常用的导航结构。

【动手案例】

例题 4-23 使用导航图标制作课程学习。

【基础知识】

1. 导航图标概述

由于导航（Navigate）图标和框架图标密切相关，所以二者经常放在一起使用。Authorware 的导航结构为用户编辑提供了选择路径的方法，使用导航图标可以方便地实现用户在页面之间的任意跳转。当程序执行到导航图标时，Authorware 会根据设计者的设置自动跳转到该导航图标中所指定的目标上。

导航图标可以放置在流程线上的任意位置，但是，导航图标的指向必须指向框架图标中的某一页。正是因为导航图标一定要指向框架图标中的某一页，所以可以实现程序内部的跳转和调用。

2. 使用导航图标的途径

在 Authorware 中使用导航的途径有两种：一种是自动导航，另一种则是用户控制导航。

（1）自动导航

自动导航是指当 Authorware 执行到导航图标时，自动跳转到导航图标中设置的目标页。利用导航图标建立的导航可以自动链接到框架结构中的任意一页。

（2）用户控制导航

用户控制导航可以使导航图标附属于交互图标，创建一个定向框架。此时导航图标既可以在框架图标的主流程线上，也可以在其他分支上。导航图标的执行取决于交互图标的响应。

3. 导航图标导航链接

Authorware 提供了 5 种链接目的地的方式，用户可以通过双击导航图标，打开“属性：导航图标”对话框，通过“目的地”下拉列表框选择所需的方式，如图 4-145 所示。

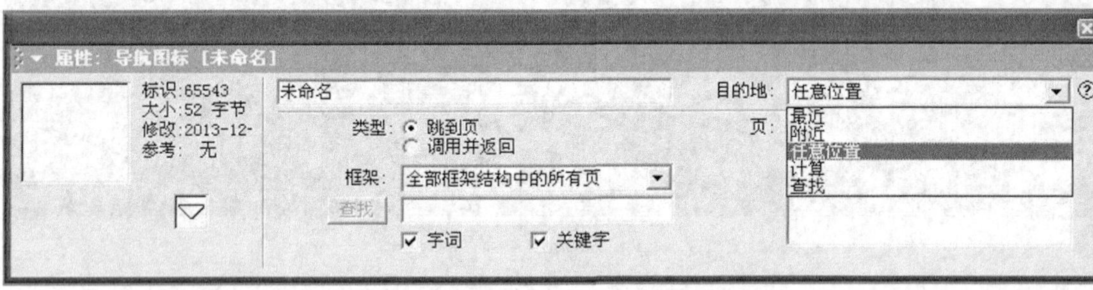

图 4-145 “属性：导航图标”对话框

（1）“最近”选项：表示在用户近期浏览过的页和当前页之间建立导航链接。程序运行时，通过对应的按钮可使用户返回到最近访问过的页面，如图 4-146 所示。

“返回”：选中它，可查阅刚刚查阅完的那一页。

“最近页列表”：选中它后，程序运行中执行到此导航图标时，屏幕会显示“最近查阅过的页”。

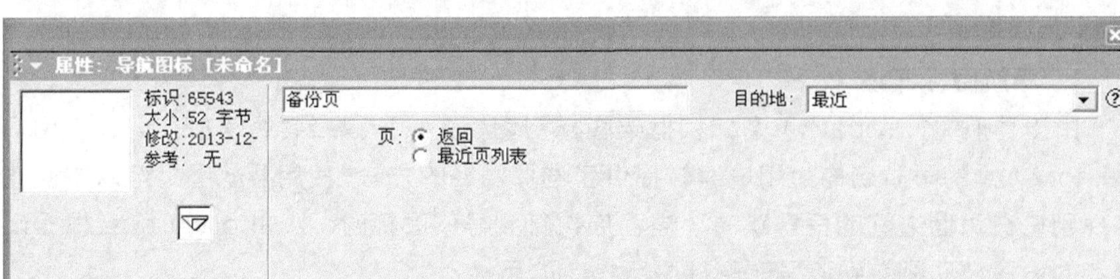

图 4-146 目的地设为“最近”时的对话框

（2）“附近”选项：表示允许用户在框架图标的所有页面中跳转或跳出页面系统，如图 4-147 所示。

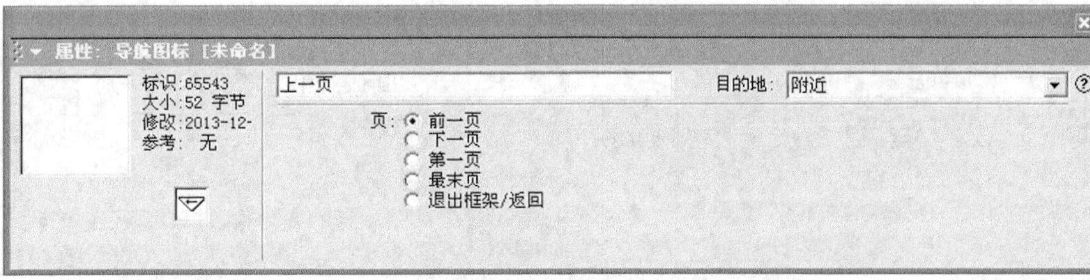

图 4-147 目的地设为“附近”时的对话框

“前一页”：选中它，可退回到上一页。

“下一页”：选中它，可进入下一页。

“第一页”：选中它，可跳到框架图标的第一页。

“最末页”：选中它，可跳到框架图标的最后一页。

“退出框架/返回”：选中它，可退出框架图标。

（3）“任意位置”选项：表示允许用户跳转到附属在任意框架的任意页，如图 4-148 所示。

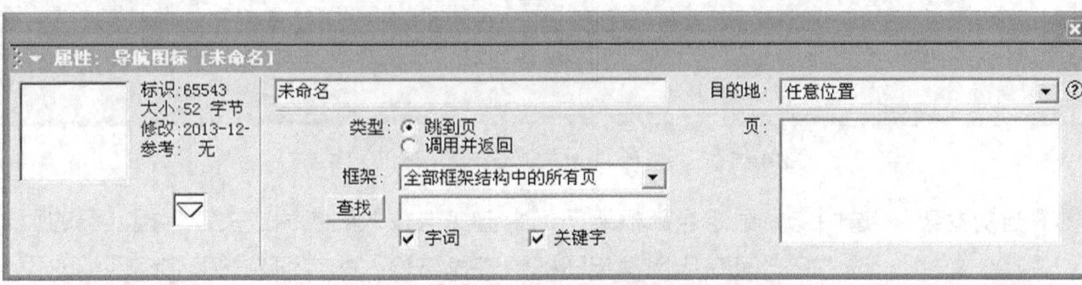

图 4-148 目的地设为“任意位置”时的对话框

“跳到页”：选中它，可建立单程定向链接。程序会继续执行流程线后的图标，而不会返回到调用它的原程序处。

“调用并返回”：选中它，可建立环程定向链接，即程序执行了任意目的页后，会返回原程序调用处。

“框架”下拉列表框：可选择某一或全部框架。

“页”列表框：可选中定向跳转的目的页。

“查找”按钮：在其右侧的文本框中输入要查找的字或图标的关键字，再单击此按钮，可在框架图标中寻找相应的图标页。（“字词”复选框：选中后，可在其上的文本框中输入文字。“关键字”复选框：选中后，可在其上的文本框中输入字词作为关键字去查找对应该关键字的图标页。）

（4）“计算”选项：事先设置能返回图标标识值的表达式，当 Authorware 遇到导航图标后，就跳转到由表达式的值（图标标识值）所确定的页面，如图 4-149 所示。

图 4-149　目的地设为“计算”时的对话框

“图标表达”：用于输入表达式，表达式的值就是目标页标识符，即 ID 标识。例如 IconID@“页面 1”，表示链接的目的页名字是“页面 1”。

（5）“查找”选项：表示可以使用户跳转到含有所要查找的单词或关键字的页面，如图 4-150 所示。

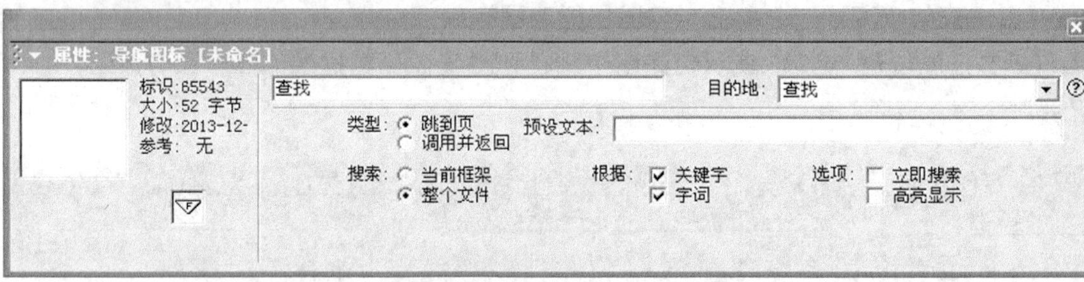

图 4-150　目的地设为“查找”时的对话框

“当前框架”：选中它，限定当前框架图标中查找与输入的字词或关键字相匹配的页。

“整个文件”：选中它，可在所用框架图标中查找与输入的字词或关键字相匹配的页。

“关键字”复选框：在上述指定的范围中查找与输入的关键字相匹配的图标页。

“字词”复选框：在上述指定的范围中查找与输入的字词相匹配的图标页。

“预设文本”：在此输入单词或存储单词的变量，用来预设要查找的字词，字词必须用双引号括起来。

“立即搜索”复选框：选中它，会立即查找“预设文本”文本框中设定的字词。

“高亮显示”复选框：选中它，将在查找的对话框中显示要查找的字词及其上下内容。

【操作步骤】

流程如图 4-151 所示。

（1）启动 Authorware，创建一个新文件，将该文件命名为“课程学习”并保存。

（2）拖一个交互图标到流程线上，将其命名为“选择”。

（3）拖 3 个导航图标到“选择”交互图标右侧，将其设置为按键交互，分别命名为“语文”“数学”“英语”。

（4）拖一个框架图标到主流程线上，将其命名为“语文课程”，再拖 5 个群组图标到框架图标右侧，将其分别命名为“第一单元”“第二单元”“第三单元”“第四单元”“第五单元”。

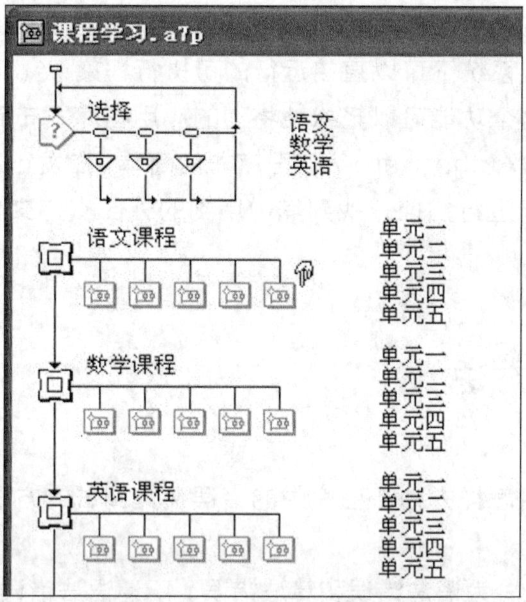

图 4-151　课程学习流程图

（5）双击“语文”导航图标，打开“属性：导航图标”对话框，选择跳转方式为“任意位置”，“框架”为语文课程，“页”为第一单元，如图 4-152 所示。

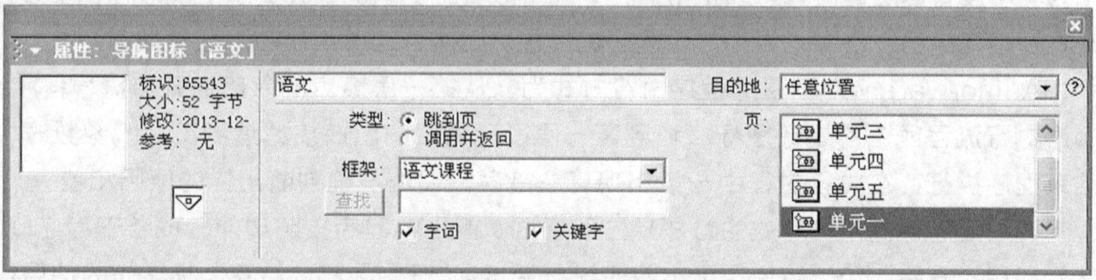

图 4-152　“属性：导航图标”对话框设置

（6）重复以上两步骤，建立“数学课程”和“英语课程”两个框架，并设置好其相应的“属性：导航图标”对话框属性。

程序运行后，在演示窗口显示 3 个按钮，单击其中一个即可进入相应学科的课程学习。

4.7　作品组织与发布

多媒体课件不可能一次就制作成功，在设计过程中难免有考虑不周或制作上的错误。这除了在制作之前要仔细设计制作方案外，在制作课件中，程序的调试也是非常重要的，只有发现并排除了程序的所有错误后，才能将程序发布。

开发多媒体课件的最终目的是为了让更多的用户能够使用它，这就需要将设计好的源程序转变成在某些系统下可以直接运行的可执行程序。Authorware 7.0 提供了强大的一键发布功能，这个功能可以轻松地将你的应用程序发布到 Web、CD、局域网和本地硬盘，使得发布 Authorware 7.0 程序非常简单。在发布之前，Authorware 7.0 将对程序中所有的图标进行扫描，找到其中用到的外部支持文件，并将这些文件复制到发布后的目录中。

4.7.1 调试方法

【学习目标】

掌握课件设计好后怎样去判断程序中的错误及其调试的方法。

【基础知识】

程序中的错误可以分为语法错误和算法错误。所谓语法错误，包括某些设计图标中没有显示对象，在变量和函数中使用了错误的语法格式，企图播放一个根本不存在的外部数字电影文件等。这类错误比较容易发现，当程序执行到有语法错误的位置时会自动停下来并提示错误信息。所谓算法错误，指的是程序执行的结果没有达到设计者的要求。因为其中没有语法错误，可以正常执行，Authorware 7.0 不会提示错误信息，设计者很难发现程序已经出错，更无法知道出错位置。因此，这种错误的隐蔽性很大。

Authorware 7.0 默认的程序执行方式为：从第一层窗口的入口点开始执行程序，顺序执行流程线上的设计图标，直到第一层设计窗口的出口点或遇到 Quit()函数时，结束程序执行。在执行过程中一旦出现算法错误，很难准确判断出错的原因和位置。

调试程序最简单、有效的方法是分段调试。首先将程序按照功能分成若干程序段，然后利用“开始”和“结束”标志旗来进行调试。“开始”和“结束”标志旗的使用很方便，只要将“开始”标志旗和“结束”标志旗拖放到流程线上相应的位置就行了。“开始”标志旗在前，“结束”标志旗在后，也可以单独使用“开始”标志旗（默认到出口点结束）和“结束”标志旗（默认从入口处开始）。当使用了“开始”标志旗后，“运行”按钮变成“从标志旗开始执行”按钮。单击“从标志旗开始执行”按钮，就可以只运行两个标志旗之间的程序段。

程序调试完成之后，单击图标选择板中的“开始”和“结束”标志旗，即可恢复程序的正常运行。使用“开始”和“结束”标志旗，可以最大限度地缩小查错范围。

4.7.2 一键发布

【学习目标】

掌握制作、调试成功的课件的发布方法。

【基础知识】

Authorware 7.0 提供了强大的一键发布功能，可一次同时发布.exe（或.a7r）文件、.aam 文件和.htm 文件。利用一键发布功能，只需一步操作就可以完成打包，发布到 Web、CD、本地硬盘或局域网，所有步骤都是自动完成的。

在首次使用一键发布功能之前，必须对本次发布的参数进行设置。经过了初次设置之后，所有的选择都会被保存下来，供以后的发布过程使用。Authorware 7.0 也允许对已有的设置进行修改，以适应不同的发布需求。

执行“文件→发布→发布设置”菜单命令，打开“一键发布”对话框，如图 4-153 所示。

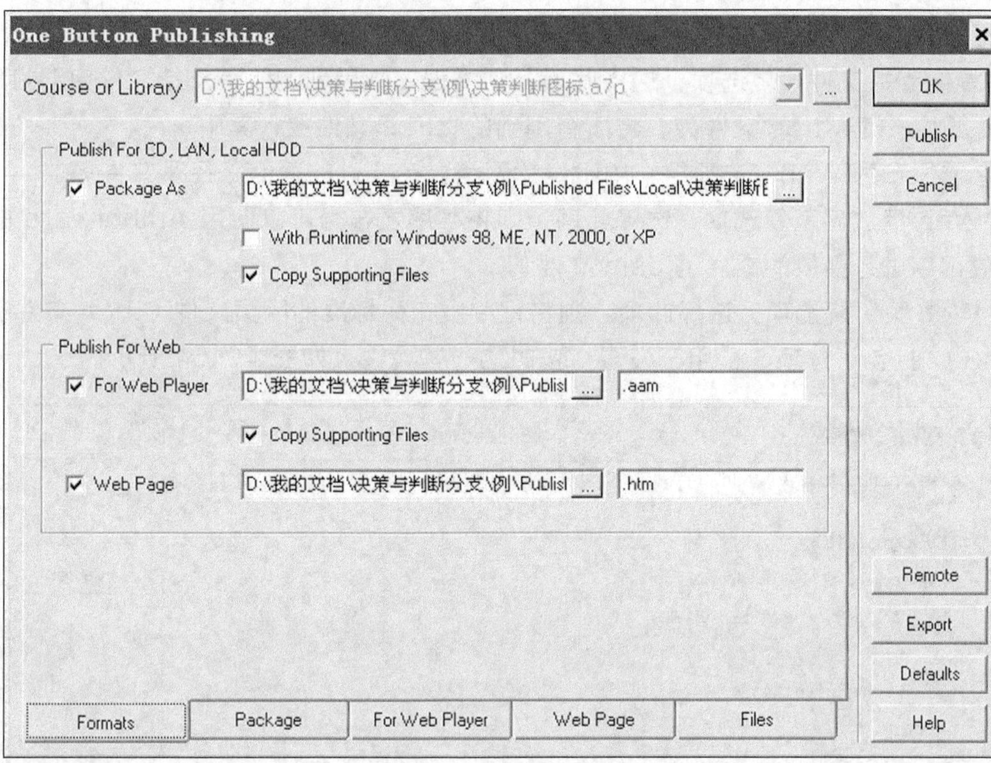

图 4-153 “一键发布”对话框

在“一键发布”对话框中，可以进行以下主要设置。

（1）“指针或库”文本框：显示当前被发布文件的名称和路径。单击右侧的 按钮，可以选择其他文件进行发布。

（2）“格式”选项卡：用于发布文件格式的设置。可以设置当前文件发布的目标为 CD、局域网、本地硬盘或 Web 页等。也可以设置发布为带播放器的文件（.exe 文件）、不带播放器的文件（.a7r 文件）、使用网络播放器播放的文件（.aam 文件）或 Web 网页文件（.htm 文件）。

① “发布到 CD，局域网，本地硬盘”选项组：用于对 CD、局域网、本地硬盘进

行发布设置。

“打包为”复选项：用于设置打包后文件保存的位置。右侧的文本框中显示了打包文件的保存路径和文件名，默认的路径是源程序所在文件夹下的 PublishedFiles\Local 文件夹。如果这个文件夹不存在，Authorware 7.0 将自动建立它。默认的文件名是源程序的文件名，默认的打包文件为.a7r 文件，必须由 Authorware 7.0 提供 Runa7w32.exe 执行。如果要改变文件的保存路径和文件名，可单击文本框右边的 打开“打包文件为”对话框。选择保存打包文件的文件夹，输入文件名后，单击“保存”按钮。

“集成为 Windows 98，ME，NT，2000 或 XP 的 Runtime”复选项：选择此复选项，将程序发布成可执行文件（.exe 文件），可以在各种版本的 Windows 系统中独立运行。

“复制支持文件”复选项：选择此项，则将程序中用到的所有支持文件自动打包。例如，建立一个 Xtras 文件夹，将所有用到的 Xtras 文件放入其中。

②“发布为 Web”选项组：用于设置网络发布文件的存储路径及文件名。

“Web 播放器”复选项：选择此项，则将程序发布为可以使用 Authorware 的网络播放程序进行播放的文件（.aam 文件）。

“Web 页”复选项：选择此项，则将程序发布为标准的网页文件（.htm 文件）。

（3）“打包”选项卡：用于设置打包时的一些属性，如图 4-154 所示。

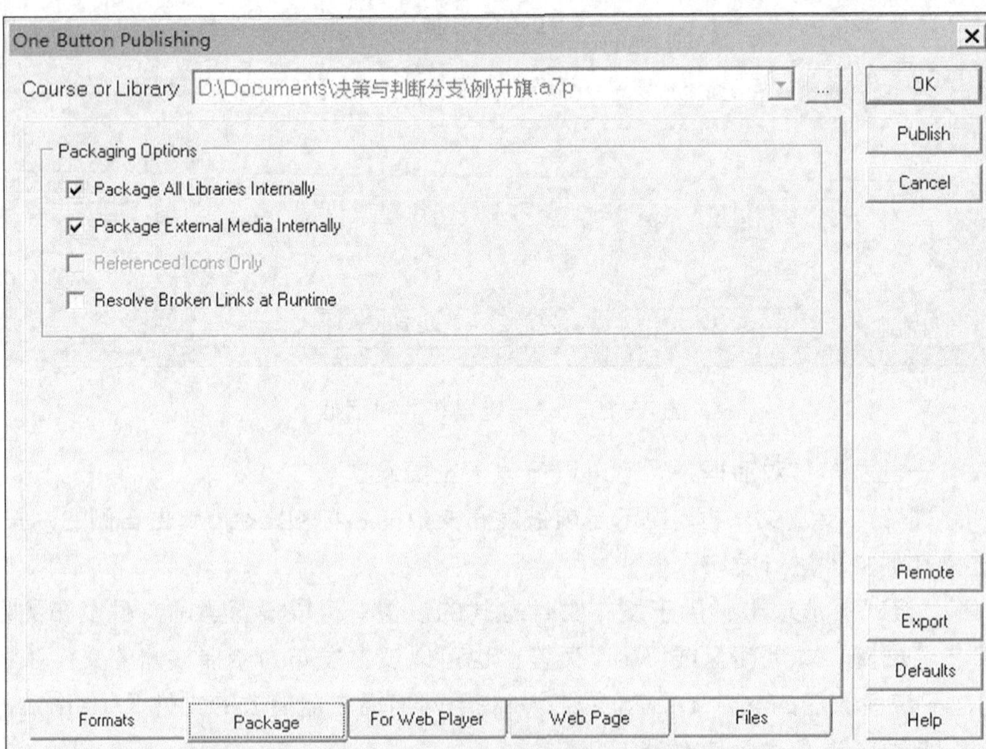

图 4-154　打包选项卡

“打包所有库在内”复选项：选择此项，则将所有与程序有关的库文件打包到可执行文件中，有利于防止因为链接不当产生的错误。这样就减少了发布文件的数量，但会使文件变得过大。如不选择此项，则必须将与程序有关的库文件单独进行打包。

“打包外部媒体在内”复选项：选择此项，则在打包时将外部媒体文件打包到程序中。

“重组在 Runtime 断开的链接”复选项：选择此项，则 Authorware 7.0 在运行此文件时自动修复断开的设计图标之间的链接，使程序可以正常运行。

（4）“用于 Web 播放器”选项卡：用于为程序在互联网上运行打包设置。

（5）“Web 页”选项卡：用于将程序添加到 Web 页面中进行打包设置。

（6）“文件”选项卡：用于对将要发布的文件进行管理。

完成发布设置后，在“一键发布”对话框中单击“发布”按钮，即按设置的参数进行发布，也可以按“确定”按钮保存发布设置，待发布使用。

执行“文件→发布→一键发布”菜单命令，按保存的发布设置进行发布，全部过程自动完成。

发布后的文件就可以交给用户使用了。

单元小结

Authorware 7.0 提供了使用图标和流程线结构实现交互功能的设计平台，友好的界面及“所见即所得”的设计方法使其简单易学。本单元介绍了 Authorware 7.0 的基本功能，包括显示图标、移动图标、声音图标、数字影像图标、框架图标、交互图标以及一些常用面板等功能的应用，运用这些功能可以制作出功能全面的多媒体课件。

Authorware 是一款经典的多媒体创作程序，熟练地掌握该程序是创作多媒体课件的基础。

多媒体课件区别于其他媒体教学的不同之处是智能的人机交互功能，Authorware 7.0 提供的 11 种交互功能是本单元需要掌握的重点，一款优秀的多媒体教学课件不仅仅只是表现在优美的操作界面上，更多的是表现在人性化的交互功能上，这才是真正的多媒体课件所拥有的特征。

通过本单元的学习，学生可以使用 Authorware 7.0 制作出具有交互性的多媒体作品。

单元习题

1. 简述 Authorware 7.0 多媒体软件的功能和特点。
2. 简述 Authorware 7.0 使用多媒体素材的方式和方法。

3. 简述 Authorware 7.0 程序执行的跳转方式。
4. 简述 Authorware 7.0 的交互类型和使用方法。
5. 简述 Authorware 7.0 多媒体课件打包与发行的方法与注意事项。

单元实训

1. Authorware 7.0 软件的安装、启动、使用方法。
2. 绘制电视机，要求电视机边框与屏幕不同颜色，线形不同。
3. 绘制房子，要求房子墙壁有网状，窗口有窗帘。
4. 输入文本，设置不同的字体、字形、字号。
5. 导入多张图片，分别设置不同的过渡效果。
6. 制作射箭游戏，要求每次运行箭射到靶子上的位置不同。
7. 制作日出日落，要求太阳初始位置在山后，太阳落山后不可见。
8. 制作小球入盒游戏，要求每次运行小球随机到达某个盒内。
9. 制作太阳和彩旗一同升起。
10. 制作移动打靶，要求单击不同按钮射击不同目标。